商业特许经营全程法律风险防范

——案例解析45个常见法律风险

SHANGYE TEXU JINGYING
QUANCHENG FALÜ FENGXIAN FANGFAN

崔师振 /编著

中国法制出版社
CHINA LEGAL PUBLISHING HOUSE

序　一

商业特许经营作为一种富有生命力的经营模式自上世纪八十年代末传入我国后，在我国得到了快速发展，为我国连锁经营乃至经济社会的发展做出了重要贡献。

由于商业特许经营在我国发展历史较短，存在着特许经营市场不规范等诸多问题，为此，我国相关法律法规对特许人主体资格、特许经营备案、特许宣传招商以及特许经营信息披露、特许经营合同等环节都进行了规范，并规定了严格的法律责任。实践中，不少企业和个人由于不了解这些法律法规，要么不具备从事特许经营的主体资格，要么特许经营行为违法，结果轻则被判特许经营合同无效、解除和被撤销，返还加盟商交纳的各项特许经营费用，赔偿加盟商损失；重则导致整个特许经营体系失败。因此，在从事特许经营的实践中，全面掌握相关法律知识，防范法律风险是非常重要的。

崔师振律师编著的这本《商业特许经营全程法律风险防范》站在特许人的角度，结合司法判例，揭示了特许经营活动各个环节的规制和存在的种种法律风险，并有针对性地提出了各种防范对策。本书紧紧围绕特许经营法律实务进行写作，每一个风险点都来自于全国各地已经实际发生的特许经营真实案例。该书既有风险点提示和分析说明，又有案例评析和防范之策，具备系统、专业、务实的特点，值得广大从事特许经营的连锁企业和准备采取特许经营模式经营的企业以及广大加盟投资者学习、借鉴、参考，以明确自身权责，实现健康发展。

希望崔师振律师的这本著述，能够为广大特许经营从业者提供有益的帮助，为营造我国特许经营的法制化环境发展发挥出积极的作用。

吴国华

二〇一六年一月二十二日

序　二

特许经营领域的法先商后、法商并重、无法不商

李维华*

法先商后、法商并重、无法不商——这一直是我这17年来在培训企业家以及给大学的学生们上课时所强调的其中一个最重要的理念。这个理念对于特许经营这种商业模式尤其如此，为何？因为特许经营这种商业模式的早期诞生与流行是与法律、与律师有着切不断的关联与历史因缘的。

在全世界第一份特许经营权于1865年被美国的衣萨克·胜家以5000美元的费用转让出去之后的大概持续30年左右的时间内，宣传、推广、策划与指导连锁与非连锁企业做特许经营的主力军之一，或者说最大主力军，其实就是大批的律师们。而在20世纪90年代初，中国最早的一批引进、推广、指导企业实施特许经营的模式进入大陆的主力军之一也是一群思维现代、头脑敏锐的律师。这不是中外的巧合，而是特许经营本身的原因所决定的，因为现代特许经营在最初的产生、体现形式以及特许后的持续加盟期过程中，始终贯穿的都有法律法规的内容，而且是十分重要和不可或缺的内容。无论何时，你都必须得

* 李维华，中国政法大学特许经营研究中心常务主任，中国特许经营第一同学会会长，中国特许经营学的奠基创始人。

承认，特许经营本身，或者说特许人和受许人之间首先缔结的本质其实是“合同关系”，而后才在契约或合同的基础与前提下，衍生出供货、知识或工业产权的转让、培训、督导等关系。随着历史的发展，到了今天，虽然以管理、营销、商业等专业或方向为主的专家们慢慢地替代了律师们在特许经营企业的培训、策划、顾问咨询与指导中的主导地位，但即便如此，“法”仍然是特许经营企业必须关注与高度强调的主要方面之一。

在我这17年的特许经营的研究与实践生涯中，“法”也一直是我在“商”之外所强调的最重要内容之一。我的其中一项研究成果，即目前判断中国的特许经营企业是否值得加盟、可加盟度等的唯一指数——“维华加盟指数”中，我所确定的四大一级指标便是：法、商、德、情。“法”是排在第一位的。

在特许经营的著作领域，我已经为两本专门性的法律法规类著作写了序，这次是第三次，很荣幸能为崔师振律师的大作《商业特许经营全程法律风险防范》作序。

崔律师不仅是我的好友，也是我在特许经营法律法规领域的合作者之一，所以，在接到崔律师的写序邀请之后，恰巧我要出差，于是，早已经迫不及待的我就在去宁夏举办我们“中国特许经营第一同学会”的第七届宁夏沙龙的火车上开始了我对这本书的第一次仔细阅读。

必须得实事求是地说，崔律师的这本著作非常全面、专业、精彩、实用，是一本特许经营领域的人士的案头必备佳作，尤其可作为特许人指导自己体系法律规范的宝典、手册，也可作为受许人或加盟商保护自己、选择优秀盟主的辅助读物，还可作为其余所有对特许经营有兴趣的企业界、商界、学校、研究机构、顾问咨询公司、政府、媒体、协会等人士与机构、组织的法律法规指南。

之所以说这本书全面，是因为这本著作所涵盖的法律法规的内容涉及了特许经营的全程，从最初的特许人的主体资格、宣传推广一直到签约和后续的整个加盟生命周期，本书都对其中所涉及到的可能法律法规问题进行了研究与解读。

之所以说这本书专业，是因为这本书无论从字面、逻辑、案例精选、每个案例的详细解读，还是对法律法规的整体与部分条款的分析上，都充分体现了只有一个在特许经营领域浸淫多年的实战法律专家才能达到的水平、层次与境界。

之所以说这本书精彩，是因为这本书没有单纯的比较枯燥的理论说教，而是把非常深刻的道理寓于一个一个的生动的、就发生在你身边的案例之中，让人阅读起来如飨大餐，完全忘记了它其实是一本非常严谨的法学著作。

之所以说这本书实用，是因为这本书所涉及的法律法规的风险点、常见的法律法规误区、法律疏忽点、颇有争议的关键事项、防范措施等都是特许经营界的人士所一定会遇到的，那些发生在别人、别的企业身上的教训、经验一定是你所需要了解的，而崔师振律师的这本书就等于是给了你一个全面的防身宝甲。

综上，既然这是一本非常全面、专业、精彩、实用的特许经营的法律法规著作，所以，郑重地向大家推荐之，我相信你阅读和学习之后一定会受益匪浅。

最后，谨祝崔师振律师再接再厉，再出佳作，为中国进而为全世界的特许经营事业做出更大的贡献！

李维华

2015 年 1 月 7 日　星期三

于“中国特许经营第一同学会”宁夏分会总部之石嘴山市

序　三

法治是特许连锁的灵魂

作为长期致力于连锁业的教育、咨询、孵化、托管等业务的和许咨询创始人、连锁规划思想的创立人，我深刻感受到法律在商业特许经营中的基础和核心地位。在多年来的从业经历中，我接触了大量特许人因法律意识淡薄而遭受巨大损失的案例。如何提高特许经营从业者的法律意识，把法律纳入整体的连锁规划，是我多年来一直在思考的问题。因此，当受到崔师振律师为其佳作写序的邀请时，我欣然答应。

改革开放以来，特许连锁经营模式也随之引入我国。由于其可复制的特点，发展非常迅速，特别是最近几年，创业大潮席卷全国，连锁店如雨后春笋般到处可见。虽然连锁经营模式已成为中小资本、下岗再就业等人员重新走上工作岗位，为社会创造价值的一个极为亘要的方式，但失败者也不少，各种特许经营合同纠纷、侵权纠纷不断涌现，可谓城头变幻大王旗，各领风骚三五天。究其原因，关键在于从业者没有深刻领会特许连锁这种经营模式的本质特征。商业特许经营本质上是一种契约性质的法律关系，特许人与被特许人之间既不存在雇佣关系，也不是母公司与子公司、总公司和分公司的关系，被特许人也不是特许人的代理人，二者是相互独立的经营实体，各自独立经营、自负盈亏、各担风险。双方只是通过订立商业特许经营合同，确定各自的权利和义务。因此，商业特许经营合同在商业特许经营这一商业模式中占据核心位置。换言之，特许连锁管理的手段就是合同，企业的一切行为，加盟商和总部利益关系的调整和矛盾的处理都依赖于合同的具体约定。法律是特许连锁经营的基础，法律是特许连锁的灵魂。离开了法律的规范，特许连锁不可能成功。

从法律入手来夯实我国的特许经营的基础是不可或缺的，我们的崔师振律师贡献给大家的这部新著就显得格外重要了，让人有及时雨之感。崔律师现执业于北京市卓海律师事务所，多年来一直从事商业特许经营的研究及法律实务，担任过几十家大型连锁企业的常年法律顾问并处理好百余起商业特许经营纠纷案件，是一个实践和理论两肩挑的全面的律师。

这本书有以下三个特点：一是专业、实用、接地气。书中有大量的鲜活的法律案例供我们观摩。二是重点突出。由于在特许经营模式中，特许人处于核心地位，所以本书主要是针对特许人来谈法律风险防范问题。三是内容全面。书中对商业特许经营法律问题的分析贯穿了整个特许连锁经营的各个环节。

这本书将在以下三个方面发挥重要作用：

一是有利于培养特许经营从业者的法律意识。特许经营实践中，多数从业者的法律意识是非常淡薄的，连特许双方最基本的权利、义务都不清楚。因此，对广大特许经营从业者进行法律知识的普及非常必要。可以说，无法律，不特许。特许经营的发展一步也离不开法律的规范和支持。

二是有利于保护特许人以知识产权为核心的特许经营资源。我们知道，特许人的经营资源大表现为知识产权，如商标，网址，标志色，广告语，卡通形象、加盟手册、操作规程、管理规章、各种技术秘密，专利、祖传秘方等等，这是特许人从事特许经营的前提和基础。因此，如何掌握、创造、传播、保护这些知识产权知识就是特许人从事特许连锁经营的核心工作。此书中对各风险点的提示、分析及应对措施，不仅提高了我们的风险意识，同时也给我们提供了具体方法。

三是因法律风险导致对商业特许经营模式的重视。近两年来，我们处在商业环境、交易、信息传播手段急剧变化的时期，从电子商务，微信，到O2O，互联网+，自媒体，我们整个社会都处在转型时期。这个阶段其实也是最容易出问题的阶段，其中很重要的一点就是盈利模式的不成熟，这对于那些急于将自己的模式转换为钞票的特许人来说是一个更为严格的考验。你能否沉得住气，坐得住冷板凳来反复试验你的模式，从而创造一个靠谱的模式给加盟商是你做特许经营能否成功的前提。如果时机不到，经营模式不成熟，就早早搞加盟，很容易产生纠纷。作者在书中就讲了一个特许人因经营模式不成熟给加盟商造成损失而输掉官司的案例，令人发醒。

总之，我相信崔师振律师这部书的面世，将使我们的特许连锁经营走上一个新台阶，也让更多的想通过加盟连锁方式进行创业的朋友们走上幸福的康庄大路。更有利于我们的以法治国的思想在特许连锁经营领域得到贯彻落实。

许一元

和许咨询创始人、连锁规划思想的创立人

2016 年 1 月 28 日

前　言

商业特许经营，俗称“连锁加盟”“特许加盟”或者“加盟连锁”，是20世纪80年代末开始出现在我国的一种商业经营模式，虽然时间不长，但发展非常迅速，根据中国连锁经营协会发布的数据，截至2011年年底，我国特许经营体系已超过5000个，加盟店总数达100万家以上，覆盖的行业业态超过70个，特许经营已经成为我国最具发展前景的商业模式之一。

从主体角度说，特许经营包括特许人和被特许人两大基本主体，特许人又俗称“盟主”“特许总部”；被特许人又俗称“加盟商”。本书从特许人角度出发，探讨特许经营的法律风险防范问题。

由于特许双方市场主体地位的强弱不同，为了保护广大加盟商的利益，我国《商业特许经营管理条例》对特许人从准入主体资格、特许经营备案、特许经营招商宣传、特许经营信息披露、特许经营合同到特许人对被特许人的培训、支持、督导等都进行了规范，并规定了严格的法律责任。加之特许双方的利益异化及特许人淡薄的法律意识，特许人在特许经营活动的各个环节都存在着大量的法律风险，一旦这些法律风险转化为现实，将会对特许企业造成重大损失，轻则返还加盟商各项加盟费用，赔偿加盟商各种损失，重则导致企业整个特许经营体系的崩溃。

本书从特许经营活动的各个环节，揭示其存在的种种法律风险，并提出防范对策，以供特许经营企业及准备采用特许经营方式发展的企业借鉴、参考，保障企业的健康发展。

本书紧紧围绕特许经营的法律实务来写，尽量避免空洞的理论说教。在结构体例上，按照特许经营企业及其活动的内在逻辑顺序将内容安排为10章，除第一章特许经营法律风险概述外，每章均包括两大部分内容：一是本章导读，简单明了地向读者展示本章最核心的内容；二是本章风险点，该部分是本书的核心内容，每个风险点包括风险提示、真实案例及防范对策三部分。风险点提示及防范对策多是笔者多年来从事特许经营法律实务的经验总结，同时也借鉴了其他律师的实务经验。所选案例绝大多数来自北大法宝网上刊登的全国各级人民法院判决的真实判例；少数案例来自互联网。为了突出说明问题，在案例运用上没有把原判决书的内容全部展现出来，而是进行了相应的节录。为了尊重案例当事人的隐私权及其他合法权益，本书对案例中出现的当事人姓名、名称进行了一些技术上的处理，用A和B等字母来代替。

如没有特殊说明，书中出现的“商业特许经营”“特许经营”“特许加盟”“连锁加盟”“加盟连锁”在同一意义上使用；“特许人”“特许总部”“加盟总部”“盟主”在同一意义上使用；“被特许人”“受许人”“加盟商”在同一意义上使用。

本书在编写过程中，参阅了大量专家、学者的有关著作、教材及案例，并通过互联网学习和借鉴了很多有益的资料，在此一并表示谢意。

本书旨在引起特许经营者增强法律风险意识，合法经营，积极运用法律来促进特许经营企业的健康发展！

限于作者水平，书中不妥之处在所难免，恳请广大读者批评指正。

崔师振

2016年1月3日

目　录
Contents

第一章
商业特许经营全程法律风险概述

本章导读

本章包括三方面内容：一是关于商业特许经营基本知识的介绍。由于我国发展商业特许经营的历史较短，很多人对商业特许经营这种经营模式比较陌生，本章通过简要介绍商业特许经营的概念、特征、类型、优缺点及其发展历史等基本知识，为读者学习后面各章内容奠定一定的基础。二是介绍我国商业特许经营立法的进程和调整商业特许经营法律关系的法律体系。三是分析商业特许经营中特许人承担法律风险和法律责任的原因及法律责任的表现形式，使读者从宏观上把握特许人的法律风险状况。

一、商业特许经营概述

（一）商业特许经营的概念和特征

我国《商业特许经营管理条例》第三条规定，本条例所称商业特许经营（以下简称特许经营），是指拥有注册商标、企业标志、专利、专有技术等经营资源的企业（以下称特许人），以合同形式将其拥有的经营资源许可其他经营者（以下称被特许人）使用，被特许人按照合同约定在统一的经营模式下开展经营，并向特许人支付商业特许经营费用的经营活动。①

从上述定义中，我们可以归纳出商业特许经营的以下特征：

1. 商业特许经营的法律基础是商业特许经营合同。商业特许经营本质上是一种契约性质的关系。特许人与被特许人之间既不存在雇佣关系，也不是母公司与子公司、总公司和分公司的关系，被特许人也不是特许人的代理人，二者是相互独立的经营实体，各自独立经营、自负盈亏、各担风险。双方通过订立商业特许经营合同，确定各自的权利和义务。商业特许经营合同在商业特许经营这一商业模式的构成中占据核心位置。

2. 商业特许经营的核心是知识产权的许可使用。商业特许经营这一法律关系所指向的核心内容，是以知识产权为核心的经营资源的许可使用。最常见的经营资源包括：商标、商号、企业标志、专利、商业秘密、专有技术、经营诀窍、经营模式等。实践中这些经营资源往往与经营所涉商品或服

① 中华人民共和国国务院令第485号：《商业特许经营管理条例》第三条第一款。

务结合起来，表现为一种多重组合形式，例如：商品或服务＋商标＋经营模式、商品或服务＋商号＋经营模式、商品或服务＋经营诀窍＋经营模式、商品或服务＋专利＋经营模式、商品＋专利＋经营诀窍＋经营模式等。商业特许经营的这一特征是其区别于其他商业模式的本质特征之一。

3. 所有商业特许经营体系内的经营单位对外具有统一的企业形象，具有共同的外部特征。商业特许经营体系或商业特许经营模式的统一是特许权许可使用的内在要求和外在特征。为了维护商业特许经营体系具有统一的企业形象，特许体系内各经营单位的经营权高度集中于特许人，由特许人统一制定企业识别系统，各经营单位拥有共同的企业外部特征。特许人与各被特许人在品牌、质量、商标以及经营理念上实现高度统一，在经营模式上实现整齐划一。特许人有权对体系内的各被特许人进行经营指导和监督。

4. 被特许人必须要向特许人支付相应的对价。特许人拥有的经营资源一般都经过了较长时间的开发、积累，具有较高的商业价值。被特许人经许可使用这些经营资源是为了开展经营活动，因此需要支付相应的费用。特许人与被特许人签订商业特许经营合同之后，特许人除了向被特许人提供商业特许经营权，还要向其提供一系列培训和和支持服务。“天下没有免费的午餐”，作为获取这些权利和支持的对价，被特许人必须向特许人支付各项费用。

（二）商业特许经营与相关概念的区别与联系

要深入理解商业特许经营模式的内涵，必须首先厘清商业特许经营与下列各相关概念的区别与联系。

1. 商业特许经营与连锁经营

连锁经营一般是指经营同类商品或服务的若干个店铺，以一定的形式组合成一个联合体，在整体规划下进行专业化分工，并在分工的基础上实施集中化管理，使复杂的商业活动简单化，以获取规模效益。具有理念统一；管理统一；企业形象统一；商品统一和服务统一四个特点。

连锁经营分为三种形式：即直营连锁、自由连锁和特许连锁。其中特许连锁也称加盟连锁，即我们所说的商业特许经营。可见，连锁经营和商业特许经营是“种”与“属”的关系，商业特许经营是连锁经营的一种具体形式。

2. 商业特许经营与直营连锁

直营连锁是指连锁企业的店铺由企业总部全资或控股开设，在总部的直接领导下统一经营，总部对各店铺实施人、财、物及商流、物流、信息等方面统一经营的连锁经营方式。

商业特许经营与直营连锁都属于连锁经营的范畴，两者在外在表现上也有很多相似之处。例如，它们的门店都有统一的商号招牌，使用统一的商标，采用统一化、标准化的管理模式，总部有权对各门店进行监督和管理等等。

商业特许经营与直营连锁也有实质性的区别，特别是法律关系上的实质性区别。直营连锁中，连锁总部对各连锁店铺实施人、财、物及商流、物流、信息流等方面的统一经营。而在商业特许经营中，特许人与被特许人是合同关系，双方均是独立法律主体，特许人与被特许人之间的合作是以商业特许经营合同为纽带，双方的权利义务以合同约定和相关商业特许经营法律法规为准。

3. 商业特许经营与自由连锁

自由连锁，也称自愿连锁，是由制造商或者批发商发起，各零售商自愿加入，在公司总部的领导下共同经营的一种连锁模式。连锁公司的店铺均为独立法人，各成员店使用共同的店名，与总部订立有关购、销、宣传等方面的合同。在合同规定的范围之外，各成员店可以自由行动。根据自愿原则，各成员店可以自由加入连锁体系，也可以自由退出连锁体系。①

① 张然：《特许经营操作实务》，新华出版社2000年版，第13页。

与商业特许经营相比，自由连锁经营合同约定的权利义务较为宽松，自由连锁经营中的成员店拥有比商业特许经营中的加盟店更大的经营自主权，其中最重要的自主权就是自由连锁中的连锁店可以在合同存续期间自由退出该连锁体系；而商业特许经营中的被特许人或者加盟店如果想在合同存续期间退出特许体系，则需要经过特许人的同意或承担合同约定的法律责任。

4. 商业特许经营与代理

代理是民法上的概念，是指代理人受本人的委托，以本人的名义为本人的利益从事某种事务，法律后果由本人承担的一种商业模式。

商业特许经营与代理是两种不同的商业模式，商业特许经营不是代理。商业特许经营的双方不是本人和代理人的关系，被特许人不能以特许人的名义进行经营，也不代表特许人进行经营，其经营结果、风险与法律责任通常完全由其自己承担，这与代理是根本不同的。在商业特许经营中也存在商品的销售关系，但通常是特许人和被特许人之间的分销关系，而不是代理关系。被特许人通过销售特许人的商品获得差价利益，而不是获得佣金。

5. 商业特许经营与经销

所谓经销，是制造商或者批发商将某种产品的销售权授予某一销售商，由其在约定的经销期限和地区范围内销售商品的一种经营模式。经销双方不是代理关系，而是买卖关系。

从本质上看，商业特许经营与传统经销（分销）的区别在于商业特许经营实质上是商业特许经营权的授权，而经销（分销）的本质则是一般意义上的买卖关系。在商业特许经营中经常存在产品的经销或者分销关系。经销可以构成商业特许经营的一个方面，但产品的经销关系不是商业特许经营关系的全部，更不是商业特许经营的核心或主要内容。商业特许经营是由商标、商号、经营模式等方面的授权，特许双方的监督、管理、支持和服务等一系列关系和诸多要素所构成的综合系统。

（三）商业特许经营的类型

按照不同标准，商业特许经营有如下不同的分类：

1. 按照特许权授予和行使方式的不同，商业特许经营分为单体特许经营、区域开发特许经营、代理特许经营和二级特许经营四种。[①]

单体特许经营，是指特许人向被特许人授予包括产品、商标、商号、经营模式在内的商业特许经营权，被特许人利用该特许权展开经营，并支付一定的费用，但不得转让特许权或再行授权第三人使用的一种商业特许经营模式，也是最为典型的商业特许经营模式。

区域开发特许经营，是指特许人授权被特许人在特定区域、特定时间或特定条件下，建立若干商业特许经营单元的特许发展模式。

二级特许经营，是指特许人在特定区域内将特许权首先授予分特许人，再由分特许人转授予直接从事商业特许经营的分被特许人的一种商业特许经营模式。二级特许经营涉及主特许人、分特许人和分被特许人三方当事人。

代理特许经营是指代理商经特许人授权，作为特许人的一个服务机构，代表特许人招募被特许人，为被特许人提供指导、培训和各种服务的一种商业特许经营模式。在“代理商业特许经营”中，特许人与代理商之间签订的是代理合同，特许人与代理商之间的关系应按照代理关系来处理。

2. 按照特许内容的不同，商业特许经营分为商品商标商业特许经营和经营模式商业特许经营两大类。

商品商标商业特许经营是指被特许人使用特许人的品牌和营销方法，批

---

① 张国元：《特许经营法律与实务问题研究》，法律出版社2009年2月第1版，第40页。

发、销售特许人产品的商业特许经营模式。在这种商业特许经营模式中，被特许人仍保持其原有企业的商号，单一地或在销售其他商品的同时销售特许人生产并取得商标所有权的产品。

经营模式商业特许经营，即人们习惯上所理解的商业特许经营。经营模式特许的实质是特许人将自己所拥有的品牌、商标、产品、单店管理系统、经营诀窍、对消费者的服务等内容开发组合成独特的具有竞争力的特许权，以商业特许经营合同的形式授权给被特许人使用。经营模式商业特许经营是高级的综合商业形式，特许人对被特许人所从事的经营活动有严格的限制。被特许人经营的加盟店从选址、装修、陈设到产品销售、促销、服务等都必须和总部的标准保持一致。

3. 按照特许人和被特许人身份的不同，商业特许经营分为制造商与批发商之间的商业特许经营；制造商与零售商之间的商业特许经营；批发商与零售商之间的商业特许经营；零售商与零售商之间的商业特许经营。

4. 按照商业特许经营体系是否跨越一国国境分为国内商业特许经营和国际商业特许经营（跨国商业特许经营）。商业特许经营发展初期，商业特许经营的网点没有突破一国国境的范围，而是往往表现为国内商业特许经营的模式。但随着国际经济交往的增多，一些在国内发展较为成功的商业特许经营体系慢慢以各种方式渗入别国，开始其海外扩张的过程，最终形成国际商业特许经营（跨国商业特许经营）模式。

（四）商业特许经营对特许双方的利弊分析

商业特许经营作为一种商业模式，和任何事物一样，对特许双方有利有弊，商业特许经营的利弊主要有以下几点：

1. 商业特许经营对特许人的优势。商业特许经营对特许人的优势主要表现为，不受资金限制，可以低成本地迅速扩张规模，塑造品牌；获得长期稳定的高收入，减少财政风险；降低经营费用，提高管理水平；解决了企业经营中的激励机制。[①]

2. 商业特许经营对被特许人的优势。商业特许经营对于被特许人来说，其优势主要是减少创业的弯路，增加创业成功的机会；并且较易获得特许总部或银行的财政帮助。

3. 商业特许经营对特许人的弊端。商业特许经营对特许人的弊端主要表现为，特许人的商业信誉及品牌价值可能会存在风险，且有可能危及特许人的整个商业特许经营体系；商业特许经营合同限制了特许人策略和战略调整的灵活性，使特许人在创新方面会受到一些束缚；培养了自己的竞争者。

4. 商业特许经营对被特许人的弊端。商业特许经营对被特许人的弊端主要表现为，创业初期可能需要较多的资金；经营受到严格束缚，缺乏自主权；承受“一损俱损”的风险；当自己退出该商业特许经营体系时，不能享受原特许品牌价值提升后的任何利益。

（五）商业特许经营的历史发展及现状

1. 国外商业特许经营的产生与发展

美国胜家缝纫机公司（Singer Sewing Machine Company）被公认为现代意义商业特许经营的鼻祖。最初阶段，商业特许经营主要是商品商标的商业特许经营，进入20世纪40～50年代，经营模式的商业特许经营开始崭露头角，并在此后的二十多年里于餐饮业中独领风骚。为了进一步推动商业特许经营事业的发展，1959年10月，美国十多家特许人企业共聚一堂，商讨如何将商业特许经营的模式发展成为全美乃至全球一种普遍经营模式。正是在这次会议上，诞生了一个著名的国际组织——国际连锁加盟协会（Interna-

① 李维华：《特许经营学》，中国发展出版社2009年6月第1版，第140页。

tional Franchise Association）。

20 世纪 60～70 年代，商业特许经营开始从美国传向其他国家。1972 年 9 月 23 日，欧洲特许权联合会成立；日本于 1963 年成立了第一家商业特许经营连锁店，并在 20 世纪 70 年代以后获得了很快发展。

20 世纪 90 年代以来，商业特许经营从原先主要集中的零售业和餐饮业慢慢向新型行业转移，其范围也不断渗透到各种业态，包括旅馆、租赁、健身美容、家庭保洁、旅游休闲、家具装饰、教育培训等。会计、税务、保险、广告宣传、企业财务等对企业提供的服务更成为商业特许经营家族的新宠。商业特许经营迅速在全球发展起来。

2. 商业特许经营在中国的发展历程

20 世纪 80 年代中后期，商业特许经营模式进入我国。至今，商业特许经营在我国经历了三个发展阶段:①

（1）1986 年～1992 年为萌芽阶段。从 1986 年起，以餐饮业为代表的老字号企业普遍采用连营、品牌输出和技术等带有特许性质的经营方式来拓展自身规模。其中，典型的品牌和技术有永久、凤凰自行车、狗不理包子铺等。1987 年，“肯德基”率先涉足中国的餐饮业，国外的商业特许经营组织开始以合资或独资的方式进入中国市场，但严格意义上的以出售商业特许经营权为特征的特许业务仍基本上不存在。

（2）1993～1996 年为起步阶段。国际著名的商业特许经营企业大举进入中国市场。服装、餐饮业等商业特许经营的品牌开始为人们所熟知，如皮尔卡丹、鳄鱼、佐丹奴、苹果专卖店，富士、柯达专业彩扩店等。与此同时，中国企业开始有计划、有步骤地开展商业特许经营活动，如 1993 年北京全聚德烤鸭集团开始探索用商业特许经营的模式发展分店，成功地扩大了市场，打响了企业品牌。但这时的商业特许经营形式仍以直接营为主。同

① 张国元:《特许经营法律与实务问题研究》，法律出版社 2009 年 2 月第 1 版，第 15 页。

时，由于缺乏商业特许经营方面的法律、法规，特许企业对品牌的认知度低、缺乏对标准经营管理模式的理解，我国的商业特许经营仍处于探索期。

（3）1997 年以后，随着中国改革开放的不断深入，商业特许经营也进入了一个新的发展阶段。特别是我国加入 WTO 后市场环境的变化，使许多企业开始对商业特许经营有了深刻的认识。在政府的大力扶植下，我国的商业特许经营有了深入发展，东来顺、小背篓、国美、马兰拉面等国内企业成为商业特许经营的典范，他们对加盟店的产品质量和作业流程实施有效控制，发展速度明显快于其他商业经营模式。我国商业特许经营进入推广和规范化阶段。

3. 我国商业特许经营的发展现状及存在问题

商业特许经营在我国发展的时间虽然不长，但一直保持着较快的发展势头。目前，商业特许经营业在我国主要呈现以下一些特点：

（1）商业特许经营持续高速发展，并在国民经济中占据越来越重要的地位。在我国经济快速增长的趋势下，商业特许经营在我国的发展之快令全球惊讶。根据中国连锁协会的最新统计，截至 2011 年底，我国商业特许经营体系已超过 5000 个，加盟店总数在 100 万家以上，覆盖的行业超过 70 个，特许企业直接创造的就业岗位超过 1000 万个，我国成为世界上特许体系最多的国家。

（2）商业特许经营规模化不够，零散度高。商业特许经营作为连锁经营的一种模式，其核心竞争力之一就是通过快速扩张规模降低成本，扩大市场占有率。我国商业特许经营企业的门店数量扩张速度并不慢，但相对于国际成熟品牌来说，店数规模还非常小。

（3）很多企业急功近利，不注重品牌的塑造。很多本土商业特许经营企业在急功近利心理的支配下，不注重品牌的塑造，只是以多收取加盟费为目的，过于注重发展速度。不少商业特许经营企业只是统一了店名、服装、标识等外在形象，在商业特许经营体系建设的核心，比如研发、培训、采购配送、营销等方面，仍然是粗放式的管理，从而导致商业特许经营品牌形象受损，整个商业特许经营体系竞争能力差。

（4）商业特许经营欺诈问题严重。中国商业特许经营的数量已经在世界上名列前茅，但中国商业特许经营的投资成功率并没有同步发展，投资失败率较高是业界公认的事实。其中，除加盟商自身原因、市场原因之外，商业特许经营欺诈导致加盟失败的案例充斥各种媒体，并被纳入中国当前11种典型性商业欺诈之中，严重损害了加盟投资者的利益，破坏了我国商业特许经营市场秩序。

二、我国关于商业特许经营的政策、立法进程及商业特许经营法律体系

（一）我国关于商业特许经营的政策、立法进程

为了促进我国商业特许经营的发展，我国政府制定了一系列关于商业特许经营的政策、法规和规章。

1997 年 3 月，原国内贸易部发布了《连锁店经营管理规范意见》，规定了商业特许经营的定义和特许合同的基本内容。

1997 年 5 月，国家工商行政管理局与原国内贸易部联合发布了《关于连锁店登记管理有关问题的通知》。

1997 年 9 月，财政部发布了《企业连锁经营有关财务管理问题的暂行规定》。

1997 年 11 月 14 日，原国内贸易部发布了《商业特许经营管理办法（试行）》，该办法是我国第一个规范商业特许经营的部委规章。该办法对商业特许经营的定义、基本形式、商业特许经营双方的义务和权利、商业特许经营合同的要求及收取费用等方面做了规定。该办法适用于一切在中国境内从事商业特许经营活动的企业、个人或其他经济组织，规定了特许人的背景材料还需要向行业协会备案。

1997 年 11 月，财政部与国家税务局联合发布了《关于连锁经营企业增值税纳税地点问题的通知》。

1999 年，国内贸易局发布了《关于进一步规范特许加盟活动的通知》。

2002 年 10 月 10 日，国家经贸委办公厅印发《全国连锁经营“十五”发展规划》，指出在“十五”期间严格规范、积极稳妥地发展商业特许经营。在加强商业特许经营法规建设的基础上，逐步引导商业特许经营吸纳全国更多的行业和领域发展，要以这些行业中有自主知识产权、核心竞争力强、知名度高、管理基础好的企业为依托，推动商业特许经营的发展，提高行业整体素质和服务水平；积极利用和开发民族品牌，形成规范化、可复制、易扩张、能够实施有效监管的商业特许经营体系；鼓励实力较强的企业通过区域特许等方式，引进国际著名特许品牌，学习借鉴其成功经营模式，缩短与国际先进水平的差距。

2003 年 5 月 23 日，商务部印发《做好当前开拓市场扩大内需工作的指导意见》，指出“要鼓励有条件的企业通过兼并联合、资产重组、参股控股或输出商标、商号和经营管理技术、发展商业特许经营等方式实现规模扩张，积极引导连锁经营从超市、百货店向便利店、专业店、专卖店、大型综合超市、仓储式商店、折扣店等多业态渗透，从传统商业零售、餐饮业向成品油、汽车、农资、医药、烟草、图书报刊、住宿、典当、租赁、拍卖、旧货、家政服务、房地产中介和销售代理、教育培训、旅游等多行业和新型服务业拓展，从大中城市向小城镇和农村市场延伸，从直营连锁向加盟连锁等多种方式并举发展。”

2003 年 8 月 15 日，胡锦涛主席在全国再就业工作座谈会上指出，“要通过推行连锁经营、商业特许经营、物流配送、电子商务、多式联运等组织形式和服务方式，继续大力发展商贸、餐饮、交通运输和公用事业等传统服务业，积极发展旅游、社区服务、教育培训、文化体育和信息、金融、保险等新型服务业。”

2004 年 12 月 8 日，针对当时商业特许经营市场出现极少数不法分子借用商业特许经营进行诈骗、圈钱等坑害投资者的恶性事件，商务部根据国务院要求，组织中宣部、公安部、工商总局、税务总局、法制办、行业协会的有关负责人，召开了“关于整顿规范商业特许经营市场的会议”。会议讨论了行业自律问题，对商业特许经营展会的监管问题，讨论了如何保证参展（会）企业的合法性和推广活动的真实性，防止不法分子利用展会进行商业欺诈等问题。

2004 年 12 月 11 日，按照中国的加入世界贸易组织的相关承诺，商业特许经营市场在“入世”三年后全面放开，我国取消了投资零售领域的地域、数量和股权比例限制，2005 年分销领域“入世过渡期”结束，商业领域全面对外开放，中国被业内专家一致认为是世界上“极具潜力的商业特许经营市场。”

2004 年 12 月 31 日，商务部颁布《商业特许经营管理办法》，自 2005 年 2 月 1 日起施行，原国内贸易部发布的《商业特许经营管理办法（试行)》同时废止。《商业特许经营管理办法》共 9 章 42 条。除总则和附则外，分别对商业特许经营当事人、商业特许经营合同、信息披露、广告宣传、监督管理、外商投资企业从事商业特许经营、法律责任等进行了详细规定。《商业特许经营管理办法》明确规定，“商务部对全国商业特许经营活动实施监督管理，各级商务主管部门对辖区内的商业特许经营活动实施监督管理。”

2005 年 3 月，国务院办公厅发布《关于开展打击商业欺诈专项行动的通知》。随后，从 2005 年 5 月开始，由全国整规办联合商务部、中宣部、发改委、公安部、劳动保障部、建设部、海关总署、税务总局、工商总局、质检总局、外汇局等 11 个国家部委发起的“打击商贸活动中的欺诈行为”专项行动正式启动，对包括商业特许经营在内的商业欺诈行为进行重点整治。

2005 年 6 月 9 日，国务院正式下发了《关于促进流通业发展的若干意见》。这是新中国成立以来，国务院首次针对流通业发展制定的系统政策性意见。在该意见中，商业特许经营被作为流通业的重要推广模式之一，“鼓励具有竞争优势的流通企业通过参股、控股、承包、兼并、收购、托管和商业特许经营等方式，实现规模扩张，引导支持流通企业做强做大”。

2007年1月31日，国务院第167次常务会议通过《商业特许经营管理条例》。

2007年2月6日，国务院总理温家宝签署中华人民共和国国务院第485号令，公布《商业特许经营管理条例》，该条例自2007年5月1日起施行。

2007年3月9日，国务院下发的《国务院关于加快发展服务业的若干意见》中明确指出，“提升改造商贸流通业，推广连锁经营、商业特许经营等现代经营方式和新型业态。”

为配合《商业特许经营管理条例》的实施，商务部于2007年分别制定了《商业特许经营备案管理办法》和《商业特许经营信息披露管理办法》。后来随着我国商业特许经营的发展，商务部又分别于2011年11月7日及2012年1月18日对这两个《办法》进行了修订。

修订后的《商业特许经营备案管理办法》自2012年2月1日起施行。修订后的《商业特许经营信息披露管理办法》自2012年4月1日起施行。两个原《办法》同时废止。

为促进“十二五”期间商业特许经营健康发展，推动我国商贸流通业发展方式加快转变，2012年1月4日，商务部以“商流通发〔2011〕510号”印发《关于“十二五”期间促进商业特许经营健康发展的指导意见》。该《意见》分指导思想、基本原则和主要目标，工作任务，保障措施4部分。

指导思想为深入贯彻落实科学发展观，以提高商贸流通业组织化程度，促进品牌建设，扩大创业和增加就业为目标，以完善商业特许经营管理为基础，以政策扶持和联合执法为手段，坚持一手抓规范，一手抓发展，在规范中发展，在发展中规范，推动我国商业特许经营快速发展。

基本原则为四个结合，即促进发展与加强规范相结合，市场运作与政策引导相结合，备案管理与日常服务相结合及品牌培育与加强知识产权保护相结合。

主要目标为用五年时间，实现主要商业特许经营品牌的加盟店数量、经营规模、规范水平均有较大提高；商业特许经营管理体系进一步完善，商业特许经营备案率逐年提高，投诉率逐年下降；形成一批市场发展潜力大、标准化管理能力强、诚信经营的知名商业特许经营企业和品牌。并为实现目标，提出了具体任务及保障措施。

2012 年 5 月 9 日，商务部流通司副司长吴国华在第 14 界中国商业特许经营加盟大会上表示，中国计划用五年时间形成一批标准化管理能力强、诚信经营的知名商业特许经营企业和品牌，并将启动商业特许经营企业成熟度评价；将调查研究实施的《商业特许经营管理条例》执行过程中出现的共性问题，以便对条例进行适时修订。同时，将加快推进商业特许经营标准制定，即分行业制定商业特许经营管理规范、合同示范文本和评价标准；将尽快制定商业特许经营处罚规定，研究建立权责规范的司法体制，并建设业务精通、作风过硬的行政执法队伍。

为深入贯彻落实《商业特许经营管理条例》（以下简称《商业特许经营管理条例》）和《商业特许经营备案管理办法》、《商业特许经营信息披露管理办法》（以下简称两个《办法》），商务部成立了由流通发展司、条法司、财务司、市场秩序司、服贸司、电子商务司 6 个司局组成的商业特许经营管理办公室。为进一步做好商业特许经营管理工作，2012 年 8 月 17 日，商务部办公厅下发了《关于进一步做好商业特许经营管理工作的通知》。通知要求各省、自治区、直辖市、计划单列市及新疆生产建设兵团商务主管部门，一要提高认识，建立健全工作机构，二要完善备案制度，加强备案服务与管理，三要借助中小企业服务平台，促进特许企业品牌建设，四要依法行政，规范商业特许经营行为，五要加强宣传，形成良好的舆论氛围。

2011 年 2 月 24 日，北京市高级人民法院发布了《关于审理商业特许经营合同纠纷案件适用法律若干问题的指导意见》。

（二）我国调整商业特许经营关系的法律体系

我国目前仍然有效的调整商业特许经营法律关系的法律法规包括以下四类：

1. 调整商业特许经营法律关系的专门法律、法规和规章。如国务院于2007年5月1日起施行的《商业特许经营管理条例》以及商务部为配合该《商业特许经营管理条例》的实施，于2007年制定，又分别于2011年11月7日及2012年1月18日修订的《商业特许经营备案管理办法》和《商业特许经营信息披露管理办法》。

2. 基本法律法规。国家立法机关制定的具有普遍适用性的法律及国务院制定的某些具有普遍适用的行政法规当然也适用于商业特许经营领域。比如，商业特许经营模式的法律基础是合同，特许双方的法律关系是合同关系，商业特许经营合同的订立、履行，商业特许经营合同的效力，商业特许经营合同的撤销、解除、终止，商业特许经营合同权利义务的规定和责任承担等都适用《中华人民共和国合同法》的调整。再比如，商业特许经营的核心是商标、商号、专利、商业秘密等知识产权的许可使用，那么，商业特许经营领域无形资产的授权使用和保护就适用《商标法》、《专利法》、《著作权法》、《反不正当竞争法》和《计算机软件保护条例》等知识产权法律法规的规定。

此外，在特许商业特许经营体系扩张中，特许人所进行的兼并、营业转让、证券发行等，又受到《公司法》、《证券法》、《信托法》、《税法》、《会计法》等法律法规的调整和规范。

从目前我国国内立法情况看，除了《商业特许经营管理条例》和《商业特许经营备案管理办法》、《商业特许经营信息披露管理办法》外，对商业特许经营法律关系的调整规范散见于《民法通则》、《合同法》、《商标法》、《专利法》、《著作权法》、《反不正当竞争法》、《产品质量法》、《消费者权益保护法》、《公司法》、《合伙企业法》、《劳动法》、《计算机软件保护条例》、《企业法人登记管理条例》以及外商投资相关的法律法规中。因此，基本法律是调整商业特许经营法律关系的重要法律规范。

3. 特别法律法规规章。严格说来，商业特许经营只是一种经营模式，它并不是一个行业，它涉及餐饮、百货、超市、美容美发、服装、教育培训、药店、健身、洗衣店、休闲食品等国民经济的七十多个行业。每个行业都有专门的调整其特定行业的法律法规和规章。因此，商业特许经营法律关系的调整除了商业特许经营专门法律法规、普遍适用的基本法律法规外，还有行业法律法规。

比如，快餐连锁企业法律关系的调整除了《商业特许经营管理条例》、《商业特许经营备案管理办法》、《商业特许经营信息披露管理办法》、《民法通则》、《合同法》、《商标法》、《专利法》、《著作权法》、《反不正当竞争法》外，还涉及《食品安全法》、《食品安全法实施条例》、《餐饮服务许可管理办法》、《餐饮服务食品安全监督管理办法》、国务院办公厅《关于严厉打击食品非法添加行为切实加强食品添加剂监管通知》和国家食品药品监督管理局办公室《关于印发餐饮服务环节“瘦肉精”专项整治实施方案的通知》等法律法规和规章。

又如，药品商业特许经营企业除了遵守上述商业特许经营专门法律法规和基本法律法规外，还必须遵守《药品管理法》、《药品管理法实施条例》、和《麻醉药品和精神药品管理条例》等行业法律法规规章。

4. 地方法规和规章

除了上述商业特许经营专门法律法规、基本法律法规和行业法律法规外，各地方人大或政府为了进一步贯彻国家法律法规，还制定了适合本地方的地方法规和规章。因此，譬如，北京市商务委员会关于印发《北京市商业特许经营备案管理实施办法》的通知（2012 修订）（2012 年 3 月 7 日），

《上海市商务委员会关于组织企业参加全国商务系统商业特许经营培训班的通知》（2011 年 11 月 11 日），《广东省经济和信息化委员会关于加强我省商业特许经营备案管理工作的通知》（2010 年 1 月 21 日），《贵州省商务厅关于进一步加强商业特许经营管理工作的通知》（2009 年 6 月 3 日），《四川省商务厅关于商业特许经营监督管理情况的通报》（2008 年 7 月 10 日），《四川省商务厅关于建立商业特许经营管理办公室的通知》（2012 年 8 月 22 日），《贵州省商务厅关于开展商业特许经营企业备案有关工作事项的通知》（2008 年 5 月 27 日），《上海市经济委员会关于出具商业特许经营企业直营店证明函所需材料的通知》（2008 年 4 月 28 日），《宁夏回族自治区商务厅关于做好全区商业特许经营备案管理工作的通知》（2008 年 4 月 8 日），《浙江省经济贸易委员会关于推进商业特许经营备案工作的通知》（2008 年 3 月 3 日），《厦门市贸易发展局关于开展商业特许经营备案管理工作的通知》（2007 年 12 月 10 日），《福建省经济贸易委员会关于做好商业特许经营备案管理工作的通知》（2007 年 9 月 29 日）等等。因此，位于不同地方的商业特许经营活动还应当遵守相关地方法规和规章。

另外，我国一些司法机关根据审判实务经验，出台了一些指导商业特许经营纠纷审判的规范性法律文件，如北京市高级人民法院于 2011 年 2 月 24 日出台的《关于审理商业特许经营合同纠纷案件适用法律若干问题的指导意见》，该指导意见结合商业特许经营法律诉讼的实际情况，有针对性地提出了商业特许经营法律诉讼的处理原则，对北京市商业特许经营市场的规范起到了积极的引导和示范作用。

三、我国商业特许经营法律风险概述

由于各种原因，特许双方都存在大量的法律风险，本书只分析特许人的法律风险。

（一）特许人存在大量法律风险的原因

特许人之所以存在各种法律风险，主要是基于以下原因：

1. 我国商业特许经营历史发展短，特许人对商业特许经营模式的本质、特许双方的关系认识不深刻，不能很好地理解特许双方的权利和义务。

2. 鉴于特许人在整个商业特许经营活动的核心和主导地位，特许双方信息不对称，立法机关采取了旨在保护被特许人的价值取向。我国《商业特许经营管理条例》从行政管理角度，对特许人从主体资格准入、招商宣传、备案、信息披露、商业特许经营合同的基本条款、对加盟商的培训、支持、督导，特许授权的期限、特许费用的收取等各个方面进行了严格规范，并规定了相应法律责任。

3. 特许人法制观念淡薄，对商业特许经营的基本法律关系认识不清，不重视履行自己的合同义务，出现违约行为，忽视保留合同履行的证据，以至于在法庭上出现举证不能的情形；法律风险防范意识不强，商业特许经营合同过于简单、含糊，不能对商业特许经营涉及事项做全面、准确和有效的约定，不重视商业特许经营资源的保护，以至于经常出现各种经营纠纷，严重阻碍了商业特许经营体系的发展，有的甚至直接导致商业特许经营体系的崩溃。

4. 从民商事角度而言，特许双方相对立的一面导致被特许人为了追求自身的经济利益，不惜做出损害特许人的行为。比如，有的被特许人经常虚报或者低报经营收入，拖欠或拒绝向特许人缴纳各种费用，越权经营，侵犯特许人的品牌和知识产权等等。经营过程中，本应由被特许人承担的商业风险，被特许人却千方百计转嫁到特许人身上。他们往往会寻找特许人在法律上的漏洞，以特许人没有注册商标、没有“两店一年”、没有备案、没有进行信息披露，没有成熟的经营模式，没有商业特许经营手册，特许人没有对加盟商培训的能力或培训、支持不到位，合同内容不完全符合法律规定，霸王条款等等理由，诉请法院判决商业特许经营合同无效、撤销或解除，退还加盟金、特许权使用费、保证金、广告基金等费用，并赔偿其因房屋租赁、装修装饰、人员工资、购置设备支出等所造成的损失。

（二）特许人法律风险与责任的表现形式

商业特许经营中，特许人的法律风险与责任包括行政法律责任、民事法律责任和刑事法律责任三种责任形式。

1. 行政法律责任。从行政管理角度，我国《商业特许经营管理条例》对特许人从主体资格准入、宣传推广、备案、信息披露、合同的基本条款、对加盟商的培训、支持、督导，特许授权的期限、特许费用的收取等商业特许经营的全过程都进行了规范。譬如，特许准入资格方面，要求特许人必须为企业，具有经营资源，具有成熟的经营模式，有能力对加盟商进行培训和支持，具备两个直营店并且经营时间超过一年以上；招商宣传方面，不能虚假宣传，不能宣传加盟商的收益，合同签订前的至少 30 日，要对潜在加盟商进行信息披露，第一份加盟合同签订之日起 15 日内要进行备案，商业特许经营合同必须设定冷静期条款，合同必须为书面，合同期限一般不能少于三年等等。违反这些法律规范，就要承担罚款、没收违法所得等行政法律责任。《商业特许经营管理条例》第五条规定，国务院商务主管部门依照本条例规定，负责对全国范围内的商业特许经营活动实施监督管理。省、自治区、直辖市人民政府商务主管部门和设区的市级人民政府商务主管部门依照本条例规定，负责对本行政区域内的商业特许经营活动实施监督管理。第六条规定，任何单位或者个人对违反本条例规定的行为，有权向商务主管部门举报。商务主管部门接到举报后应当依法及时处理。

2. 民事法律责任。商业特许经营中的民事法律责任，一方面是特许人与被特许人内部的民事责任问题，基本上可以适用合同法关于违约责任的规制规则。因为两者之间本质上是合同关系，一方对另一方造成的损害，往往是以违反商业特许经营合同约定及合同法规定带来的。另一方面，是特许人与被特许人的外部民事责任问题，主要是被特许人经营过程中的消费者保护和侵权责任问题。虽然《商业特许经营管理条例》第十一条规定，特许人和被特许人可以通过商业特许经营合同约定消费者权益保护和赔偿责任的承担问题，但此内部约定对第三人并没有法律效力。在实践中应确定被特许人承担对外民事责任的原则，同时应考虑具体情况确定特许人适当的责任分担。如果被特许人在经营过程中产生违约责任，根据合同相对性原则，则应由被特许人承担责任，同时允许双方按照合同约定进行内部责任分配。如果被特许人经营过程中产生侵权责任，则应考虑特许人对被许人的控制程度、特许人的过错、特许人与被许人的意思联络、是否产生产品严格责任等因素，确定特许人应分担的责任。特许人可能涉及的民事法律责任主要包括缔约过失责任、违约责任和侵权责任。

3. 刑事法律责任。《商业特许经营管理条例》第二十七条规定，特许人违反本条例第十七条第二款规定的，由工商行政管理部门责令改正，处 3 万元以上 10 万元以下的罚款；情节严重的，处 10 万元以上 30 万元以下的罚款，并予以公告；构成犯罪的，依法追究刑事责任。特许人利用广告实施欺骗、误导行为的，依照广告法的有关规定予以处罚。第二十九条规定，以商业特许经营名义骗取他人财物，构成犯罪的，依法追究刑事责任；以商业特许经营名义从事传销行为的，依照《禁止传销条例》的有关规定予以处罚。从上可以看出，商业特许经营中，特许人涉及的刑事犯罪主要包括虚假广告罪、合同诈骗罪、生产、销售伪劣商品犯罪、侵犯知识产权犯罪以及传销犯罪等。

需要注意的是，上述三种法律责任并非只能选其一，三者可以同时并存。

第二章
商业特许经营主体资格方面的法律风险

本章导读

我国实行商业特许经营主体资格准入制度，《商业特许经营管理条例》第三条规定，本条例所称商业特许经营（以下简称特许经营），是指拥有注册商标、企业标志、专利、专有技术等经营资源的企业（以下称特许人），以合同形式将其拥有的经营资源许可其他经营者（以下称被特许人）使用，被特许人按照合同约定在统一的经营模式下开展经营，并向特许人支付商业特许经营费用的经营活动。企业以外的其他单位和个人不得作为特许人从事商业特许经营活动。《商业特许经营管理条例》第七条规定，特许人从事商业特许经营活动应当拥有成熟的经营模式，并具备为被特许人持续提供经营指导、技术支持和业务培训等服务的能力。特许人从事商业特许经营活动应当拥有至少2个直营店，并且经营时间超过1年。

从上述条款可以看出，在我国作为特许人从事商业特许经营活动应当具备以下几个条件：第一，特许人必须是企业，其他单位和个人不得作为特许人从事商业特许经营活动；第二，特许人从事商业特许经营活动应当拥有注册商标、企业标志、专利、专有技术等经营资源；第三，特许人从事商业特许经营活动应当拥有成熟的经营模式；并应当具备为被特许人持续提供经营指导、技术支持和业务培训等服务的能力；第四，特许人从事商业特许经营活动应当拥有至少 2 个直营店，并且经营时间超过 1 年以上。

以上四个条件必须同时具备，特许人方能开展商业特许经营。这是特许人是否具备主体资格的一般判断标准。另外，《商业特许经营管理条例》第八条第三款规定，在进行商业特许经营备案时，商业特许经营的产品或者服务，依法应当经批准方可经营的，特许人还应当提交有关批准文件。这就意味着从事某些需要批准的行业，特许人必须获得批准，才具有主体资格。

对特许人规定一定的主体准入资格，是当今世界各国的通例，其根本目的在于规范、维护商业特许经营良好的市场秩序，保护广大加盟投资者的合法权益。我国商业特许经营开始于二十世纪八十年代末，至今只有二三十年的时间，虽然发展迅速，但时间较短，商业特许经营市场不完善。不少特许人追求短期效益，在没有进行任何试点经营，其经营模式没有经过任何市场检验的情形下，盲目发展特许体系，招募大量投资者加盟，给广大投资者造成了巨大损失；某些不法分子甚至打着“商业特许经营”的幌子进行圈钱，严重损害了广大被特许人的利益，也妨碍了市场经济建设。因此，规定特许人的主体准入资格在我国当前市场环境下具有重要的现实意义。

特许人在主体资格方面的法律风险主要表现为特许人为非企业，特许人没有经营资源，商业特许经营资源具有瑕疵，特许人没有成熟的经营模式，特许人不具备为被特许人持续提供经营指导、技术支持和业务培训等服务的能力，特许人没有两个经营一年以上的直营店以及特许人从事特殊行业应当经过批准的未获批准等几个方面。

风险点一　非企业作为特许人的法律风险

一、风险提示

《商业特许经营管理条例》第三条第二款规定，企业以外的其他单位和个人不得作为特许人从事商业特许经营活动。这是效力性强制法律规范，市场主体必须遵守。违反这条规定，将会导致以下三方面的法律后果：

（一）特许人受到行政处罚，承担行政法律责任。《商业特许经营管理条例》第二十四条第二款规定，企业以外的其他单位和个人作为特许人从事商业特许经营活动的，由商务主管部门责令停止非法经营活动，没收违法所得，并处10万元以上50万元以下的罚款。

（二）特许人承担民事法律责任。非企业民商事主体作为特许人从事商业特许经营活动的民事法律后果主要表现为商业特许经营合同被判无效，特许人赔偿被特许人因此而遭受的经济损失。

（三）刑事法律责任。某些不具备主体资格的非企业个人或单位在没有任何经营资源的情形下，打着“商业特许经营”幌子进行欺诈，触犯刑法的，应当承担刑事法律责任。

需特别指出的是，在分商业特许经营模式中，作为二级特许人的主体往往是自然人，在形式上以某某品牌在某个区域的独家代理人的身份出现，这不符合《商业特许经营管理条例》的规定，二级特许人也必须是企业。

二、真实案例

案例1　特许人为个体工商户，所签商业特许经营合同被判无效

——张A诉周B商业特许经营合同纠纷案

案情简介

2010年5月8日，张A（乙方）与北京东小口周B服装销售中心（以下简称“周B服装中心”）（甲方）签订《加盟合同》，其中第二条约定：“BRAND DISCOUNT星光名品馆”为甲方注册商标；第三条“产品的供应与结算”中约定：产品名称为“星光名品馆”系列服饰、鞋帽、手饰及日用品，产品价格为在合同有效期内，由甲方提供给乙方的产品结算价格按甲方产品吊牌统一的出厂价（不含税价）优惠结算，货款支付为合同签订之日乙方一次交纳加盟费人民币2.5万元整、品牌保证金人民币2.5万元整，待合同终止之日起1个月内甲方归还品牌保证金不计利息全部返还，甲方定期向乙方提供销售与经营技巧培训服务；第四条“合同期限”约定：合同期限为2010年6月1日至2013年5月31日，甲方授权乙方在北京市昌平区回龙观镇东亚上北中心底商9-04行使甲方所有产品在该区或该区域零售权，乙方的“BRAND DISCOUNT星光名品馆”系列服饰的区域零售权的授权期限与本合同有效期限一致。合同还约定了其他内容。合同签订当日，张A向周B一次性支付了加盟费2.5万元及品牌保证金2.5万元，后其按照周B的要求租赁了店铺所用房屋并对房屋进行装修后投入经营。经营过程中，发生纠纷，张A诉至法院，请求判令：1. 撤销原、被告签订的《加盟合同》；2. 被告退还原告品牌保证金2.5万元；3. 被告赔偿原告店铺租金4.32万元；4. 被告赔偿原告店铺装修和设备费用9.1万元；5. 被告赔偿原告雇员工资2.4万元；6. 被告赔偿原告名誉权损失5万元。审理中，原告将第一项诉讼请求变更为：确认原、被告签订的《加盟合同》无效；将

第二项诉讼请求变更为：判令被告退还原告加盟费2.5万元；撤销第六项诉讼请求。

法院审理

法院认为：关于合同的效力问题。周B服装中心为个体工商户营业执照，周B作为业主应对其行为承担民事责任。根据张A与周B服装中心签订的《加盟合同》的内容，该合同属于商业特许经营合同，其中约定的加盟费性质应为特许权使用费。根据《商业特许经营管理条例》第三条第二款之规定，企业以外的其他单位或个人不得作为特许人从事商业特许经营活动。非企业主体从事商业特许经营活动，缺乏相关行为能力，其签订的商业特许经营合同应当被认定为无效。本案中，周B服装中心为个体工商户，其作为特许方所签订的商业特许经营合同，应当被认定为无效合同。

关于财产返还问题。根据《合同法》第五十六条规定，无效的合同或者被撤销的合同自始没有法律约束力。《合同法》第五十八条规定，合同无效或者被撤销后，因该合同取得的财产，应当予以返还，不能返还或者没有必要返还的，应当折价补偿。有过错的一方应当赔偿对方因此所受到的损失，双方都有过错的，应当各自承担相应的责任。本案中，因张A已返还周B服装中心其未售出的服装，周B服装中心亦已返还其服装货款及品牌保证金，故周B还应当足额返还张A加盟费2.5万元。

关于赔偿损失问题。因张A与周B服装中心在2010年12月5日已经将服装和货款进行返还，之后张A自行经营，因此双方的损失应计算至2010年12月5日。

本案中，周B作为周B服装中心的业主，以周B服装中心的名义与张A签订《加盟合同》，导致该合同无效，对此周B应当负有主要责任，承担张A因此所受到的损失的70%。

综上所述，本院依照《中华人民共和国合同法》第二条、第五十六条、

第五十八条，《商业特许经营管理条例》第三条，《中华人民共和国民事诉讼法》第六十四条之规定，判决 1. 原告张 A 与被告周 B 于二〇一〇年五月八日所签订的《加盟合同》无效；2. 被告周 B 于本判决生效之日起十日内返还原告张 A 加盟费二万五千元；3. 被告周 B 于本判决生效之日起十日内赔偿原告张 A 店铺租金二万八千三百五十元；4. 被告周 B 于本判决生效之日起十日内赔偿原告张 A 店铺装修和设备费用四万五千八百零一元；5. 驳回原告张 A 的其他诉讼请求。

案例评析

1. 我国《合同法》第五十二条规定，违反法律、行政法规的强制性规定的合同无效。《最高人民法院关于适用〈中华人民共和国合同法〉若干问题的解释（二）》第十四条进一步规定，所谓的“强制性规定”仅指效力性强制性规定。所谓效力性规范，是指法律及行政法规明确规定违反了这些禁止性规定将导致合同无效或者合同不成立的规范；或者是法律及行政法规虽没有明确规定违反这些禁止性规范将导致合同无效或者不成立，但违反了这些禁止性规范后，如果使合同继续有效将损害国家利益或社会公共利益的规范。除了效力性规范外，还有管理性规范。所谓管理性规范，是指法律及行政法规没有明确规定违反此类规范将导致合同无效或者不成立，而且违反此类规范后如果使合同继续有效也并不损害国家或者社会公共利益，而只是损害当事人利益的规范。

2. 《商业特许经营管理条例》第三条第二款规定的“企业以外的其他单位和个人不得作为特许人从事商业特许经营活动”的规定属于效力性，强制性法律规范。违反此规范，会导致特许人与被特许人签订的商业特许经营合同无效。司法实践中，法院也是按照这样的理解来进行审判的。如《北京市高级人民法院关于审理商业特许经营合同纠纷案件适用法律若干问题的指导意见》第九条规定：“企业以外的其他单位和个人不得作为特许人从事商业特许经营活动，其签订的商业特许经营合同无效”；《上海市高级人民法院关于审理商业特许经营合同纠纷案件若干问题的解答》在回答“四、企业以外的其他单位和个人作为特许人从事商业特许经营活动，其所签订的商业特许经营合同效力如何认定时，也认为无效。”

3. 本案中，被告周B作为周B服装中心的业主，以周B服装中心的名义与张A签订《加盟合同》，违反了《商业特许经营管理条例》的规定。个体工商户不属于企业，没有作为特许人从事商业特许经营活动的主体资格。因此，法院判决张A与周B签订的《加盟合同》无效；周B返还张A加盟费，赔偿张A经济损失是正确的。

4.《商业特许经营管理条例》禁止企业以外的其他单位从事商业特许经营活动，与目前我国不成熟的商业特许经营市场是相适应的，在防范商业特许经营欺诈，保护广大加盟投资者的合法权益方面具有重要意义；但从长远看，并不符合国际发展趋势。民办学校、社会福利型的养老院与社区服务中心、文化教育型的幼儿园与非学历教育机构、医疗健身型的医院与保健中心、科技咨询型的研究所与评估中心、司法审计型的律师事物所、会计师事务所与审计师事务所等社会组织，为了发挥各自的优势，采取商业特许经营的发展模式，是国际上通行的方法。但在我国，由于这些组织不属于企业，不能开展商业特许经营活动。从这个意义上说，规定“只有企业才可以作为特许人从事商业特许经营活动”，有点矫枉过正的嫌疑。

三、防范对策

为防范特许人因非企业而不具备主体资格的法律风险，特许人应做到以下几点：

（一）特许人要正确理解这里所说的“企业”的含义

从经济角度给“企业”下定义的话，企业是指把人的要素和物的要素结合起来的、自主地从事经济活动的、具有营利性的经济组织。这一定义的基本含义是：企业是经济组织；企业是人的要素和物的要素的结合；企业具有经营自主权；企业具有营利性。但在这里，我们更应当从法律的角度去理解“企业”。从法律形式上来看，所谓的“企业”，是指依法成立的，从事经营性活动并具有独立或相对独立的法律人格的组织，主要包括公司制企业、合伙制企业、个人独资企业和股份合作企业。

（二）特许人应理解《商业特许经营管理条例》规定特许人必须为企业的意义

《商业特许经营管理条例》之所以规定只有企业才能作为特许人从事商业特许经营活动，是因为企业和个人或者其他非企业组织相比较具有以下特点和优势：

1. 企业是市场经济活动的主要参加者。市场经济活动的顺利进行离不开企业的生产和销售活动。离开了企业的生产和销售活动，市场就成了无源之水，无本之木。企业的生产和经营活动直接关系着整个市场经济的发展。

2. 企业是社会生产和流通的直接承担者。社会经济活动的主要过程即生产和流通，这些都是企业来承担和完成的。离开了企业，社会经济活动就会中断或停止。企业的生产状况和经济效益直接影响国家经济实力的增长、人民物质生活水平的提高。

3. 企业是社会经济技术进步的主要力量。企业不仅创造和实现社会财富，而且也是先进技术和先进生产工具的积极采用者和制造者，这在客观上推动了整个社会经济技术的进步。企业是最重要的市场主体，在社会经济生活中发挥着巨大作用。

（三）特许人应设立企业作为从事商业特许经营活动的主体

《商业特许经营管理条例》第三条第二款规定，企业以外的其他单位和个人不得作为特许人从事商业特许经营活动。这是效力性强制法律规范，市场主体必须遵守。特许人在从事商业特许经营活动之前，一定要按照我国企业设立的条件和程序设立符合我国法定形式的企业，以所设立的企业作为特许人从事商业特许经营活动。

需要强调的是，特许人为企业的规定没有任何例外，《商业特许经营管理条例》实施以前从事商业特许经营活动的个体户在《商业特许经营管理条例》颁布以后也必须设立企业；作为分特许中的二级特许人也必须是企业，否则不能作为特许人从事商业特许经营活动。

风险点二　商业特许经营资源具有瑕疵的法律风险

一、风险提示

根据商业特许经营的定义，商业特许经营实质上是特许人以合同形式将其拥有的经营资源授予被特许人使用，被特许人之所以加入某个商业特许经营体系，其目的也是利用特许人的经营资源进行经营。因此，拥有经营资源是特许人开展商业特许经营的一个前提条件，向被特许人提供完整有效的经营资源是特许人的主要合同义务。

特许人在经营资源方面的问题主要是其向被特许人提供的经营资源具有瑕疵。所谓商业特许经营资源瑕疵，是指经营资源具有某种缺陷，不能实现或不能完全实现其价值功能，主要包括特许人的商标未注册，不能获得商标专用权，不能保障被特许人在被授权区域内垄断使用；特许人的经营资源侵犯别人的知识产权，被要求停止使用或被要求赔偿损失；从广义上来说，商业特许经营资源瑕疵还包括特许人不具有经营资源和中途丧失经营资源两种情形。

如果特许人不能向被特许人提供完整有效的经营资源，则其与被特许人之间的商业特许经营活动将成为“无源之水，无本之木”，双方之间的合作将失去基础。此种情况下，被特许人有权要求解除商业特许经营合同，而作为负有提供经营资源责任的特许人，则应当依法承担违约责任。

二、真实案例

案例2 特许人没有注册商标，因不能保证被特许人在授权区域内垄断使用，被判承担法律责任。

——A新世界美容有限公司与马B商业特许经营合同纠纷上诉案

案情简介

2008年9月25日，马B作为被特许人（乙方）、A公司作为特许人（甲方）、景天驰作为担保人签订了《加盟合同》一份。该合同条款包括："甲方享有'美丽妈妈'商标权（有效期：长期有效）、'产后恢复中心'的商业名称的使用权。甲方授权乙方在江苏省苏州市工业园区商业特许经营'美丽妈妈'产后恢复方面的产品或服务，乙方在商业特许经营期限内有权使用、销售（包括许诺销售）甲方上述'美丽妈妈'商标、商业名称、与商业特许经营相关的知识产权及相关产品或服务。在乙方经营所在地周边车程3公里以内，甲方对乙方门店实行区域保护政策，乙方在授权范围内享有排他性的经营权。双方还对合同期限、乙方使用甲方经营资源的规范以及乙方应当向甲方交纳的商业特许经营费用等内容作了约定。

2008年12月23日，苏州工业园区铖某美容美体有限公司（以下简称铖某公司）成立，其法定代表人为马B。

2009年1月6日，A公司出具商业特许经营授权书，授权铖某公司为"美丽妈妈产后恢复中心"被特许人，在苏州工业园区星海国际商务广场1幢周围3公里范围内使用"美丽妈妈"品牌进行经营活动。有效期从2008年12月13日至2009年12月12日。该授权书的底纹及页脚部分均使用了上部为德文"SCH○NE MAMA"、下部为中文"美丽妈妈产后恢复中心"的文字组合标识。

2009无锡、苏州总第20期《红孩子》母婴用品直购目录第192页显示，地址为新天翔广场商厦铂金公寓的苏州园区店在广告中使用了中德文“美丽妈妈”标识。《婴之爱》2009年9月18日至2009年10月8日第2725期显示，地址为苏州园区新天翔广场150×室的苏州店康复中心刊登的广告中使用了中德文“美丽妈妈”标识。

2009年12月25日，A公司在《苏州日报》上刊登启事，声明其司在苏州工业园区只有马B一家授权加盟店；新天祥广场铂金公寓150×室的美丽妈妈会所不是其授权加盟店。

2006年10月26日，A公司就魏体“美丽妈妈”中文文字在商品国际分类第44类商品上向国家工商行政管理总局商标局提出商标注册申请。2007年8月24日该申请获得受理；2009年10月20日，获初审公告；目前该商标处于异议阶段。

此外，国家版权局于2008年3月7日对A公司申请的《“美丽妈妈”产后恢复中心标志》予以著作权登记，登记号为200×－F－09717。该标记上部为德文“SCH○NE MAMA”，中部为一横线，下部为中文“美丽妈妈”，以橙色和绿色为主色调。

2008年7月24日，A公司向国家商务部进行了特许人备案，其特许品牌为申请号为568196×号的已受理注册商标及登记号为200×－F－09717的企业标志。

法院审理

一审法院认为，商业特许经营是指拥有注册商标、企业标志、专利、专有技术等经营资源的企业，以合同形式将其拥有的经营资源许可其他经营者使用，被特许人按照合同约定在统一的经营模式下开展经营，并向特许人支付商业特许经营费用的经营活动。

本案中，马B与A公司在加盟合同中约定A公司将其具有的长期有效的“美丽妈妈”商标特许授权给马B使用，并给予马B一定范围内独占性商业特许经营权的区域保护，而马B则应向A公司支付相应对价，双方均应依约履行各自义务。在系争加盟合同的履行过程中，马B已按约向A公司交付了相关加盟费用；A公司理应按约授权马B在指定区域内独占使用长期有效的“美丽妈妈”商标。鉴于系争加盟合同未附商业特许经营授权商标图样，法院结合A公司向马B出具的商业特许经营许可证和马B实际使用标识综合认定，A公司在实际履约过程中将中德文组合标识授予马B使用。然而，A公司始终未就该标识申请商标注册；即便以其据以抗辩的已申请商标注册的中文“美丽妈妈”标识，A公司亦未能提供已获得商标核准注册的相关证据，因此，法院认为，A公司至今未能按约向马B授权具有长期有效之商标专用权的商标标识，以至于当双方约定的独占经营区域出现第三方在相同或类似服务中使用相同或类似标识时，马B、A公司均无法向第三方主张“美丽妈妈”标识的商标专用权。因此，马B在支付合同对价后，就其获得的授权标识，无法依据系争加盟合同获得相应的区域性垄断经营地位，故A公司依据加盟合同向马B许诺的区域保护客观上无法实现。马B要求解除系争加盟合同的请求，于法有据，应予支持。

根据我国《合同法》的相关规定，合同解除后，已经履行的，根据履行情况和合同性质，当事人可以要求恢复原状、采取其他补救措施，并有权要求赔偿损失。本案系争加盟合同解除后，马B应向A公司返还带有A公司商业标记的标识、文件、印刷品及尚存的A公司配送的设备及未使用的物品；而A公司则应退还马B因本案加盟合同所支付的部分费用。鉴于A公司始终未能依约向马B提供长期有效、在相关区域范围可独占使用之商标供其进行商业特许经营，而马B在签订合同时亦未对A公司是否具有注册商标进行审查，故双方对系争加盟合同的解除均存在过错，对于A公司应返还马B的加盟费，法院将按照双方各自的过错程度、马B的实际经营时间和返还设备及物品情况酌定。遂判决：1. 解除马B与A公司2008年9月25日签订的《加盟合同》；2. A公司于判决生效之日起十日内向马B退还加盟费人民币 11 万元、服务质量保证金人民币 2 万元，并赔偿马 B 经济损失人民币 2 万元；3. 马 B 于判决生效之日起十日内向 A 公司返还带有 A 公司商业标记的标识、文件、印刷品及尚存的 A 公司配送的仪器、未使用的产品和工具；4. 马 B 的其他诉讼请求不予支持。一审案件受理费 8187.58 元，由马 B 负担人民币 5422.90 元，A 公司负担 2764.68 元。

A 公司不服原审判决，提起上诉，二审法院经审理认为一审认定事实清楚，适用法律正确，遂判决驳回上诉，维持原判。

案例评析

1. 商业特许经营资源不仅是特许人收取商业特许经营费用时让渡给被特许人的资源对价，而且是被特许人利用商业特许经营资源持续经营并获取利益的资源保障。在被特许人按约定支付了加盟费后，作为对价，特许人应当向被特许人提供完整有效的经营资源。如果特许人提供的经营资源具有瑕疵，致使被特许人加盟商业特许经营体系的根本目的不能实现，则特许人应当承担违约责任，被特许人有权要求解除商业特许经营合同，要求特许人返还被特许人已经交纳的相应商业特许经营费用；如果被特许人因此受到经济损失，还有权要求特许人赔偿其损失。

2. 我国《商业特许经营管理条例》第三条规定，“本条例所称商业特许经营（以下简称特许经营），是指拥有注册商标、企业标志、专利、专有技术等经营资源的企业（以下称特许人），以合同形式将其拥有的经营资源许可其他经营者（以下称被特许人）使用，被特许人按照合同约定在统一的经营模式下开展经营，并向特许人支付商业特许经营费用的经营活动。本条对经营资源做了列举性规定，同时又用“等”字作了延展性规定。从立法本意上理解，本条的含义是，特许人必须拥有其中的一种资源，才可以进行商业特许经营，这是最底线的要求；同时也可以理解为，特许人只要拥有其中的一项经营资源就可以开展商业特许经营，《商业特许经营管理条例》虽然列举了特许人拥有的资源，包括注册商标、企业标志、专利、专有技术等，但并未否认非注册商标可以作为经营资源。从司法实践中看，人民法院也采纳了非注册商标可以作为商业特许经营资源的观点，如《北京市高级人民法院关于审理商业特许经营合同纠纷案件适用法律若干问题的指导意见》第二条规定，经营资源既包括注册商标、企业标志、专利，也包括字号、商业秘密、具有独特风格的整体营业形象，以及在先使用并具有一定影响的未注册商标等能够形成某种市场竞争优势的经营资源。

3. 本案中，A 公司授权马 B 使用的“美丽妈妈”商标是非注册商标，法院没有直接否认非注册商标作为商业特许经营资源的资格，但却以由于 A 公司的“美丽妈妈”没有注册，导致当双方约定的独占经营区域出现第三方在相同或类似服务中使用相同或类似标识时，马 B、A 公司均无法向第三方主张“美丽妈妈”标识的商标专用权为由，判决解除马 B 与 A 公司于 2008 年 9 月 25 日签订的《加盟合同》；A 公司于判决生效之日起十日内向马 B 退还加盟费人民币 11 万元、服务质量保证金人民币 2 万元，并赔偿马 B 经济损失人民币 2 万元。

4. 本案是以非注册商标不能保障被特许人在授权区域内独家垄断使用为由判决特许人承担法律责任的。除此之外，如果特许人在进行招商宣传时，把非注册商标说成是注册商标；特许人在进行信息披露时，没有向被特许人披露商标没有注册的信息，都有可能被以欺诈为由判决撤销商业特许经营合同，返还被特许人商业特许经营费用，赔偿被特许人损失。因此，特许人把非注册商标作为商业特许经营资源授权给被特许人使用还是存在较大的法律风险的。

5. 为了促进我国商业特许经营的健康发展，根据商业特许经营的本质以及我国现阶段商业特许经营的社会实践，笔者建议我国法律法规应明确要求特许人必须拥有注册商标才能从事商业特许经营，未注册商标不能作为特许资源。理由如下：

（1）特许人的商标没有注册，被特许人加盟商业特许经营体系的目的就无法实现。被特许人之所以采取加盟方式进行创业，就在于其认为加盟某个成熟而有效的经营体系，能够减少自己创业的时间和艰难，增加创业的成功率。虽然《商业特许经营管理条例》规定的商业特许经营资源不仅仅为商标，商业特许经营的基本类型也不仅仅为商标商品型商业特许经营，但笔者认为，在目前我国未注册商标不能得到充分而有效保护的前提下，如果特许人的商标没有注册，即使其他经营资源再丰富，也会影响整个商业特许经营体系的稳定性。被特许人使用特许人的未注册商标，不仅不能阻止别人使用，反而还存在侵犯别人知识产权的法律风险，给自己造成巨大损失。譬如，东北人包某于1989年在广州开设了“黑天鹅饺子馆”，历经多年发展，于1998年成立了“广东黑天鹅饮食文化有限公司”，采用连锁店的方式进行扩张经营，在南方诸省开设了数十家直营店与加盟店。但“黑天鹅”商标一直未注册，导致被法院判决侵犯别人的商标专用权，其体系下的诸多被特许人也都受到了不小的损失。加盟者不但没有能够利用特许人的经营资源减少创业的艰难，反而损害了自己的利益。

（2）禁止未注册商标作为商业特许经营资源，有利于减少商业特许经营中的商业欺诈。

近年来，随着商业特许经营这种商业模式在我国的快速发展，商业特许经营被一些人当成了“圈钱”的手段，加之广大被特许人大多属于弱势群体，缺乏辨别能力，致使不少投资者蒙受巨大经济损失。以北京为例，目前从事商业特许经营假项目的不良企业就达1000多家，每年涉案金额高达几百亿元。被媒体披露的祝氏集团案件涉嫌金额高达近30亿元人民币，受害人数超过1万人。如果我国法律法规能够明确规定特许人必须具有注册商标的话，就会把一些无意利用商业特许经营这种商业模式进行扩大规模，只想欺骗广大投资者骗取加盟金者排除在特许人之外，一定程度上保护被特许人的合法权益，净化商业特许经营市场，使我国的商业特许经营在健康的轨道上发展。

因此，笔者建议我国立法、司法机关在具体修改或者适用《商业特许经营条例》第三条时，应当明确禁止非注册商标作为商业特许经营资源使用。

三、防范对策

鉴于经营资源在商业特许经营中的重要性，广大特许人一定要注意经营资源的研究、开发、保护和价值的提升，保持经营资源的完整性、有效性。为避免经营资源出现各种各样的瑕疵，要做到以下几点：

（一）特许人首先从思想上要高度重视经营资源在商业特许经营中的重要作用，认识商业特许经营资源是商业特许经营企业竞争优势的根本源泉，高效益的产业结构与竞争优势都根源于企业本身的经营资源。

（二）特许人应充分了解商业特许经营资源的种类。经营资源是能够给企业带来竞争优势或劣势的任何要素，它既包括那些看得见、摸得着的有形资源，也包括那些看不见、摸不着的无形资源。按照不同标准有不同的分类：1. 按照法律法规是否有明文规定分为有明文规定的经营资源和无明文规定的经营资源。有明文规定的经营资源包括注册商标、企业标志、专利、专有技术；无明文规定的经营资源包括著作权、商号、商业秘密等。2. 按照商业特许经营资源的来源分为自有经营资源和借用经营资源。自有经营资源是指特许人拥有完全所有权且可以自由处分的经营资源，既包括特许人自己研发、注册的经营资源，也包括特许人受让的他人研发、注册的经营资源。借用经营资源是指特许人通过许可使用方式获得的他人经营资源。3. 按照商业特许经营资源的技术含量的高低分为高技术含量的经营资源和普通技术含量的经营资源。技术含量的高低影响商业特许经营费用的多少。

（三）广大特许人要成立专门的商业特许经营资源部门，认真研究、开发、梳理自己的商业特许经营资源，不断进行升级换代，始终保持经营资源具有较大的市场价值。这些经营资源主要包括注册商标、商号、企业标志、专利、专有技术、著作权和商业秘密，等等。

（四）特许人要做好上述经营资源的保护，避免失权和被侵权。

1. 特许人要避免经营资源权利的丧失。商业特许经营资源可能会因以下各种原因而消失：（1）商业特许经营资源因专有权利失效而消失。特许人拥有的专有权利、注册商标、著作权等法定知识产权，可因被撤销、被宣告无效、权利期满、权利人放弃等原因而失效。当专有权利失效后，原来特许的经营资源要么消失殆尽，要么不再具有专有性而成为公共资源。（2）商业特许经营资源因价值贬损而消失。特许人拥有的商标、商号、商业秘密等具有无形价值的商誉，可因侵权、负面公众事件、标识变更、商业秘密公开等原因而导致商誉价值贬损，使原来能够给企业带来利益的商誉风光不再，甚至变成企业经营发展中的绊脚石。（3）商业特许经营资源因资源用尽或技术更新等而消失。特许人将物质资源作为经营资源时，这种物质资源会因资源使用而不断减少，物质资源用尽时，商业特许经营资源消失；特许人将技术资源作为经营资源时，这种技术可能因技术更新而失去竞争力，此时商业特许经营资源将自然消失；特许人将经营模式作为经营资源时，这种经营模式可能因商业模式创新、市场竞争加剧等原因不再具有独特优势，此时商业特许经营资源将变得毫无价值。特许人应尽量避免上述各种情形下商业特许经营资源权利的丧失。

2. 特许人要做好商业特许经营资源的保护工作。特许人应经常进行商标监测，以防止自己的未注册商标或企业标志被抢注；以防止自己的注册商标被假冒和仿冒。对于合同、营业手册等文本中包含的著作权，可以通过在商业特许经营合同中订立原则性条款，对著作权进行笼统的许可使用和保护；但对于软件这类特殊的著作权载体，则应通过单独签订软件许可使用协议的方式进行保护；特许人授权被特许人使用特许人的商业秘密时，首先应当通过协议限定被特许人知悉商业秘密的人数；其次要在合同中约定被特许人泄露商业秘密的法律责任；特许人无论授予被特许人使用其任何经营资源时，都应当在合同中详细、明确约定被特许人使用的范围、方式、方法、地域，并约定严格的违约责任；当特许人的经营资源属于借用经营资源的时候，经营资源可能会因为授权许可使用的期限届满而失效，特许人一定要注意签好经营资源许可使用合同，保证自己真正得到经营资源权利人的授权；特许人在从事国际商业特许经营，进行商标授权时，一定要避免侵犯目标国权利人的知识产权；一旦出现被特许人及第三人侵犯特许人经营资源的行为时，特许人应当及时拿起法律武器，来维护自己的合法权益。

风险点三　特许人没有成熟经营模式的法律风险

一、风险提示

我国《商业特许经营管理条例》第三条规定，被特许人按照合同约定在统一的经营模式下开展经营；第七条规定，特许人从事商业特许经营活动应当拥有成熟的经营模式，并具备为被特许人持续提供经营指导、技术支持和业务培训等服务的能力。

上文所提到的经营模式是指由特许人提供的，可由被特许人复制的管理、经营方式、形象标志以及产品或者服务渠道的总和，经营模式一般具有统一化、规范化、标准化、可复制化等特点，体现在特许人的企业文化、经营理念、管理标准、促销策略、质量控制措施及店铺装修设计等多个方面。

商业特许经营的本质是经营模式复制。经营模式复制，首先需要特许人有一个成熟的经营模式，这是进行模式复制的基础。

商业特许经营实践中，不少特许人并没有成熟的经营模式，其主要表现为：一是特许人根本没有具有市场竞争力的经营资源，自己也没有实际从事过经营，随便炒作个“概念”或者起个“名称”，就去发展连锁加盟；二是某些特许人即使具有真实的商业特许经营体系，但往往为了短期利益，也不重视经营模式的完善。

如果特许人没有成熟的经营模式，一旦发生诉讼，有可能会导致商业特许经营合同被判解除，返还被特许人各项商业特许经营费用，并赔偿被特许人因此而受到的损失；某些以“商业特许经营”为幌子进行诈骗者，还有可能触犯刑法，被判承担刑事法律责任。

二、真实案例

案例3　特许人经营模式不成熟，被法院判决解除合同，返还保证金。

——李A诉北京B国际化妆品有限公司商业特许经营合同纠纷案

案情简介

2010年8月10日，B公司（甲方）与李A（乙方）签订了《万千诱惑产品总代理合同》。该《合同》对授权区域、期限、品牌所有权、被特许人使用规范和保证金等都做出了明确约定。在合同正面显示有“万千诱惑韩国天然色”字样。

合同签订后，李A按照合同约定向北京B国际化妆品有限公司支付了合同货款及保证金共计160000元。北京B国际化妆品有限公司向李A提供了一些开业用品。后双方合同履行中发生纠纷，李A向人民法院提起了诉讼。

李A诉称：在B公司人员对万千诱惑品牌的的宣传下，2010年8月10日我与B公司签订了《万千诱惑产品总代理合同》，开设加盟店，但在合同履行过程中我发现，首先，B公司以产品零售价格向我发货，我方没有任何利润；其次，B公司的万千诱惑商标并非韩国品牌，且在双方签订合同时B公司还未注册“万千诱惑”商标；另外，在产品优惠促销方面也对我存在虚假的宣传；第三，B公司不具备“两店一年”的条件，未向国务院商务主管部门备案，在合同签订时也未告知我方该信息；第四，B公司并没有在合同签订前按照《商业特许经营管理条例》第二十二条的规定向我进行信息披露。

B公司上述行为使我基于错误的意思与其签订了《万千诱惑产品总代理合同》，因此我诉至法院，请求判令解除我与B公司签订的《万千诱惑产品总代理合同》，B公司返还我货款114907元以及合同保证金30000元。

B公司未出庭应诉，亦未提交书面答辩意见。B公司未提供证据证明其拥有直营店以及在商务部进行了商业特许经营备案，亦未提供证据证明其在签约前向李A进行了信息披露。

法院审理

法院根据合同内容判定双方所签合同为商业特许经营合同。B公司为特许人，李A为被特许人。

我国《商业特许经营管理条例》规定，特许人从事商业特许经营活动应当拥有成熟的经营模式，并具备为被特许人持续提供经营指导、技术支持和业务培训等服务的能力，应当拥有至少两个经营时间超过一年的直营店。在签订合同时，应当就公司经营信息、公司的基本情况、对被特许人的指导等信息予以披露。被特许人与特许人签约的目的也在于借鉴特许人成熟的经营模式并使用其经营资源，而"两个经营时间超过一年的直营店"是"成熟经营模式"的量化体现，商业特许经营者到国务院主管部门备案则是促使特许人拥有成熟经营模式的一种行政管理手段，对被特许人进行相关信息披露亦是法律赋予特许人的诚信义务。因此，特许人是否拥有两个经营时间超过一年的直营店、是否在商务主管部门进行了备案、签订商业特许经营合同前是否进行了信息披露，将直接影响被特许人对特许人的资质、经营实力和加盟项目前景的判断和认知，影响被特许人是否与特许人订立商业特许经营合同的决定，以及影响合同签订后被特许人能否实际借鉴特许人成熟的经营模式并使用其经营资源之合同目的的实现。现根据本案查明的事实，李A主张B公司在签订合同时并未向其披露其不具备直营店以及没有在商务部进行备案的信息，而B公司未举证证明其拥有直营店以及在商务部进行备案，并且该公司亦未能举证证明其在签约前向李A披露了上述信息。在现有证据情况下，本院认定B公司在与李A签订合同时存在隐瞒直接关系到商业特许经营实质内容信息的行为，而该行为足以导致李A签约时做出错误的意思表示，因此李A可以请求法院解除双方之间的合同。综上，基于B公司的上述违约行为，对于李A要求解除涉案合同的诉讼请求，本院予以支持。

合同解除，尚未履行的，终止履行；已经履行的，根据履行情况和合同性质，当事人可以要求恢复原状、采取其他补救措施，并有权要求赔偿损失。法院遂依据《中华人民共和国合同法》第九十七条，《商业特许经营管理条例》第二十三条，《中华人民共和国民事诉讼法》第一百三十条之规定，缺席判决：1. 解除原告李 A 与被告北京 B 国际化妆品有限公司于二〇一〇年八月十日签订的《万千诱惑产品总代理合同》；2. 被告北京 B 国际化妆品有限公司于本判决生效之日起十日内返还原告李 A 保证金三万元；3. 被告北京 B 国际化妆品有限公司于本判决生效之日起十日内返还原告李 A 货款十万零四千九百九十元；4. 原告李 A 于本判决生效之日起十日内返还被告北京 B 国际化妆品有限公司剩余的库存物品（库存物品清单详见附表）；5. 驳回原告李 A 的其他诉讼请求。

案例评析

1. 经营模式商业特许经营的实质就是特许人将自己所拥有的品牌、商标、产品、单店管理系统、经营诀窍、对消费者的服务等内容开发组合成独特的具有竞争力的特许权，以商业特许经营合同的形式授权给被特许人使用或经营。经营模式商业特许经营是高级的综合商业形式，被特许人经营的加盟店从选址、装修、陈设到产品销售、促销、服务等都必须和特许总部的标准保持一致，加盟店未经许可，绝不能经营其他品牌的商品或提供特许总部未允许的服务。

2. 究竟什么是成熟的经营模式，不容易给出一个明确的界定，因为经营模式是企业（特许人）自主经营的体现，企业根据自身发展需要和市场经济形势自主决定经营模式，所以，经营模式的具体内容因人而异，法律也无法作出规定。但经营模式是否成熟可以从若干方面进行考评，例如是否拥有注册商标、是否拥有直营店及直营店的年限、是否拥有完备的经营管理制度和经营手册等；特许人是否具备持续向被特许人提供经营指导、技术支持和业务培训等服务的能力；直营店是商业特许经营“复制”的蓝本，在评估特许体系时，其直营店的数量和从业年限具有一定的参考价值。

3. 本案中，双方签订合同时B公司还未注册“万千诱惑”商标，不具备“两店一年”的条件，未向国务院商务主管部门备案，被告的经营模式并没有成熟。正是本案被告B公司的经营模式没有成熟，才导致本案原告在加盟后经营效果不好。因此，法院判决本案被告承担相应的法律责任是正确的。

三、防范对策

（一）特许人要从本质上深刻认识商业特许经营模式的精髓，特许人要有耐心，不能急功近利，要有长期发展规划，要有品牌战略。成熟的经营模式是商业特许经营的基础性条件，没有一个成熟的经营模式，就无法成功进行经营模式的复制，商业特许经营活动就无法开展。因此，特许人一定要在进行商业特许经营之前，构建一个成熟的经营模式。

（二）特许人应构建自己成熟的经营模式。经营模式是否成熟可从CIS规划、战略规划、人力资源、营运管理、督导体系、信息系统、物流体系、采购管理、单店管理、产品管理、手册管理和财务管理等方面进行考评。

1. CIS规划。CIS包括：理念识别（mi）、行为识别（bi）、视觉识别（vi）、流程识别（AI）、店铺识别（SI），它是一个企业软件，也是软实力表现，体现的是企业对行业，对企业管理的认识的提炼。经营理念层包括经营宗旨、企业使命、价值观、经营哲学、企业精神、企业目标、企业定位等，能够反映一个商业特许经营体系的成熟度。

2. 战略规划。因为商业特许经营是一个极具扩张性的经营模式，涉及太多的管理性、规范性和控制性问题。特许人战略定位要清晰，要尽可能制定短期与中期战略，用滚动的方法来完成战略的实施、修改、控制，直到小的目标一步一步完成。

3. 人力资源。虽然任何企业都涉及人力资源管理问题，但商业特许经营企业的人力资源管理具有自己的特殊性，特许人一定要结合连锁企业的特征，做好人力资源的规划、招聘、培训、考核和奖惩等工作，逐步打造成熟的商业特许经营人力资源体系。

4. 培训体系。对被特许人进行培训是商业特许经营模式的重要支柱之一，也是特许人的一项主要合同义务。商业特许经营培训涉及行业、部门业务、单个岗位、流程、部门制度、会议、产品、信息系统等特许体系内容，特许人要结合自己的实际情况，建立培训制度，组建培训队伍，不断开发和改进培训课程，建立成熟的培训体系。

5. 督导体系。商业特许经营的一个重要特征就是整个商业特许经营体系的统一，既包括企业内在文化和管理制度的统一，也包括外在视觉形象的统一。为了保障特许体系的统一性，《商业特许经营管理条例》赋予了特许人对被特许人的督导权。特许人是否具有完善的督导体系是商业特许经营体系是否成熟的一个重要标志。

6. 信息系统。信息系统不仅是一个管理思想，更是一个管理流程，同时还是一个管理规范。在先进的系统面前，人必须跟着信息的思路与流程，别无选择。信息系统的开发与完善需要连锁企业的各部门参与，共同设计，使其越来越完善，越来越具有前瞻性与战略性，不然系统会制约企业的发展。

7. 物流体系。物流体系不仅表现在软件方面，还表现为内部管理规范方面的配合。库存的安全量、库存资金，库存周转等，都需要管理技术的指导和改进。配送中心的辐射能力，配送中心的吞吐能力，都会为企业赢得空间与时间优势。因此，物流体系的完善与否，也是经营模式是否成熟的重要标志。

此外，特许人还要做好采购管理、产品管理、手册管理和财务管理。

风险点四　特许人没有“两店一年”的法律风险

一、风险提示

我国《商业特许经营管理条例》第七条第二款规定，特许人从事商业特许经营活动应当拥有至少2个直营店，并且经营时间超过1年。即我们常说的“两店一年”，这是条例规定的特许人从事商业特许经营活动应当具备的准入条件之一。

纵观各国立法，确有类似“两店一年”规定的国家并不多，但从我国商业特许经营尚处于初始发展阶段的现状出发，该规定不仅仅是证明企业成熟经营模式的一种方式，同时也有效减少了不法分子利用商业特许经营模式进行合同欺诈的情况。

“两店一年”是特许人从事商业特许经营活动的基本资质之一。特许人不具备“两店一年”的资质，从事商业特许经营活动的，要承担相应的法律责任，主要包括行政法律责任和民事法律责任两个方面。行政法律责任表现为《商业特许经营管理条例》第二十四条规定的“特许人不具’两店一年’的条件，从事商业特许经营活动的，由商务主管部门责令改正，没收违法所得，处10万元以上50万元以下的罚款，并予以公告”的规定。民事法律责任方面，目前司法实务界基本上统一了观点，即认为“两店一年”的规定属于管理性规范，特许人不具备这个条件，不会直接导致所签商业特许经营合同无效。例如，《北京市高级人民法院关于审理商业特许经营合同纠纷案件适用法律若干问题的指导意见》第八条规定，特许人从事商业特许经营活动应当拥有至少两个直营店，并且经营时间均超过1年。商业特许经营合同不因特许人不具备前述条件而无效。《上海市高级人民法院：关于审理商业特许经营合同纠纷案件若干问题的解答》在回答“三、特许人不具备“两店一年”，或者没有向商务主管部门申请备案的，其所签订的商业特许经营合同效力如何认定?”时也认为特许人不具备“两店一年”及备案条件的不必然导致合同无效。

不具备“两店一年”的条件，虽然不会直接导致合同无效，但“两店一年”的条件对商业特许经营活动具有重大的影响。《商业特许经营管理条例》规定是否拥有“两店一年”属于特许人应当披露的信息。如果特许人在未达到“两店一年”资质且未予进行信息披露的情况下仍与被特许人签订合同的，应属隐瞒有关信息或提供虚假信息的情形，被特许人可依《商业特许经营管理条例》第二十三条第三款的规定要求解除商业特许经营合同或者依据《合同法》的规定要求撤销合同。

二、真实案例

案例4　特许人没有“两店一年”，商业特许经营合同被判撤销

——A国际企业管理（北京）有限公司与李B商业特许经营合同纠纷上诉案

案情简介

2008年5月24日，李B与A公司签订了《A健康食品代理合同书》（以下简称代理合同书），双方在代理合同书第一条约定合同文本名词释义为：1.1知识产权：特指A品牌、商标、标志、商号及VI系统，A管理模式，李B（即代理合同书乙方）只能在本合同授权范围内合理使用，所有权归A公司（即代理合同书甲方）；1.2推广用品：由甲方统一设计的推广等用品及相关产品；1.3产品：包括甲方自行设计、开发、生产的产品及甲方取得经营权的产品。双方在代理合同书2.1条、2.2条及6.1条中约定：乙方认可甲方的经营理念和经营模式，认可甲方的产品定位；愿意接受甲方的

统一管理。根据乙方申请，甲方同意乙方作为甲方在山西省晋城市区域的代理商，乙方有权在上述区域内销售A系列产品，以及进行市场拓展；甲方将其所有的A商号、商标、产品及相关的经营模式以本合同的形式授予乙方使用，乙方须按合同的规定，在甲方统一的业务模式和规范下从事经营活动；乙方取得上述区域代理权，须一次性向甲方缴纳代理费100000元，代理费在经营过程中按照乙方每累计进货满20000元（首批进货不作累计）返还1200元的原则进行返还（返完为止）。双方在代理合同书第7.1条中约定：甲方按照代理商供货价格首次为乙方铺货30000元。第8.2条约定：乙方对甲方向其提供的专利、商标、专有技术、经营模式、管理经验等有形、无形的资产负有保密的义务，未经甲方书面许可，不得以任何形式向第三方泄密，否则，甲方有权追究乙方的违约责任，并要求乙方赔偿经济损失。代理合同书有效期为2008年5月24日至2010年5月23日。

签约后，李B向A公司共交纳代理费10万元。

A公司于2008年3月19日成立。A公司至今未取得注册商标。原审庭审中，A公司表示其与李B签订合同的性质是销售代理合同，公司没有在商务部备案，亦没有获得注册商标。此外，A公司表示在门头沟和海淀各有一家直营店，但没有证据证明。对此，李B表示A公司从未向自己说过这些情况，其在2009年5月与对方协商时才知道的。

法院审理

法院认为，李B与A公司签订的代理合同书，未违反国家法律及行政法规的强制性规定，应属有效。双方代理合同书实质为：A公司将其品牌、商标、标志、商号、VI系统及管理模式许可给李B使用，李B按照合同约定在统一的经营模式下开展经营，并向A公司支付相应代理费。故双方签订的代理合同书具有商业特许经营合同的性质。依国家相关法律及行政法规，特许人从事商业特许经营活动应当至少拥有两个直营店，且经营时间超过一年；特许人应向国务院商务主管部门备案；商业特许经营应拥有注册商标、企业标志等相应经营资源，并向被特许人进行信息披露。本案中，A公司并未取得注册商标，亦未在商务部门进行备案，且其经营时间亦不符合相应规定，A公司虽称有两家直营店，但并未提交证据予以证明，故其直营店也不符合要求。A公司亦未有证据证明李B在签订合同前已经知道上述情况。故A公司是在不具备相应资质且又未向李B说明的情况下与李B签订的商业特许经营合同，依据相关规定，李B有权要求解除合同，故李B要求解除双方签订的代理合同书的诉讼请求，予以支持。双方合同解除后，李B有权要求A公司返还其缴纳的代理费。

遂判决：1. 撤销李B与A公司于二〇〇八年五月二十四日签订的《A健康食品代理合同书》；2. A公司返还李B代理费七万三千一百八十八元零五分；3. A公司赔偿李B经济损失一千九百三十九元；4. 驳回李B的其他诉讼请求。

A公司不服原审判决，提起上诉。二审法院认为，我国《商业特许经营管理条例》第二十三条第三款规定，特许人隐瞒有关信息或者提供虚假信息的，被特许人可以解除商业特许经营合同。A公司与李B签订代理合同书及其补充协议时，A公司刚成立两个月，既未取得注册商标，亦未在商务部门进行商业特许经营企业备案登记，更不可能具有两家经营时间超过一年的直营店，A公司未将上述情况告知李B，故A公司对李B未尽到信息披露义务。李B据此要求解除代理合同书，于法有据，A公司亦未持异议，本院予以确认。遂判决驳回上诉，维持原判。

案例评析

1.《商业特许经营管理条例》第七条第二款规定，“特许人从事商业特许经营活动应当拥有至少2个直营店，并且经营时间超过1年”。“两店一年”成为我国特许人主体资格必须具备的条件之一。虽然不具备“两店一年”的条件，不会直接导致合同无效，但若被特许人以特许人没有尽到信息披露义务，要求撤销或解除商业特许经营合同，一般是能够得到法院支持的。

2. 本案中，特许人A国际企业管理（北京）有限公司不符合“两店一年”的条件，如果被特许人李B以A国际企业管理（北京）有限公司不符合“两店一年”条件直接要求法院判决合同无效，不会得到法院的支持。

李B之所以能够胜诉在于其抓住了案子的关键，以特许人在签订合同前没有对其进行信息披露，导致其对签订合同做了错误的判断为由，诉请法院解除合同，得到了法院的支持。

3. 从上可以看出，《商业特许经营管理条例》要求的特许人在开展商业特许经营活动前，应当具有两个直营店，并且经营时间超过一年，虽然属于管理性强制法律规范，不具备上述条件，不会直接仅因此导致法院判决合同无效或解除合同，但仍具有较大的法律风险。因此，笔者建议广大特许人一定要重视没有“两店一年”法律风险的防范。

三、防范对策

（一）特许人要正确理解“两店一年”的含义

1. 《商业特许经营管理条例》第七条第二款规定，特许人从事商业特许经营活动应当拥有至少2个直营店，并且经营时间超过1年。这里的“两店”是指特许人所拥有的两个直营店。“拥有”不仅仅包括全资拥有，也包括控股拥有。《北京市高级人民法院关于审理商业特许经营合同纠纷案件适用法律若干问题的指导意见》第八条第二款对特许人拥有的直营店作了解释：即特许人拥有的直营店是指特许人利用其经营资源直接从事商业特许经营业务的直营机构，不仅包括全资拥有，还包括控股拥有。

2. 特许人拥有两个直营店还包括关联公司拥有直营店的情形。《商业特许经营管理条例》实施后的一段时期内，特许人“不具备两店一年”和

“没有备案”一度成为被特许人向商务行政机关投诉的主要问题，引起了行业主管部门的高度重视。商务部本着促进商业特许经营模式的发展，维护市场交易稳定的原则，依据中国商业特许经营中的具体情况，对《商业特许经营管理条例》的有关规定进行了细化。比如，关联公司的直营店可以视为特许人的直营店；个体户经营时间可以视为特许人直营店经营时间；夫妻分别经营的店可以视为具有关联性，等等。从某种意义上说，对于这种管理性规定更为具体、更为明确。我国《商业特许经营信息披露管理办法》对“关联公司”下了定义，第三条指出：“本办法所称关联公司，是指特许人的母公司、特许人直接或间接拥有全部或多数股权的子公司、与特许人直接或间接地由同一所有人拥有全部或多数股权的公司。”直营店的存在形式表现为特许人或特许人关联公司的分公司或控股子公司。

3. 对于特许人“拥有的直营店”不应仅从资本控制的角度进行认定，因为每个行业均有其特殊性。像酒店管理行业开展商业特许经营活动，是以商业特许经营权的转让为核心的一种经营方式，利用管理集团自己的专有技术与品牌与酒店业主的资本相结合的一种商业发展模式。让酒店管理公司对酒店进行资本控制是不现实的。

4. 所谓“一年”是指特许人从事某一产品或服务的经营超过一年以上，而不是企业成立一年以上；且产品或服务是从事商业特许经营的产品或服务，不是企业经营非商业特许经营所涉产品或服务一年以上。

5. 需要注意的是，特许人的直营店不能认定为分特许人的直营店。特许人与分特许人是特许与被特许的关系，并不具有包含、投资等关系。分特许人在取得特许人的授权后应当具有两店一年”后才能发展二级被特许人。

6. 外国公司在中国从事商业特许经营活动的，两个直营店不要求一定在中国国内，在国外也可以，只要符合一年的条件。因为每个国家商业特许经营的准入政策和管理机关不同，在审查“两店一年”证明时，要根据每个国家的法律和政策区别对待，并且一律需要公证认证。

当然，如果外商投资企业在中国开展商业特许经营活动，应当首先在中国国内设立两家直营店并且经营一年以上才能成为特许人。

7. 要注意“两店一年”的例外情况。《商业特许经营管理条例》第三十三条规定了对于“两店一年”要求的例外情况，《商业特许经营管理条例》施行前已经从事商业特许经营活动的特许人，不适用“两店一年”的规定。此项规定主要是为了保障已经发生的经济行为的稳定性，使已经开展了商业特许经营业务的特许人可以不必因为不满足“两店一年”的条件而不能继续运营已经开始的商业特许经营业务。

（二）《商业特许经营管理条例》把“特许人从事商业特许经营活动应当拥有至少 2 个直营店，并且经营时间超过 1 年”作为特许人从事商业特许经营活动应当具备的准入条件之一。为了避免不必要的法律风险，特许人一定要正确理解“什么是直营店，什么是经营时间超过一年以及不同情形下两店一年的具体要求及例外情况”，严格按照《商业特许经营管理条例》的规定，设立自己的直营店，并在经营时间超过一年之后再从事商业特许经营活动。

风险点五　特许人从事特殊行业，未经国家审批的法律风险

一、风险提示

我国商业特许经营实行备案制。备案是事后的告知性行为，属于形式审查范畴，不是前置性资格审查，不具有行政审批的性质。在我国进行商业特许经营活动，一般不需要国家相关机关的审批。但《商业特许经营管理条例》第八条第三款规定，商业特许经营的产品或服务，依法应当经批准方可经营的，特许人还应当提交有关批准文件。这里所指的“有关批准文件”，指的是根据《国务院对确需保留的行政审批项目设定行政许可的决定》的规定，汽车、书报杂志、药品、农药、农膜、原油、成品油、化肥、音像制品、粮食、植物油、食糖、烟草、棉花等产品或教育、医疗、典当、视听节目网上传播等产品和服务依法应当经批准方可经营。因此，特许人从事上述范围内的经营行为时，首先应当取得相关审批部门的行政许可，否则，其所与被特许人所签的商业特许经营合同可能会被法院判决无效。

二、真实案例

案例5　特许人未经批准，从事黄金商业特许经营，其所签商业特许经营合同被判无效。

——西安A黄金交易有限公司诉B黄金投资有限公司特许经营合同纠纷案

案情简介

原告A公司起诉称：2011年6月21日、8月3日，我公司与B公司先

后签订了《商业特许经营合同》及《合同条款变更协议书》。根据双方约定，B公司授权我公司以商业特许经营的方式从事黄金销售与回购业务。合同签订后，我公司依约向B公司交纳了30万元加盟费和100万元保证金。但此后，我公司发现B公司通过合同许可我公司开展的黄金销售与回购业务并非黄金现货业务，实为以合法形式掩盖非法交易的业务，已经违反了《期货交易管理条例》的强制性规定，故双方签订的《商业特许经营合同》及《合同条款变更协议书》属于无效合同。因此，我公司诉至法院，请求确认双方签订的《商业特许经营合同》及《合同条款变更协议书》无效，B公司返还我公司加盟费30万元和保证金100万元。

被告B公司答辩称：我公司特许A公司经营的业务为金银制品买卖，该业务是现行法律所允许的合法交易，不存在任何违反法律强制性规定的情形。理由如下：首先，黄金制品为普通商品，不受国家特别限制；其次，A公司称黄金销售与回购业务并非黄金现货业务，与事实不符；第三，预付款买卖方式仅是辅助交易手段，并不是双方合同的主要内容。因此，A公司要求确认合同无效及要求我公司返还费用的诉讼主张，于法无据，请求法院驳回其诉讼请求。

法院审理

法院认为：当事人订立、履行合同，应当遵守法律、行政法规，尊重社会公德，不得扰乱社会经济秩序，损害社会公共利益。我国合同法第五十二条规定，有下列情形之一的，合同无效：（一）一方以欺诈、胁迫的手段订立合同，损害国家利益；（二）恶意串通，损害国家、集体或者第三人利益；（三）以合法形式掩盖非法目的；（四）损害社会公共利益；（五）违反法律、行政法规的强制性规定。

根据我国《期货交易管理条例》的规定，期货交易是指采用公开的集中交易方式或者国务院期货监督管理机构批准的其他方式进行的以期货合约或者期权合约为交易标的的交易活动；期货合约是指期货交易场所统一制定的、规定在将来某一特定的时间和地点交割一定数量标的物的标准化合约；期货交易应当在依法设立的期货交易所、国务院批准的或者国务院期货监督管理机构批准的其他期货交易场所进行，禁止在依法设立的期货交易场所之外进行期货交易；设立期货交易所，由国务院期货监督管理机构审批，未经国务院批准或者国务院期货监督管理机构批准，任何单位或者个人不得设立期货交易场所或者以任何形式组织期货交易及其相关活动；中国人民银行等部门亦规定，除上海黄金交易所和上海期货交易所外，任何地方、机构或个人均不得设立黄金交易所（交易中心），也不得在其他交易场所（交易中心）内设立黄金交易平台。

本案中，B 公司并非依法设立的期货交易场所，不具备经营黄金期货交易的资质，但其与 A 公司签订的涉案商业特许经营合同约定由 A 公司开发黄金交易客户，结合 A 公司提交的 B 商业特许经营信息披露内容汇总、B 预付款业务管理办法、B 金银制品买卖客户协议书、B 金银制品买卖规则以及针对 B 公司网站的公证书，可以看出 B 公司通过涉案合同开展的业务实为通过提供黄金交易电子平台供客户进行交易，其交易标的为在将来某一特定的时间和地点交割一定数量黄金的标准化合约，该交易本质上属于期货交易，其内容有违我国上述法律法规的规定，故涉案商业特许经营合同应属无效。

无效的合同自始没有法律约束力；合同无效后，因该合同取得的财产，应当予以返还；有过错的一方应当赔偿对方因此所受到的损失。本案中，B 公司明知其无资质的情况下以商业特许经营的形式从事期货交易，且无证据显示其就此向 A 公司进行了信息披露，故 B 公司对于涉案合同的无效存在明显的过错。A 公司要求 B 公司返还加盟费和保证金的诉讼请求，于法有据，应予支持。

综上，依照《中华人民共和国合同法》第五十二条第（五）项、第五十六条、第五十八条，《期货交易管理条例》第四条、第六条之规定，判决：

1. 确认原告西安 A 黄金交易有限公司与被告 B 黄金投资有限公司于二〇一一年六月二十一日、八月三日签订的《商业特许经营合同》及《合同条款变更协议书》无效；2. 被告 B 黄金投资有限公司于本判决生效之日起十日内返还原告西安 A 黄金交易有限公司加盟费三十万元和保证金一百万元。

案例评析

1.《商业特许经营管理条例》第八条第三款规定，商业特许经营的产品或服务，依法应当经批准方可经营的，特许人还应当提交有关批准文件。这是效力性的强制法律规范，违反了这一条，会导致其与被特许人所签商业特许经营合同无效。我国司法实践也证明了这一点。《北京市高级人民法院关于审理商业特许经营合同纠纷案件适用法律若干问题的指导意见》第十条规定，法律、行政法规明确规定商业特许经营的产品或者服务应当经批准方可经营，或者从事商业特许经营的业务需要具备其他特定条件的，特许人或被特许人为规避上述规定签订的商业特许经营合同无效，但特许人或被特许人在商业特许经营纠纷发生前已具备相关特定条件的，可以不认定为无效合同。《上海市高级人民法院：关于审理商业特许经营纠纷案件若干问题的解答》在回答"五、对于法律、行政法规规定需要经批准方可经营的产品或服务，特许人或者被特许人未被批准的，其所签订的商业特许经营合同效力如何认定?"时，也认为需要经行政批准方可经营的，应当取得有关批准文件。特许人或者被特许人未被批准许可的，其所签订的商业特许经营合同，可以认定为无效。

2. 根据《国务院对确需保留的行政审批项目设定行政许可的决定》的规定，本案中的黄金期货属于应当报请国家机关审批的行业，特许人 B 黄金投资有限公司没有事先获得国家相关部门的批准。因此，法院确认原告西安 A 黄金交易有限公司与被告 B 黄金投资有限公司于二〇一一年六月二十一日、八月三日签订的《商业特许经营合同》及《合同条款变更协议书》无效是正确的。

三、防范对策

1.《商业特许经营管理条例》关于商业特许经营的产品或服务，依法应当经批准方可经营的，需要事先获得批准的规定，是效力性强制性法律规范。违反这条规定，会导致商业特许经营合同无效。因此，特许人一定要注意防范此项法律风险。

2. 特许人从事这些行业商业特许经营的，首先自己要获得国家相关机关的批准，取得经营资格。

3. 加盟此特许体系的被特许人，不论是单店加盟、区域加盟，还是分特许加盟，也应当获得相关国家机关的批准，具备经营资格。因此，特许人为了避免法律风险，尽可能在合同中明确约定，被特许人应当自行向相关部门申请批准，获得主体资格。

4. 商业特许经营实践中，存在的问题是特许人为了尽可能扩大商业特许经营体系，往往承诺帮助被特许人获得审批资格，甚至有的特许人大包大揽，承诺一定能够为被特许人申得批准资格，否则愿意承担法律责任，并把此义务明确写进合同条款。一旦特许人不能履行此义务，则要承担相应的违约责任，法律风险非常大。因此，提醒广大特许人在没有充分把握的情形下，千万不要承诺为被特许人申得批准资格。

风险点六　境外特许人从事商业特许经营主体资格方面的法律风险

一、风险提示

2004 年 12 月 11 日前，外国企业在中国境内不得投资商业企业（独资或合营）从事商业（包括餐饮业、服务业）商业特许经营活动，即对于外国投资者（外国公司、企业和其他经济组织或者个人）而言，中国大陆的商业特许经营市场是封闭的。①

由于对外开放商业经营领域是中国政府加入 WTO 的承诺。在加入 WTO 后三年内取消商业特许经营市场准入和对外资实行国民待遇是 WTO 规定的基本原则。

为了履行入世承诺、开放商业特许经营市场的义务，我国 2004 年通过的《商业特许经营管理办法》（已废止）和 2007 年 5 月 1 日开始实施的《商业特许经营管理条例》都取消了外商在中国大陆开展商业特许经营的限制。

商业特许经营企业国际特许的方式有很多，概括起来主要有跨境交付和商业存在两种基本形式。跨境交付是指境外特许人直接从境外向中国企业授予特许权；商业存在是指境外特许人通过在中国境内的外商投资企业向其他中国企业授予特许权。

在跨境交付方面，外商在中国大陆开展商业特许经营活动无须审批，只须备案；也不再要求外国特许人在中国开展商业特许经营前必须在中国拥有直营店，只要其有直营店，无论地处何处，满足条件的都可以在中国开展商

① 林晓：“特许连锁系统的崩溃——当前特许经营合同无效化的危机”，载西湖法律图书馆网站。

业特许经营业务，只是“直营店位于境外的，特许人应当提供直营店营业证明（含中文翻译件），并经当地公证机构公证和中国驻当地使领馆认证。”

在商业存在方面，自2004年12月11日以后，外国公司、企业和其他经济组织或者个人通过在中国境内设立的外商投资企业从事商业特许经营活动的，需要向原审批机关申请增加“以商业特许经营方式从事商业活动”的经营范围，即有关商业特许经营市场准入的时间、经营方式等存在限制性规定。[①] 由此可见，只要外国公司、企业和其他经济组织或者个人通过在中国境内设立的外商投资企业从事商业特许经营活动，在市场准入方面并没有特别的限制，只是在程序上需要向原审批机关申请增加商业特许经营范围。

我国对外商投资企业进入商业特许经营市场准入限制的取消，并不等于对外商投资企业在中国从事商业特许经营业务的领域没有任何限制。为了使外商投资更符合国家的产业发展方向，外商投资企业以商业特许经营方式从事商业活动仍旧要符合外商投资的基本要求。2007年12月1日开始实施的第四次修订的《外商投资产业指导目录》明确将批发和零售贸易业的商业特许经营列为限制类外商投资领域。外商投资人违反了我国相关外商投资法律法规的话，仍然具有很大的法律风险。

二、真实案例

案例6　境外特许人违反我国《限制外商投资产业目录》，从事商业特许经营活动被判承担法律责任。

——郑A诉B国际（北京）红珊瑚珠宝有限公司商业特许经营合同纠纷案

案情简介

2007年3月13日，A公司与B公司签订了B商业特许经营合同。合同

① 林晓：“外资企业违法违规从事特许经营合同无效第一案”，载特许经营律师网。

主要约定了以下内容：一、授权区域。B公司授权A公司在浙江省台州市路桥区银座大街44×号开设台州店。二、特许的内容。1. 经B公司授权，A公司在合同期限内成为B品牌红珊瑚产品的专卖店，A公司只能在其设立的台州店内经营本合同约定的授权的B品牌的产品。2. A公司履行特许经销权以本合同确认的自身名义进行，自筹经费、自负盈亏、自担风险、独立承担责任与义务。3. 经B公司书面授权，A公司有权在台州店的装潢、装饰中使用B系列名称、标识和商标；有权在台州店的装潢、装饰中使用B公司设计的全套“B专卖店”视觉标识识别系统及促销用品，但A公司只能按B公司提供的视觉标识识别手册使用“B专卖店”及B系列名称、标识和商标。4. A公司有权使用“B专卖店”、“B专卖”的名称，但A公司不得在其注册的公司名称或其他商业经营机构名称中使用“B”名称。三、商业特许经营的产品：B品牌红珊瑚系列产品。合同还对商业特许经营费用、价格与结算方式、合同的变更或解除、合同生效和期限、以及特许双方的权利义务作了约定。

后双方在合同履行中出现纠纷，诉至法院。法院在审理过程中查明：一、B公司成立于1991年9月27日，系台港澳法人独资的有限责任公司，经营范围包括：生产非金银饰品及手工艺品、办公设备、文具、家俱、电子元器件、电动玩具、服装；销售自产产品。B公司认可其就商业特许经营方式从事商业活动未向国家相关行政部门申请办理过审批事宜，经营范围不包括商业特许经营。二、B公司获得由中华人民共和国渔政渔港监督管理局颁发的中华人民共和国水生野生动物经营利用许可证上载明的经营方式为零售、物种学名为红珊瑚制品。

法院审理

法院认为，此案双方纠纷是基于A公司与B公司之间的商业特许经营合同而产生。故就该合同的认定，尤其是其效力的认定成为解决双方涉案纠纷的关键。

该商业特许经营合同的标的物是红珊瑚制品，属国家一级保护的水生野生动物，因此该合同涉及的经营行为要符合国家对此所作的相关规定。

商业特许经营合同的主要履行内容，在于A公司经营B公司享有商标权的红珊瑚制品。通过双方合同的约定可以看到，B公司供给A公司红珊瑚制品的经营方式为批发，但B公司从国家渔政管理部门获得的审批经营方式则为“零售”。从而可以确认：B公司通过商业特许经营合同供给A公司经营红珊瑚制品的实际经营方式有悖于国家渔政管理部门核准的经营方式，即违反了国家渔政局核发的《中华人民共和国水生野生动物经营利用许可证》中核定的经营方式，从而违反了《中华人民共和国野生动物保护法》（2004年）第二十二条第（一）款、《中华人民共和国水生野生动物保护实施条例》第十八条、《中华人民共和国水生野生动物利用特许办法》第二十三条的规定。由于该种经营方式涉及该商业特许经营合同的主要履行内容、目的，由此可以认定，该合同的履行没有合法前提，故该合同实际无法履行，属无效合同。

B公司为台港澳法人独资企业，按照《中华人民共和国外资企业法实施细则》第八十二条规定，参属外资企业。《外商投资产业指导目录》中“限制外商投资产业目录”中包含“商业特许经营”活动。《商业特许经营管理条例》（2004年）第三十三条规定：外商投资企业以商业特许经营方式从事商业活动的，应向原审批部门提出申请增加“以商业特许经营方式从事商业活动”的经营范围。B公司在2007年3月与A公司签订商业特许经营合同时，未向国家相关行政部门就商业特许经营方式从事商业活动进行审批；且其商业特许经营的红珊瑚制品至今仍属于国家对外商投资产业的限制内容。

在郑A与B公司签订的该协议中，就B公司在台州经营红珊瑚制品一节，按照2008年7月15日，《农业部渔业局关于加强红珊瑚保护管理工作的通知》中第二条第（三）项规定：“取得经营利用资格的企业或个人必须在指定场所经营利用红珊瑚制品”，B公司在此处经营未获得国家渔政管理部门的审批，与其取得《中华人民共和国水生野生动物经营利用许可证》核准的经营地址不符，应属违法经营。

综上几点，B 公司作为台港澳法人独资经营红珊瑚制品的企业，在明知相关规定的情形下，从事商业特许经营活动、经营红珊瑚制品，致使其与 A 公司签订的商业特许经营合同无效，应承担相应的法律责任，于是判决：1. B 国际（北京）红珊瑚珠宝有限公司于本判决生效之日起十日内返还郑 A 货款一百六十三万七千六百零一元；2. 郑 A 在收到前项货款时，返还 B 国际（北京）红珊瑚珠宝有限公司前项货款对价的红珊瑚制品四百零七件（见附件）；3. 驳回郑 A 其他诉讼请求；4. 驳回 B 国际（北京）红珊瑚珠宝有限公司的反诉请求。

案例评析

1. 特许人 B 公司作为台港澳法人，属于境外企业，应当遵守我国大陆地区相关法律法规的规定。一是从事特定行业需要事先获得国家相关机关审批；二是从事商业特许经营活动，需要向原审批机关申请增加“以商业特许经营方式从事商业活动”的经营范围。本案中，法院正是依据 B 公司违反了这两条规定做出判决的。

2. 本案中，按照 2008 年 7 月 15 日，《农业部渔业局关于加强红珊瑚保护管理工作的通知》中第二条第（三）项规定：“取得经营利用资格的企业或个人必须在指定场所经营利用红珊瑚制品”，B 公司在此处经营未获得国家渔政管理部门的审批，与其取得《中华人民共和国水生野生动物经营利用许可证》核准的经营地址不符，应属违法经营。

3. B 公司供给 A 公司红珊瑚制品的经营方式为批发，但 B 公司从国家渔政管理部门获得的审批经营方式则为“零售”。B 公司通过商业特许经营合同供给 A 公司经营红珊瑚制品的实际经营方式有悖于国家渔政管理部门核准的经营方式，即违反了国家渔政局核发的《中华人民共和国水生野生动物经营利用许可证》中核定的经营方式，

4.《外商投资产业指导目录》中“限制外商投资产业目录”中包含“商业特许经营”活动。《商业特许经营管理办法》（2004 年）第三十三条

规定：外商投资企业以商业特许经营方式从事商业活动的，应向原审批部门提出申请增加“以商业特许经营方式从事商业活动”的经营范围。B 公司在 2007 年 3 月与 A 公司签订商业特许经营合同时，未向国家相关行政部门就商业特许经营方式从事商业活动进行审批。因此，法院的判决是正确的。

三、防范对策

（一）外商在我国从事商业特许经营活动的，应当符合我国《商业特许经营管理条例》规定的特许人主体资格：即特许人具有经营资源，具有成熟的经营模式和对被特许人持续培训、支持和服务的能力以及具有“两店一年”等条件。外商在我国开展商业特许经营活动前，一定要做好这些基础性的工作，满足这些条件。

（二）根据《最高人民法院关于民事诉讼证据的若干规定》第十一条的规定：当事人向人民法院提供的证据系在中华人民共和国领域外形成的该证据应当经所在国公证机关予以证明并经中华人民共和国驻该国使领馆予以认证或者履行中华人民共和国与该所在国订立的有关条约中规定的证明手续。因此，外商通过跨境交付方式在我国大陆进行商业特许经营活动的，要提供其具有两店一年的证明文件。这些证明文件需要进行公证和我国使领馆认证。

（三）当事人向人民法院提供的证据是在香港、澳门、台湾地区形成的，应当履行相关的证明手续。香港、澳门当事人提供的证明材料，一般要经司法部委托的香港律师或澳门机构的证明。司法部对两地区都实行建立了委托公证人制度，对来往公证文书的格式都进行了具体的规定。

中国香港特区发往中国内地使用的公证文书应由中国司法部委托的香港律师出具，并由司法部中国法律服务（香港）有限公司进行确认、传递。在实践中公司将要公证认证的材料准备齐全后，香港律师会为你出具《证明书》并在你拟证明文件上签名盖章，签章上会注明“兹证明此文件即前面证明书内所提及的附件，此复印本与该文件原件/确认本相符，其原本/确认本经本人证明属实”。律师公证后中国法律服务（香港）有限公司会加盖“中华人民共和国司法部委托香港律师办理内地使用的公证文书转运章”。

澳门的律师公证与香港的律师公证是完全一致的，不同的是依据《内地与澳门特别行政区关于相互认可和执行民商事判决的安排》第十八条的规定，中国内地与中国澳门特区间的民事和商业文书，可径在两地使用，无需办理确认手续。如果文件为外文的，要附有中文译文。外商特许人要充分做好这方面的工作。

（四）外国公司、企业和其他经济组织或者个人通过在中国境内设立的外商投资企业从事商业特许经营活动的，即通过商业存在方式开展商业特许经营活动的，要注意以下两点：

1. 外商企业一定要向原审批机关申请增加“以商业特许经营方式从事商业活动”的经营范围。

2. 外商在我国大陆开展商业特许经营活动，除了遵守我国《商业特许经营管理条例》等相关法律法规外，还要遵守我国外商投资法律法规，特别是《限制外商投资产业目录》。我国 2013 年新修订的《外商投资产业指导目录》限制类中包括下列内容：（1）直销、邮购、网上销售；（2）粮食收购，粮食、棉花、植物油、食糖、烟草、原油、农药、农膜、化肥的批发、零售、配送（设立超过 30 家分店、销售来自多个供应商的不同种类和品牌商品的连锁店由中方控股）；（3）大型农产品批发市场建设、经营；（4）音像制品（除电影外）的分销（限于合作）；（5）船舶代理（中方控股）、外轮理货（限于合资、合作）；（6）成品油批发及加油站（同一外国投资者设立超过 30 家分店、销售来自多个供应商的不同种类和品牌成品油的连锁加油站，由中方控股）建设、经营。上述超过 30 家分店，由中方控股，音像制品限于合作的规定都是对外商投资商业特许经营领域的限制。外商投资人从事这些行业的商业特许经营活动，一定要遵守上述规定。

第三章
商业特许经营备案和报告方面的法律风险

本章导读

我国实行商业特许经营备案和报告制度。《商业特许经营管理条例》第八条、第九条明确规定，特许人应当自首次订立商业特许经营合同之日起15日内，向商务主管部门备案。在省、自治区、直辖市范围内从事商业特许经营活动的，应当向所在地省、自治区、直辖市人民政府商务主管部门备案；跨省、自治区、直辖市范围从事商业特许经营活动的，应当向国务院商务主管部门备案。并规定了备案的程序以及备案应当提交的文件、资料。

商业特许经营备案是一种事后的告知性、公示性的行政监管行为，属于形式审查的范畴，不是事前的资格审查，不具有行政审批的性质（特殊情形下需要审批的除外）。备案制度是从行政机关的角度出发制定的行政管理制度，其目的是为了规范商业特许经营活动，方便行政管理职能实施，不是特许人从事商业特许经营活动的前置条件。

具体来说，备案的意义主要表现在四个方面：一是备案便于商务主管部门及时了解、掌握特许人的数量等情况，有针对性地对商业特许经营活动进行规范、监督；二是备案有助于潜在投资者了解特许人的基本情况，做出恰当的投资决策；三是备案有利于形成对特许人的社会监督；四是备案能够增加被特许人的信任，有利于发展商业特许经营体系。

除了备案外，《商业特许经营管理条例》第十九条还规定，特许人应当在每年第一季度将其上一年度订立商业特许经营合同的情况向商务主管部门报告。《商业特许经营备案管理办法》第九条更是明确规定，特许人应当在每年3月31日前将其上一年度订立、撤销、终止、续签的商业特许经营合同情况向备案机关报告。

从上可以看出，我国对商业特许经营行政监管的模式是“一次性备案+年度报告”的模式。但如果备案的重要信息发生了变化，应该及时提交变更后的信息进行备案。特许人违反商业特许经营备案和报告制度，将会承担相应的行政和民事法律责任。

风险点七 特许人不备案的行政法律风险

一、风险提示

商业特许经营具有融资功能，特许人是否具备必要的条件，事关商业特许经营的成败和加盟者的投资安全及利益；且该经营模式涉及广大社会群体，特别是弱势群体，一旦出现问题，就会出现带有集中性、爆发性的事件，不仅危害了社会经济秩序，更会影响到社会稳定。

备案有利于主管部门对特许人的监管，一定程度上减少商业特许经营的欺诈，对于我国商业特许经营市场秩序的规范和商业特许经营的健康发展具有重要的意义。

特许人不备案的行政法律后果主要表现为《商业特许经营备案管理办法》第五条的规定，即任何单位或者个人对违反本办法规定的行为，有权向商务主管部门举报，商务主管部门应当依法处理。《商业特许经营管理条例》第二十五条规定，特许人未依照本条例第八条的规定向商务主管部门备案的，由商务主管部门责令限期备案，处1万元以上5万元以下的罚款；逾期仍不备案的，处5万元以上10万元以下的罚款，并予以公告。

2012年8月17日，商务部办公厅颁发了《关于进一步做好商业特许经营管理工作的通知》，成立了由流通发展司、条法司、财务司、市场秩序司、服贸司、电子商务司6个司局组成的商业特许经营管理办公室。为进一步做好商业特许经营管理工作，要求完善备案制度，加强备案服务与管理和依法行政，规范商业特许经营行为。规定各省级商务主管部门可根据实际需要，将备案材料受理和初审工作交由县级以上商务主管部门承担，以加强对特许人的属地化管理。同时，要按照商务部的统一要求，加强对县级以上商务主管部门的指导，健全备案制度，完善操作规则，规范备案程序，依法公开备案和撤销备案信息，形成对特许人的社会监督与法律监管。要求各地商务主管部门加强对特许人备案及年报情况的监督检查，及时了解本行政区域内特许人情况，掌握发展动态，研究存在的问题，加强管理和服务。要求各级商务主管部门要借助12312举报投诉服务体系，加强对商业特许经营举报、投诉的甄别与处理，提供相关咨询服务。属于行政处罚范围的，要及时办理；属于民事纠纷或构成犯罪的，应正确引导举报人或投诉人寻求法律途径解决或向公安机关报案；属于举报、投诉不实的，要向投诉人告知调查结果。各地市级商务主管部门要将商业特许经营作为商务综合执法重点，加大对商业特许经营人资质、备案、信息披露情况的执法检查力度，对违反《商业特许经营管理条例》和两个《办法》的经营行为，要坚决予以处理。根据商业特许经营执法特点，建立跨地区、跨部门的协调机制。会同工商、公安等部门探索建立联合执法、互通信息和案件移送机制，提高执法效能。加大对商务综合执法、12312中心工作人员有关商业特许经营知识、法律法规的培训，提高工作人员依法行政水平。

从上面可以看出，随着我国商业特许经营执法越来越严格，特许人不进行商业特许经营备案，受到行政处罚的风险会越来越大。

二、真实案例

案例7　特许人不备案，受到行政处罚

——A商务主管执法大队对辖区加盟企业检查监督案①

案情简介

2009年4月，A商务主管执法大队，对市场中的加盟连锁企业进行检查

① 中华人民共和国商务部：《商业特许经营案例评析》，中国商务出版社2012年8月第1版，第34页。

监督中，对 123 家加盟企业进行检查。检查中发现该区的 84 家加盟企业均未按照《商业特许经营管理条例》向所属的商务主管部门进行备案，行业涉及餐饮、干洗、酒店等各个领域，A 商务主管部门对尚未备案的企业，现场下达了行政处罚决定书，决定书提到，《商业特许经营管理条例》于 2007 年 5 月 1 日正式实施，在条例实施起一年内，向商务主管部门备案。在 2008 年已经下达要求商业特许经营企业到相关部门进行备案，已经过去一年多了，仍有大部分企业未按照《商业特许经营管理条例》的要求及时备案，违反了《商业特许经营管理条例》第二十五条和《商业特许经营备案管理办法》第十六条之规定，对未依法备案的企业，责令限期三个月内备案，并处 1 万元罚款。

案例评析

1. 上述案例反映了我国商业特许经营企业备案率不高的事实。我国特许体系截止到 2012 年底已经超过 5000 个，但到目前为止，特许企业备案数仅为 2390 家，不到全部特许体系数量的一半。具体情况如下：

（1）备案企业按经营范围统计，跨省企业，1880 家，占备案企业比例为 78.66%；省内企业，510 家，占备案企业比例为 21.34%。

（2）备案企业按经营资源类型统计，拥有注册商标的备案企业 1946 家，占备案企业的 81.42%，商标已申报未获准注册的备案企业 543 家，占备案企业的比例为 22.72%；企业标志未申请商标注册的备案企业 386 家，占备案企业的比例为 16.15%；拥有专利的备案企业 200 家，占备案企业的比例为 8.37%；拥有已受理专利的备案企业 27 家，占备案企业的比例为 1.13%；拥有专有技术的备案企业 13 家，占备案企业的比例为 0.54%；拥有其他经营资源的备案企业 107 家，占备案企业的比例为 8.37%。

（3）备案企业按加盟店数量统计，加盟店数量超过 500 家的 68 家，占备案企业的比例为 2.85%；加盟数量在 301 至 500 家之间的备案企 54 家，占备案企业的比例为2.26%；加盟店数量在201至300家之间59家，占备案企业的比例为2.47%；加盟店数量在101至200家之间的备案企业121家，占备案企业的比例为5.06%；加盟店数量在51至100家之间的备案企业203家，占备案企业的比例为8.49%；加盟店数量在31至50家之间的备案企业201家，占备案企业的比例为8.41%；加盟店数量在11至30家之间的备案企业488家，占备案企业的比例为20.42%；加盟店数量小于10家的备案企业1196家，占备案企业的比例为50.04%。

（4）备案企业按行业统计，零售业875家，占备案企业的比例为36.61%；餐饮业722家，占备案企业的比例为30.21%；其他商业服务业350家，占备案企业的比例为14.64%；居民服务业239家，占备案企业的比例为10.00%教育培训业100家，占备案企业的比例为4.18%；住宿业53家，占备案企业的比例为2.22%；中介服务业51家，备案企业的比例为2.13%。

（5）备案企业按所属区域统计，北京市564家，占备案企业的比例为23.59%；上海市264家，占备案企业的比例为11.04%；重庆市210家，占备案企业的比例为8.78%；广东省202家，占备案企业的比例为8.45%；浙江省167家，占被案企业的比例为6.98%；四川省107家，占备案企业的比例为4.48%；福建省107家，占备案企业的比例为4.48%；境外100家，占备案企业的比例为4.18%；江苏省85家，占备案企业的比例为3.55%；山东省69家，占备案企业的比例为2.89%；其他516家，占备案企业的比例为21.58%。

2. 备案率低的原因主要有以下几个：（1）企业对《商业特许经营管理条例》缺乏了解。虽然《商业特许经营管理条例》已经实施了近7年的时间了，但由于宣传不够，有的企业虽然具备了备案条件，因不了解《商业特许经营管理条例》的规定，故没有按《商业特许经营管理条例》要求进行备案。（2）由于《商业特许经营管理条例》与原来的《商业特许经营管理办法》相比，对商业特许经营企业的要求更高，如“两店一年”、“需要拥有经营资源、成熟的经营模式等”条件，有些企业虽然早已开展了商业特许经营活动，但却不具备备案的条件，因此没有进行备案。(3) 部分早已经商业特许经营活动的企业，虽然具备了开展商业特许经营活动的条件，开展少数原来具备备案条件，但由于自身或其他原因，现在或以后不打算再从事商业特许经营获得的，没有申请备案。(4) 某些特许人缺乏法律意识，存在侥幸心理，认为不备案对企业没有任何影响，故意不履行备案义务。(5) 商务主管机关及其他相关机关执法不严，对没有备案的企业处罚过少，过轻，是导致我国商业特许经营企业忽视国家备案管理的一个重要客观原因。

3. 为了提高备案率，加强国家相关部门对商业特许经营企业的管理，建议应当从以下两个方面努力：(1) 采取各种途径，大力宣传商业特许经营备案的重要意义及不备案的法律后果，增强广大商业特许经营企业自觉备案的意识。(2) 加强执法力度，把《商业特许经营管理条例》规定的特许人不履行备案义务的行政处罚落到实处，让其不敢违法。

《商业特许经营管理条例》第二十五条规定，特许人未依照本条例第八条的规定向商务主管部门备案的，由商务主管部门责令限期备案，处 1 万元以上 5 万元以下的罚款；逾期仍不备案的，处 5 万元以上 10 万元以下的罚款，并予以公告。本案中，对未依法备案的企业，责令限期三个月内备案，并处 1 万元罚款，选择了《商业特许经营管理条例》规定处罚数额的最低数。这反映了我国商业特许经营执法的一个现状。

三、防范对策

特许人防范不备案行政法律风险的主要对策有以下几点：

(一) 特许人应了解我国相关法律法规对商业特许经营备案的具体规定，这是进行商业特许经营备案的前提。我国规定商业特许经营备案的法规、规章主要指《商业特许经营管理条例》和《商业特许经营备案管理办法》。我国《商业特许经营管理条例》第八条、第九条、第十条、第二十五条对特许人的备案做了具体规定。

《商业特许经营管理条例》第八条规定，特许人应当自首次订立商业特许经营合同之日起15日内，依照本条例的规定向商务主管部门备案。在省、自治区、直辖市范围内从事商业特许经营活动的，应当向所在地省、自治区、直辖市人民政府商务主管部门备案；跨省、自治区、直辖市范围从事商业特许经营活动的，应当向国务院商务主管部门备案。

特许人向商务主管部门备案，应当提交下列文件、资料：（一）营业执照复印件或者企业登记（注册）证书复印件；（二）商业特许经营合同样本；（三）商业特许经营操作手册；（四）市场计划书；（五）表明其符合本条例第七条规定的书面承诺及相关证明材料；（六）国务院商务主管部门规定的其他文件、资料。

商业特许经营的产品或者服务，依法应当经批准方可经营的，特许人还应当提交有关批准文件。

《商业特许经营管理条例》第九条规定，商务主管部门应当自收到特许人提交的符合本条例第八条规定的文件、资料之日起10日内予以备案，并通知特许人。特许人提交的文件、资料不完备的，商务主管部门可以要求其在7日内补充提交文件、资料。

第十条规定，商务主管部门应当将备案的特许人名单在政府网站上公布，并及时更新。

《商业特许经营管理条例》第二十五条规定，特许人未依照本条例第八条的规定向商务主管部门备案的，由商务主管部门责令限期备案，处1万元以上5万元以下的罚款；逾期仍不备案的，处5万元以上10万元以下的罚款，并予以公告。

《商业特许经营备案管理办法》对条例中关于商业特许经营备案的上述规定进行了细化。

（二）特许人应了解我国商务主管部门对商业特许经营备案的监管体制。我国《商业特许经营管理条例》第五条规定了各商务主管部门对商业特许经营的行政管理权力和义务。就《商业特许经营管理条例》和《商业特许经营备案管理办法》规定的内容来看，我国商业特许经营备案行政监管主要体现在以下几个方面：

1. 管理模式方面：（1）通过网站管理。为配合《商业特许经营管理条例》的实施，商务部开发了《商业特许经营管理系统》，它是一套网上的备案和管理系统，商业特许经营企业均须通过该系统进行备案申请，同时该系统也将成为各级商务主管部门监管商业特许经营企业的途径。通过商业特许经营企业的登记和备案管理机关的监督与管理，从简单、快捷、全面的角度完善商业特许经营管理体制，规范商业特许经营的市场秩序。（2）属地管理。属地管理原则是确定商业特许经营行政管辖的基本原则，无论是在商务部备案的商业特许经营企业还是在省、自治区、直辖市备案的商业特许经营企业，都由企业工商登记住所地的市一级商务主管部门行使管理职责。（3）分级管理。根据《商业特许经营管理条例》第五条的规定，商务部负责对全国范围内的商业特许经营活动实施监督管理；省、自治区、直辖市人民政府商务主管部门和设区的市级人民政府商务主管部门依照本条例规定，负责对本行政区域内的商业特许经营活动实施监督管理。[①]

2. 管理内容主要包括以下三个方面：（1）商业特许经营企业备案的原始登记管理。所谓原始登记，是指商业特许经营企业的初次备案登记，由备案商业特许经营人在网上完成。（2）商业特许经营企业备案的变更登记管理。根据《商业特许经营备案管理办法》第七条的规定，特许人的备案信息有变化的，应当自变化之日起 30 日内向备案机关申请变更；第八条规定，特许人应当在每年 3 月 31 日前将其上一年度订立、撤销、续签与变更的商

① 涂志：《商业特许经营法律适用》，九州出版社 2010 年 1 月第 1 版，第 40 页。

业特许经营合同情况向备案机关报告。（3）商业特许经营企业备案的撤销备案登记管理。

3. 管理原则主要包括以下两点：（1）公开告知与公众查询相结合。登录商业特许经营管理系统网站，我们会清晰地看到该系统不仅有用于备案管理机关公开告知的“备案统计”、“最新备案公告”等公示性的设置，同时还有用于公众查询的“备案查询”功能，公众能够随时随地上网上进行查询。（2）主动查处与投诉处理相结合。《商业特许经营管理条例》第四章和《商业特许经营备案管理办法》第十一条、十五条、十六条都规定了行政处罚的种类和幅度，在商业特许经营管理系统中设置了公众投诉的专项栏目，将公众投诉作为监管机关主动查处职能的重要线索，有利于实现“诉”、“管”、查”的有效结合与联动。[①]

4. 职权划分方面主要是涉及商务部与各地方商务主管部门在商业特许经营备案监管权限的划分。商务部作为国务院商务主管部门依照本条例规定，负责对全国范围内的商业特许经营活动实施监督管理；跨省、自治区、直辖市范围从事商业特许经营活动的，在国务院商务主管部门备案。省、自治区、直辖市人民政府商务主管部门和设区的市级人民政府商务主管部门依照本条例规定，负责对本行政区域内的商业特许经营活动实施监督管理。

（三）特许人应了解《商业特许经营管理条例》有关特许人违反备案制度的投诉的规定。我国《商业特许经营管理条例》关于特许人违反备案制度的投诉规定主要包括投诉受理机关、投诉范围和投诉流程三个方面。

1. 投诉受理机关包括备案机关、商务行政管理机关和其他机关。可以通过网上管理系统向备案机关投诉的范围包括（1）应备案而没有备案的特许人；（2）不符合备案条件的特许人已经被公示备案；（3）应该在备案时披露的信息没有披露；（4）实际履行的合同文本与备案登记的文本不一致；

① 涂志：《商业特许经营法律适用》，九州出版社2010年1月第1版，第41～42页。

（5）备案登记内容发生变化以后没有在法定期限内予以变更登记备案；（6）商务行政管理机关的工作人员滥用职权的。

可以向企业所在地的商务行政管理机关投诉的范围包括（1）企业以外的其他单位和个人进行商业特许经营活动的；（2）在合同履行过程中不遵守有关法律法规强制性规定的；（3）进行虚假广告宣传的；（4）提供虚假信息或披露虚假信息的；（5）以商业特许经营的名义从事违法活动的。

可以向其他机关或通过商务行政管理机构向其他职能部门投诉的包括（1）利用商业特许经营合同骗取他人钱财的；（2）在合同履行过程中因为产品质量和违约责任而产生纠纷的；（3）借商业特许经营之名，行传销等违法犯罪活动之实的；（4）进行虚假宣传造成当事人人身重大损害等损失的；（5）商务行政管理机关的工作人员徇私舞弊构成犯罪的。

2. 投诉流程包括以下环节：（1）登录商务部的商业特许经营管理系统，进入投诉系统；（2）核验投诉人身份；（3）有明确的被投诉主体；（4）简明扼要地陈述投诉的事实和理由；（5）提供相关的基本证据；（6）对于符合投诉受理条件的投诉，受理机关依法进行必要的调查取证，在法定期间内依法作出相应的行政处理意见，直至将处理结果送达相应的投诉人和被投诉人。①

（四）特许人应当按照《商业特许经营管理条例》和《商业特许经营备案管理办法》的规定进行备案。为了方便广大特许人进行顺利备案，笔者列出我国各级商业特许经营备案机关名称和联系方式②，仅供参考，以官方公布为准。

1. 北京商务委，电话：010－87211823，电子邮件：gyz@ bjcoc. gov. cn，传真：010－65254773，地址：北京市丰台区横道沟西街2号院6号楼。

---

① 《商业特许经营法律适用》，涂志主编，李广兴、杨帆副主编，九州出版社，2010年1月第1版，第43页。

② 来自商业特许经营网　http：//txjy. syggs. mofcom. gov. cn/index. do? method = news&type = 1，最后访问日期：2015年6月12日

2. 天津商务委，电话：022－58665830，电子邮件：swwxdltc@126.com，传真：022－58665839，地址：天津市和平区大沽北路158号。

3. 河北商务厅，电话：0311－87909785，电子邮件：chengweisw@126.com，传真：0311－87909190，地址：石家庄市和平西路334号。

4. 山西商务厅，电话：0351－4084262，电子邮件：swggc@163.com，传真：0351－4084262，地址：山西省太原市新建路1号。

5. 内蒙古商务厅，电话：0471－6946508，电子邮件：nmzhwork@126.com，传真：0471－6945209，地址：内蒙古呼和浩特市新华大街63号商务厅流通业发展处。

6. 辽宁服务业委，电话：024－86894887－3122，电子邮件：xdltc311@163.com，传真：024－86894887－3122，地址：辽宁省沈阳市皇姑区泰山路17号。

7. 吉林商务厅，电话：0431－82752969，电子邮件：wzrv@hotmail.com，传真：0431－82752972，地址：吉林省长春市贵阳街287号。

8. 黑龙江商务厅，电话：045182632508，电子邮件：zszyhstx@163.com，传真：0451－82632508，地址：哈尔滨市香坊区和平路173号。

9. 上海商务委，电话：021－62717812/23110672，电子邮件：huqingqi@yahoo.com.cn，传真：021－62751572，地址：上海市娄山关路55号1602室。

10. 江苏商务厅，电话：025－57710387，电子邮件：weiguangcun@jiangsudoc.gov.cn，传真：025－57710387，地址：江苏省南京市北京东路29号。

11. 浙江商务厅，电话：057187057587，电子邮件：luolinyong@sina.com，传真：0571－87057587，地址：杭州市延安路468号。

12. 安徽商务厅，电话：055163540169，传真：0551－63540050，地址：合肥市金寨路389号盛安广场。

13. 福建经贸委，电话：0591－87833504，电子邮件：zhuolyun@126.com，传真：0591－87801017，地址：福建省福州市华林路省政府大院8号楼三层。

14. 江西商务厅，电话：0791－86246676，电子邮件：smc993@126.com，传真：0791－86246676，地址：江西省南昌市洪城路8号长青国贸大厦2907室。

15. 山东商务厅，电话：053189013810，传真：0351－4084262，地址：济南市市中区历阳路6号

16. 河南商务厅，电话：0371－63576805，电子邮件：li_yunjiang@sina.com，传真：0371－63576805，地址：郑州市文化路115号。

17. 湖北商务厅，电话：027－85730226，电子邮件：68690249@qq.com，传真：027－85710937，地址：湖北省武汉市汉口江汉北路八号607室。

18. 湖南商务厅，电话：073182295832，传真：0731－82287079，地址：长沙市五一大道98号。

19. 广东商务厅，电话：020－38819857，电子邮件：liyongzhou@gdcom.gov.cn，传真：020－38802374，地址：广东省广州市天河路351号。

20. 广西商务厅，电话：0771－2211830，电子邮件：laishoulin@126.com，传真：0771－2211832，地址：广西南宁市七星路137号商务厅商贸处。

21. 海南商务厅，电话：0898－65203012，电子邮件：lkzhan@126.com，传真：0898－65203011，地址：海南省海口市国兴大道省政府办公楼二楼省商务厅。

22. 重庆商委，电话：023－63852300，电子邮件：cqswxl@163.com，传真：023－63855570，地址：重庆市渝中区人民路232号。

23. 四川商务厅，电话：028－83226138，电子邮件：swtsfc@163.com，传真：028－83224675，地址：四川省成都市成华街7号。

24. 贵州商务厅，电话：0851－6811582，电子邮件：zhangjj110793@163.com，传真：0851－6811793，地址：贵州省贵阳市世贸广场B区2105号。

25. 云南商务厅，电话：08713210113，传真：0871－3148600，地址：昆明市北京路175号。

26. 西藏商务厅，电话：0891－6860936，电子邮件：29837448@163.com，传真：0891－6860936，地址：西藏自治区拉萨市金珠西路56号。

27. 陕西商务厅，电话：029－87298256，电子邮件：shanggaichu@126.com，传真：029－87292580，地址：陕西省西安市新城大院省政府院内陕西省商务厅6楼。

28. 甘肃商务厅，电话：0931－8623923，电子邮件：527969371@qq.com，传真：0931－8623923，地址：甘肃省兰州市定西路532号。

29. 青海商务厅，电话：09718455473，电子邮件：ltyfzc@126.com，传真：0971－8455473，地址：青海省西宁市海晏路2号。

30. 宁夏商务厅，电话：0951－5048350，电子邮件：hejw@nxdofcom.gov.cn，传真：0951－5048350，地址：宁夏银川市解放西街363号。

31. 新疆商务厅，电话：0991－2874471，电子邮件：34748633@qq.com，传真：0991－2874471，地址：新疆乌鲁木齐市新华南路1292号。

风险点八　特许人不备案的民事法律风险

一、风险提示

我国早期的商业特许经营司法实践中，部分法院曾简单地认为只要特许人不具备两店一年或没有向商务主管部门进行备案，就判定商业特许经营合同无效。自最高人民法院于2009年7月7日出台了《关于当前形势下审理民商事合同纠纷案件若干问题的指导意见》，把强制性规定分为管理性和效力性，并作了明确的定义后，司法机关基本形成了统一的认识，即商业特许经营备案只是管理性的规定，不能仅以此确认合同无效。《北京市高级人民法院关于审理商业特许经营合同纠纷案件适用法律若干问题的指导意见》第七条规定，特许人应当自首次订立商业特许经营合同之日起15日内依法向商务主管部门备案。特许人未及时向商务主管部门备案的，一般不影响商业特许经营合同的效力。《上海市高级人民法院关于审理商业特许经营合同纠纷案件若干问题的解答》在回答“三、特许人不具备“两店一年”，或者没有向商务主管部门申请备案的，其所签订的商业特许经营合同效力如何认定?”时，也认为特许人不具备“两店一年”及备案条件的，不必然导致合同无效。因此，被特许人仅以特许人没有备案，诉请法院确认商业特许经营合同无效的，一般不会得到法院的支持。

但依据我国《商业特许经营管理条例》及《商业特许经营信息披露管理办法》的相关规定，特许人是否已经向商务主管部门备案属于在签订商业特许经营合同之前应当向潜在被特许人披露的重要内容。如果没有进行披露，很可能会引起被特许人以特许人隐瞒信息为由要求解除或撤销合同，返还商业特许经营费用，赔偿其损失的诉讼，其诉讼请求往往能够得到法院的支持。另外，也不排除个别法院因对法律的理解不同，直接以特许人没有备案为由判决商业特许经营合同无效，这样的案例在实践中也是存在的。因此，商业特许经营实践当中，特许人一定要重视防范未备案的民事法律风险。

二、真实案例

案例8　特许人没有向被特许人披露未备案的信息，法院判决被特许人与特许人解除合同。

——北京A世纪环保科技有限公司与B商业特许经营合同纠纷上诉案

案情简介

2008年10月26日，B与A公司签订《销售协议书》，约定：B（即乙方）在北京市大兴区设立“第三元素”1加仑和1升系列产品的销售网点和第三元素特约水垢处理站的服务业务；乙方应当于签订本协议之日，向A公司（即甲方）支付品牌权益证金23000元，品牌年度管理费680元；协议期限为2008年10月26日起至2009年10月25日止。2008年10月26日，B向A公司交纳权益金23000元，管理费680元。随后，A公司向B颁发授权书，该授权书注明第三元素商标和商号为A公司在中国注册及全权拥有。2009年5月10日，原审法院作出（2008）海民初字第32913号民事判决书，认定B与A公司签订的《销售协议书》性质为商业特许经营性质。诉讼中，A公司承认该公司没有第三元素注册商标，不清楚是否在商务部备案，亦没有直营店。诉讼中，B表示A公司没有注册商标及直营店的情况从来没有向其进行过说明，对此，A公司表示不清楚。诉讼中，B表示诉讼请求中的违约金指租赁协议的违约金，不是《销售协议书》的违约金。

法院审理

原审法院认为：B与A公司签订的《销售协议书》未违反国家法律及行

政法规的强制性规定，应属有效。本案中，双方签订的《销售协议书》性质应为商业特许经营合同。依国家相关法律及行政法规，从事商业特许经营活动应当至少拥有两个直营店；特许人应向国务院商务主管部门备案；商业特许经营应拥有注册商标、企业标志等相应经营资源，并向被特许人进行信息披露。本案中，A公司并未取得注册商标，亦没有证据证明其在商务部门进行过备案，且没有直营店。对此，A公司亦未有证据证明B在签订合同前已经知道上述情况。故A公司是在不具备相应资质且又未向B说明的情况下与B签订的商业特许经营合同，依据相关规定，B有权要求解除合同，故B要求解除双方签订的《销售协议书》的诉讼请求，原审法院予以支持。在双方合同解除后，B有权要求A公司返还其缴纳的权益金及管理费，故A公司应返还B权益金23000元及管理费680元。本案中，B虽要求A公司支付租店费及违约金5500元、交通费500元、误工费1000元，但其并没有提供相应证据证明其主张，故该部分诉讼请求，原审法院不予支持。综上，原审法院依照《中华人民共和国合同法》第九十四条第五项、第九十七条，《商业特许经营管理条例》第二十三条第三款之规定，判决：一、解除B与A公司于二〇〇八年十月二十六日签订的《销售协议书》；二、A公司返还B权益金二万三千元及管理费六百八十元，于判决生效之日起十日内付清；三、驳回B的其他诉讼请求。

上诉人A公司不服原审判决，在法定期限内向本院提起上诉称：B与A公司签订的《销售协议书》为经销合同，其不符合商业特许经营合同的特征，不是商业特许经营合同，原审法院对合同性质的认定错误，审理本案应当适用《合同法》，而不能适用《商业特许经营管理条例》。A公司没有任何违约行为，不具有合同解除的条件，合同不应被解除。合同中约定返还权益保证金的条件未成就，不应当返还。综上，请求二审法院撤销原审判决，驳回B的全部诉讼请求，判令B承担本案一、二审全部诉讼费用。

上诉人A公司在本院询问过程中表示：如原审判决对合同性质的认定是正确的，则上诉人对原审判决的判决结果不持异议。

针对A公司的上诉请求，被上诉人B答辩称：生效的（2008）海民初字第32913号民事判决已经认定了B与A公司签订的《销售协议书》为商业特许经营合同性质，上诉人的上诉理由不能成立，原审判决认定事实清楚，适用法律正确。请求二审法院驳回上诉，维持原审判决。

本院经审理查明的事实与原审法院查明的事实一致。上述事实有销售协议书、收据、授权书、（2008）海民初字第32913号民事判决书、原审法院开庭笔录及本院询问笔录等证据在案佐证。

二审法院经过审理认为，原审判决程序合法，认定事实清楚，适用法律正确，本院予以维持。上诉人的上诉理由缺乏事实与法律依据，本院不予支持，遂判决驳回上诉，维持原判。

案例评析

1. 商业特许经营备案是一种事后的告知性、公示性的行政监管行为，属于形式审查的范畴，不是事前的资格审查，不具有行政审批的性质（特殊情形下需要审批的除外）。备案不是特许人从事商业特许经营活动的前置条件，不备案本身不会直接导致商业特许经营合同的无效，但其是否已向商务主管部门备案属于特许人在签订商业特许经营合同之前应当向潜在被特许人披露的重要内容。如果没有进行披露，就可能导致对潜在被特许人的欺诈。被特许人就可以依据《商业特许经营管理条例》的规定，向法院起诉要求解除合同。

2. 本案中，A公司并未取得注册商标，亦没有证据证明其在商务部门进行过备案，且没有直营店。对此，A公司亦未有证据证明B在签订合同前已经知道上述情况。故A公司是在不具备相应资质且又未向B说明的情况下与B签订的商业特许经营合同，依据相关规定，B有权要求解除合同，本案被特许人正是采取了这样一个策略，达到了请求法院判决解除合同的目的。

另外，需要提醒大家的是，根据商业特许经营纠纷案例的司法实践，有些法院也仅仅因为特许人没有备案，而直接判决商业特许经营合同无效。

三、防范对策

（一）特许人应认识商业特许经营备案的重要意义，形成自觉备案的意识。从法律角度，商业特许经营备案是特许人的法定义务；但另一方面，备案对特许人招募加盟商、扩展商业特许经营体系也具有积极的意义。当备案成为一种强制性的要求时，没有备案的企业会影响广大潜在投资人对其的信任度。备案具有广告效应，广大投资人在选择加盟方式创业时，往往首先考虑到政府网站上去寻找特许人。这无疑对备案的特许企业来说是非常有利的。另外，即使加盟投资者从其他渠道找到特许人，也往往会到政府网站上查查特许人是否已经备案。因此，从这个意义上说，特许人是否备案对于商业特许经营宣传招商，扩大商业特许经营体系具有重要的意义，特许人一定要形成自觉备案的意识。

（二）为了顺利进行备案，特许人要熟悉备案的整体程序。根据《商业特许经营管理条例》及《商业特许经营备案管理办法》的规定，商业特许经营备案的整体流程，包括以下五个环节：

1. 准备备案材料。特许人首先应准备企业自身能够准备的下列材料：（1）商业特许经营基本情况；（2）中国境内全部被特许人的店铺分布情况；（3）特许人的市场计划书；（4）企业法人营业执照复印件或其他主体资格证明的复印；（5）与商业特许经营活动相关的商标权、专利权及其它经营资源的注册证书复印件；（6）商业特许经营合同样本；（7）商业特许经营操作手册的目录（须注明每一章节的页数和手册的总页数，对于在特许系统内部网络上提供此类手册的，须提供估计的打印页数）；（8）经法定代表人签字盖章的特许人承诺；（9）如果开展商业特许经营的产品和服务根据国家法律法规规定需要经过批准的，须提交相关主管部门的批准文件。

2. 申请开具两店一年证明。根据《商业特许经营管理条例》的相关规定，“两店一年”的证明由直营店所在地的设区的市级商务主管部门开具，直营店在不同地区的，分别由其所在地的地区的市级商务主管部门开具。办理商业特许经营两店一年证明需要向相关部门提供的材料，各省市不完全一致，需要个别落实，一般需要提交以下材料：（1）申请函（说明企业情况并申请出具直营店证明的公函）；（2）年检通过的企业（法人）营业执照副本原件和复印件（需加盖企业公章）；（3）相关直营店营业执照副本原件和复印件；（4）企业法人代表（或非法人企业的负责人）身份证原件和复印件；（5）直营店铺所在地租赁协议；（6）直营店铺所用房屋租赁协议、产权证；（7）直营门店内外照片各一张（照片及电子文档）；（8）商业特许经营合同样本；（9）与商业特许经营直接相关的商标权、专利权及其它经营资源的注册证书（如果注册商标、专利、其他经营资源已由相关部门受理的，需提交受理通知书；如果注册商标、专利、其他经营资源是他人授权使用的，需提交许可使用授权书）原件及复印件；（10）直营店经营情况表；（11）国家法律法规规定经批准方可开展商业特许经营的产品（汽车、书报杂志、药品、农药、农膜、原油、成品油、化肥、音像制品、粮食、植物油、食糖、烟草、棉花等）和服务，须提交相关主管部门的批准文件的原件及复印件；（12）企业委托受委托人办理的，提交授权委托书原件和复印件及受托人的身份证原件和复印件。以上材料一式两份。

需注意的是，直营店位于境外的，特许人应当提供直营店营业证明（含中文翻译件），并经当地公证机构公证和中国驻当地使领馆认证。在2007年5月1日前已经从事商业特许经营活动的特许人不适用于上款的规定，但应当提交特许人与中国境内的被特许人订立的第一份商业特许经营合同。

3. 到备案商务主管部门领取备案号。（1）备案主管部门的确定。根据《商业特许经营管理条例》第八条和《商业特许经营备案管理办法》第三条的规定，商务部及省、自治区、直辖市人民政府商务主管部门是商业特许经营的备案机关。在省、自治区、直辖市范围内从事商业特许经营活动的，向特许人所在地省、自治区、直辖市人民政府商务主管部门备案；跨省、自治区、直辖市范围从事商业特许经营活动的，向商务部备案。2009 年 4 月，商务部下发通知，将跨省从事商业特许经营活动的企业备案工作委托给省级商务主管部门承担。2011 年 11 月 7 日通过的修订后的《商业特许经营备案管理办法》第四条规定，商务部可以根据有关规定，将跨省、自治区、直辖市范围从事商业特许经营的备案工作委托有关省、自治区、直辖市人民政府商务主管部门完成；第四条第二款规定，受委托的省、自治区、直辖市人民政府商务主管部门未依法行使备案职责的，商务部可以直接受理特许人的备案申请。2012 年 8 月 17 日，商务部办公厅在关于进一步做好商业特许经营管理工作的通知中规定，各省级商务主管部门可根据实际需要，将备案材料受理和初审工作交由县级以上商务主管部门承担，以加强对特许人的属地化管理。

据此，自 2009 年 5 月 1 日起，除了境外特许人备案工作仍由商务部承担外，其他开展商业特许经营活动的特许人应向省级商务主管部门进行备案，部分地级市或县负责备案材料的受理和初审工作。但也有个别省把备案工作授权给了下属的地级市。例如，河北省 2012 年 12 月 6 日发布《河北省关于下放商业特许经营备案工作的通知》，自 2013 年 1 月 1 日起，商业特许经营备案工作交由设区的市商务局办理，县（区）级商务部门负责出具“两店一年”证明。《山西省商业特许经营备案管理办法（试行）》第五条规定，在山西省境内从事商业特许经营的特许人向所在地设区的市商务主管部门备案，跨市经营的向省商务厅备案。

因此，我国负责商业特许经营备案的部门包括商务部商务主管部门、省级商务主管部门和部分设区市级商务主管部门。

（2）领取备案号（登录号）。登录号是特许人通过网络申请备案的唯一身份凭证，特许人在获取商务部备案系统网站登录号以后，输入登录号及密码，即可进行备案页面的备案操作，上传和修改文件。通过登录号的投放和获取，保证特许人能在自己的空间中接受公众的监督和备案机关的管理，将不确定的安全因素降到最低。领取登录号只是申请备案前的一个身份审查过程，正如企业办理登记前应该去工商行政管理机关领取登记表格一样，属于备案前的准备工作之一，不属于《商业特许经营管理条例》第九条规定的期限开始之日，正式申请备案时间应从特许人获得登录号以后通过网络提交全部文件资料完成之日起开始计算。

4. 网上备案申报。(1) 登录备案页面。特许人须登录“商业特许经营信息管理系统”的企业端登录页面：http：//txjy. syggs. mofcom. gov. cn/，在左侧“企业登录”处输入备案机构发放的用户名和密码（密码有大小写之分）、验证码。首次登录后，系统会强制要求用户修改密码，系统会列出在领取号码时录入的经办人信息供用户核对，并补充输入“联系人手机电话号码”这一项，点击保存后系统会自动退出。退出以后，系统会直接跳转至登陆页面，直接输入备案机关核发的用户名及上述步骤中设置的新密码，系统左侧立即提示特许人名称为备案申请人，即特许人企业名称，同时注明备案机关的名称是商务部或省自治区直辖市商务行政管理机关，此时显示的备案企业备案状态一般为“未提交”（还有“已申报”、“已备案”两种状态)，同时备案号显示为空白，待备案通过后即可显示备案号。(2) 直接在网上填报下列三项材料：①商业特许经营基本情况；②中国境内全部被特许人的店铺分布情况；③特许人的市场计划书。(3) 下列七项材料应当在网上提交便携文件格式（PDF）的电子版材料：①企业法人营业执照复印件或其他主体资格证明的复印件；②与商业特许经营活动相关的商标权、专利权及其它经营资源的注册证书复印件；③由设区的市级商务主管部门开具的符合《商业特许经营管理条例》第七条第二款规定的证明文件；直营店位于境外的，特许人应当提供直营店营业证明（含中文翻译件)，并经当地公证机构公证和中国驻当地使领馆认证（在 2007 年 5 月 1 日前已经从事商业特许经营活动的特许人不适用于上款的规定，但应当提交特许人与中国境内的被特许人订立的第一份商业特许经营合同）；④商业特许经营合同样本；⑤商业特许经营操作手册的目录（须注明每一章节的页数和手册的总页数，对于在特许系统内部网络上提供此类手册的，须提供估计的打印页数）；⑥国家法律法规规定经批准方可开展商业特许经营的产品和服务，须提交相关主管部门的批准文件；⑦经法定代表人签字盖章的特许人承诺。（4）提交申请。用户填完所有需要填报的资料，可以点击“另存为 word”把申报表格保存，经核实无误后，也可以点击“申报”提交申请，同时在申报后，该备案企业的备案状态变更为“已申报”此后，用户将不能再自行修改申报材料内容。

5. 商务主管部门审核公布。根据《商业特许经营备案管理办法》第十一条的规定，备案机关在收到特许人提交的符合本办法第五条规定的文件、资料之日起 10 日内予以备案，并在商务部网站予以公告。上述规定的起始时间以备案机关收到申请备案的特许人网上申报材料之日计算，如果特许人提交的资料不符合规定的要求，备案机关会要求申请备案的特许人在 7 日以内补充有关资料。需要补充资料的，起始时间从申请备案的特许人补交资料之日起重新计算。备案管理机关发现已经通过的备案企业出现上述情况，核实情况后，有权直接撤销该企业备案，通过特许人预留的电子信箱通知备案特许人，并在撤销备案企业名录中予以公布。

（三）特许人进行备案应特别注意的问题。特许人在进行备案时应当注意以下几点：

1. 在 2007 年 5 月 1 日前已经从事商业特许经营活动的特许人在提交申请商业特许经营备案材料时不适用于上述第（6）的规定，即不需要提供“两店一年”的证明材料。

2. 特许人在填报经营资源时应注意：（1）对受理注册商标、专利、著作权等通知书等不能单独认定为商业特许经营资源，而应结合其他资源一起填报才符合立法的要求，也就说仅仅有受理注册商标、专利、著作权等通知书的商业特许经营企业不符合备案的要求，不能通过备案。(2) 对于提交的版权机关登记的相关版权，如果为企业标志类版权登记，应填写授权内容为“企业标志”；如果为非企业标志类版权（经营手册）的，则填写授权内容时应选择“其它”。(3) 在实践中，许多商业特许经营企业的经营资源是其他自然人、企业、其他组织授权许可或转让的。如果是授权许可使用的，必须填报由权利人授权或经有权国家机关备案的文件，并且该授权或备案应显示该特许企业具有转授权给第三人使用的权利。权利人为国外的其他自然人、企业、其他组织的，其授权书应该经当地公证机构公证和中国驻当地使领馆认证，如果涉及权利转让，必须填报国家有权机关出示的核准转让证明。(4) 商业特许经营企业的经营资源权利证书或其他证明文件注明的权利享有范围应与特许人的实际经营业务相符合。另外，如商业特许经营企业的经营资源权利证明由其他国家或地区登记或颁发，应当根据我国关于与该国签订的双边协议或共同加入的国际公约的相关规定执行。

备案系统要求特许人在备案的时候提交的电子文件格式统一规定为“便携文件格式”（即 PDF 文件），系统不接受其它文件格式。因此，这就要求特许人须把提交的文件以扫描或拍照方式输入计算机并制作成 PDF 文件。

3. 特许人应了解设区的市级商务主管部门开具的“两店一年”证明的要求和内容。设区的市级商务主管部门开具的“两店一年”证明的要求和内容一般包括下列要点：

(1) 证明要求。设区的市级商务主管部门开具的证明文件应当能够证明以下三点：1) 证明特许人拥有至少两家对外营业的直营店；2) 证明该两家直营店在特许人首次从事商业特许经营活动前已经连续经营一年以上；3) 证明两家直营店在特许人申请备案时仍然存续。

(2) 证明的内容包括正文和附件两部分。正文内容应说明对所提交的相关证明材料进行审核及现场查证结果，并同时包括以下内容：1) 如特许人所拥有的两家直营店在同一省辖市的，应包括特许人符合《商业特许经营管理条例》第七条第二款的规定，拥有至少2个直营店，并且经营时间超过1年；如特许人所拥有的两家直营店不在同一省辖市的，由直营店所在地省辖市商务局分别开具证明，应包括特许人所拥有的该直营店经营时间超过1年；2）直营店开业及存续的时间；3）直营店从事的业务与特许人从事的商业特许经营业务系同一性质、同一品牌，并从属于同一体系；4）标明该证明为申请商业特许经营备案专用。附件内容包括：1）特许人的直营店以分公司形式存在的，附件应包括特许人营业执照副本复印件、分公司营业执照副本复印件、直营店经营方式证明复印件；2）特许人的直营店以子公司形式存在的，附件应包括特许人营业执照副本复印件、子公司营业执照副本复印件、特许人持有子公司绝大多数股权的证明文件复印件、子公司经营方式证明复印件、子公司是由特许人直接进行管理的证明材料复印件；3）特许人以其设立的多个经营场所作为直营店的，附件应包括特许人企业及其各经营场所营业执照副本复印件。

4. 申请备案的特许人拟获取商务部商业特许经营信息管理系统登录号，应当向相应商务主管部门提供以下基础材料（纸质）：（1）特许人的营业执照原件（副本和年检证明）及复印件；特许人为外商投资企业的，还需提交外商投资企业批准证书原件（副本和年检证明）及复印件。外商投资企业所提交的营业执照副本和外商投资企业批准证书副本所记载的经营范围应包括“以商业特许经营方式从事商业活动”；（2）法定代表人的身份证明；（3）政府有关部门出具的与商业特许经营相关的商标权、专利权及其他经营资源的权利证书原件及复印件。如注册商标、专利、企业标志、专有技术等其他经营资源已由相关部门受理的，须提交受理通知书原件及复印件；如注册商标、企业标志、专利、专有技术等其他经营资源是他人授权使用的，须提交许可使用授权书原件及复印件；（4）国家法律、法规规定经批准方可开展商业特许经营的产品和服务，须提交相关主管部门的批准文件的原件及复印件；（5）2007年5月1日前从事商业特许经营活动的特许人应提交特许人与被特许人签订的第一份商业特许经营合同原件及复印件；2007 年 5 月 1 日以后从事商业特许经营活动的特许人，应提交特许人符合《商业特许经营管理条例》第七条第二款规定的证明原件。

5. 特许人应了解企业领取登录号和密码所应提交的身份材料。备案企业可以通过直接领取、授权其他自然人办理、授权其他中介组织办理三种方式领取备案登录号和密码。

特许人法定代表人直接办理的，需携带：（1）企业法人营业执照原件复印件；（2）法定代表人身份证件原件复印件；（3）特许人的名称；（4）联系人、联系人的职务、电话、传真、地址、邮政编码、电子邮件地址。如果无法提交营业执照原件的，应该持有经企业所在地工商（商务主管机关、省级以上连锁协会）在营业执照复印件上加盖公章的证明文件原件或其他有效证明文件原件（如证明复印件与原件相符的公证书）。

特许人授权其他自然人办理的，首先应该审查授权是否通过法定的授权程序（包括但不限于公证等形式），从而确认授权委托书的真实性，然后要求受托人携带：（1）特许人的营业执照原件复印件；（2）特许人委托经办人的授权委托书原件；（3）法定代表人身份证件原件复印件；（4）受托人的身份证件原件复印件；（5）特许人的名称；（6）联系人、联系人的职务、电话、传真、地址、邮政编码、电子邮件地址。如果无法提交营业执照原件的，应该持有经企业所在地工商（商务主管机关、省级以上连锁协会）在营业执照复印件上加盖公章的证明文件原件或其他有效证明文件原件（如证明复印件与原件相符的公证书）。

特许人授权其他中介组织办理的，首先应该审查授权是否通过法定的授权程序（包括但不限于公证等形式），从而确认授权委托书的真实性，然后要求中介机构的经办人携带：（1）特许人的营业执照复印件；（2）特许人给中介机构的授权委托书原件；（3）中介机构核验的企业法人营业执照；（4）中介机构法定代表人身份证件原件、复印件一致的证明文件的原件；

(5) 中介机构资质证书原件复印件；(6) 中介机构负责人的身份证件原件复印件；(7) 特许人的名称；(8) 联系人，联系人的职务、电话、传真、地址、邮政编码、电子邮件地址。

6. 注意各省办理备案的特殊规定。尽管《商业特许经营管理条例》和《商业特许经营备案管理办法》对商业特许经营备案做了规定，但不少省级商务主管部门在授权的范围内做了适用于本区域的操作规程，各省、市的特许人在进行备案时应当注意。具体不同表现在以下几点：(1) 各省级单位备案机关的叫法不同，比如，北京市的备案机关是“北京市商务委”；广东省的备案机关是“广东省经济和信息化委员会”；江苏省的备案机关是“江苏省商务厅”；重庆市的备案机关是“重庆市商委”；福建省的备案机关是“福建省经贸委”。(2) 备案工作有的全部由省级商务主管部门完成；有的把辅助性的工作交给了下级机关或其他单位。如北京市的商业特许经营备案工作全部由北京市商务委完成，而上海市的商业特许经营备案，则把备案材料的接收工作交给了上海连锁经营协会；广东省的商业特许经营备案则把受理机关规定为特许人住所地地级以上市经营和信息化主管部门；江苏省的商业特许经营备案则规定受理机关为省辖市商务局；天津市商业特许经营备案则规定特许人向所在区县商务主管部门申请备案并提交材料，由各区县商务主管部门负责初审。(3) 少数省级单位下放了商业特许经营备案工作。如河北省自 2013 年 1 月 1 日起，把商业特许经营备案工作交由设区市商务局办理，县（区）级商务部门负责出具“两店一年”证明。山西省商业特许经营备案管理办法（试行）第五条则规定，在山西省境内从事商业特许经营的特许人向所在地设区市商务主管部门备案，跨市经营的向省商务厅备案。(4) 不同省级单位的商业特许经营备案需要提交的材料和具体流程存在细微差别。如广东省商业特许经营备案操作规程中有“根据特许人提交的材料抽查其直营店和加盟店情况”的规定；有“特许人系外商投资企业的，送同级外商投资企业审批部门会签”的规定。一般省级商务主管部门只要求企业提供营业执照副本原件及复印件，但江苏省商业特许经营备案则要求企业提供营业执照正副本原件及复印件。多数省级备案机关要求企业把纸质的备案申请材料直接送至备案机关，但山东省则规定，企业可以通过邮寄的方式，把备案申请材料邮寄到备案机关。浙江省则规定网上填报材料，当直营店、加盟店很多时，可以采用“批量数据导入”的方式导入店铺数据；同类型的文件应合并制成单个文件，且单位文件大小不能超过10M，各体系的同类型附件最多只能上传3份；特许人完成备案，收到已备案的通知后，应于10日内向企业所在地县级商务主管部门提交《备案登记表》，以便于日常监管。并由县级商务主管部门每月汇总一次报市级商务主管部门。天津要求特许人在申请登录号和密码时，应当提交备案当年和前一年的纳税证明复印件（2007年5月1日以后备案的）。特许人委托备案的，一般要求应当提交经办人的身份证原件和复印件及授权经办的委托书，但福建省规定经办人只提交复印件的，复印件均须发照（证）机关或所在设区市经贸委（贸发局）或省级以上连锁经营协会在复印件上加盖“原件验讫”章，签署校核人姓名、日期。广西则规定，特许人自获取登录号和密码之日起，须在一个月内登录商务部商业特许经营信息管理系统完整填报备案信息。

（四）特许人应当了解各种备案文本

1. 商业特许经营基本情况表

（盖章）

企业基本情况	企业名称（中文）						
	企业名称（英文）						
	成立时间		联系人		邮政编码		
	联系电话		网址				
	传　　真		E－MAIL				
	地　　址						
	注册资本（万元）		企业类型		所属行业		

<table>
<tr><td rowspan="10">企业基本情况</td><td colspan="2">特许授权内容</td><td>注册号</td><td>注册类别</td><td>有效期</td><td></td></tr>
<tr><td>注册商标</td><td></td><td></td><td></td><td></td><td></td></tr>
<tr><td>专利</td><td></td><td></td><td></td><td></td><td></td></tr>
<tr><td>专有技术</td><td></td><td></td><td></td><td></td><td></td></tr>
<tr><td>企业标志</td><td></td><td></td><td></td><td></td><td></td></tr>
<tr><td>其它经营资源</td><td></td><td></td><td></td><td></td><td></td></tr>
<tr><td>开展商业特许经营时间</td><td colspan="2"></td><td>特许加盟费（万元）</td><td></td><td></td></tr>
<tr><td>注册商标名称</td><td></td><td>注册时间</td><td></td><td>注册地点</td><td></td></tr>
<tr><td>总店数（个）</td><td></td><td>直营店数（个）</td><td></td><td>加盟店数（个）</td><td></td></tr>
<tr><td>企业员工总数（人）</td><td></td><td>直营店员工总数（人）</td><td></td><td>加盟店员工总数（人）</td><td></td></tr>
<tr><td rowspan="2">管理者</td><td>法定代表人</td><td>年龄</td><td></td><td>职务</td><td></td><td>联系电话</td><td></td></tr>
<tr><td>商业特许经营业务负责人</td><td>年龄</td><td></td><td>职务</td><td></td><td>联系电话</td><td></td></tr>
</table>

（本表可复印，盖章有效）

填报时间：　　年　　月　　日

2. 商业特许经营企业店铺分布情况表

单位名称：

<table>
<tr><td colspan="4">中国境内特许人全部直营店基本情况
（以下信息要与营业执照上登记的信息一致）</td></tr>
<tr><td>序号</td><td>店铺名称</td><td>营业地址</td><td>联系电话</td></tr>
<tr><td></td><td></td><td></td><td></td></tr>
</table>

（本表可复印，盖章有效）

填报时间：　　年　　月　　日

3. 商业特许经营企业店铺分布情况表

单位名称：

中国境内全部被特许人（加盟店）店铺分布情况					
序号	被特许人名称	被特许方式（划√）		营业地址	联系电话
		直接特许	分特许		

（本表可复印，盖章有效）

填报时间：　　年　　月　　日

4. 市场计划书

单位名称：

网点开设计划			
类别	年度	所在区、县	数量
直营店			
加盟店			

特许网点初期投资概算		
类别	估计金额 （元；低－高）	缴纳时间及方式，估算解释

（本表可复印，盖章有效）

填报时间：　　年　　月　　日

5. 特许人承诺书

本特许人作如下保证：

一、遵守《商业特许经营管理条例》、《商业特许经营备案管理办法》、《北京市商业特许经营备案管理实施办法》及其相关法律、法规、规章。

二、服从北京市商务委员会对商业特许经营的行业管理，自觉维护商业特许经营的经营秩序。

三、按要求认真填写、及时提交与经营活动有关的文件和资料。

四、《商业特许经营备案管理办法》、《北京市商业特许经营备案管理实施办法》要求的任何事项发生变化之日起，30日内到北京市商务委员会办理变更手续。

五、所有备案材料及其备案变更材料中的信息是完整的、准确的、真实的。

以上如有违反，将承担一切法律责任。

特许人名称＿＿＿＿＿＿＿＿＿＿＿＿

法定代表人或授权代表人（签字、盖章）

年　　月　　日

6. 商业特许经营合同样本（略）

7. 商业特许经营操作手册目录（仅供参考）

	页码	页数
序言	1 – 2	2
建议内容：对操作手册的简单评价，及企业寄语		
第一章　企业组织结构	3 – 5	3
建议内容：公司的介绍、公司文化、组织结构图、分公司分布图等		
第二章　总部建设	6 – 7	2
建议内容：总部职能定位、各职能部门职责等		
第三章　特许加盟店的有关规定	8 – 10	3
建议内容：说明业务体系的各个环节，如业务如何建立，各个组成部分如何衔接、如何相互配合；总部营运管理中心与加盟店管理权和经营权说明、特许加盟店的字号、授权证书、门店选址规定、加盟店设计和装修施工规定、开业促销、开业进度控制等		
第四章　特许加盟店的货品（物流管理手册）	11 – 16	6
建议内容：购货的管理、存货的管理、货品的摆放等		
第五章　特许加盟店的管理（内场管理手册）	17 – 33	17
建议内容：岗位职责及日常工作流程，营业时间、店铺内外观及整洁、员工个人仪容及卫生、接待顾客的基本要求等		
第六章　特许加盟店售后服务（售后服务管理手册）	34 – 38	5
建议内容：顾客投诉的处理、货品退换的规定等		
第七章　特许加盟店服务管理（岗位营运流程手册）	39 – 44	6
建议内容：各级别人员岗位职责		

第八章　特许加盟店市场推广（市场推广发展手册）　45－49　5

建议内容：宣传方案的制定、费用计划、宣传计划

第九章　特许加盟店人事管理（人力资源管理手册）　50－56　7

建议内容：员工的招聘流程、入职管理、考勤、考评管理等

第十章　特许加盟店培训管理（培训制度管理手册）　57－62　6

建议内容：培训制度、档案管理

第十一章　特许加盟店设备管理（店内设备管理手册）　63－66　4

建议内容：各种设备的功能介绍、操作方法、保养和维护等

第十二章　特许加盟店卫生消防安全管理（卫生及消防安全管理制度手）　67－71　5

建议内容：卫生及消防安全管理制度、防火检查规定

第十三章　特许加盟店财务管理（财务制度管理手册）　72－78　7

建议内容：会计人员职业道德规范、岗位职责、财务管理制度、特许权使用费的支付等

（共78页）

风险点九 特许人被撤销备案和违反报告制度的法律风险

一、风险提示

特许人在我国商务主管部门备案后，并不是一劳永逸的，备案还可以被撤销。根据《商业特许经营备案管理办法》第十二条规定，已完成备案的特许人有下列行为之一的，备案机关可以撤销备案，并在商务部网站予以公告：（1）因特许人违法经营，被主管登记机关吊销营业执照；（2）备案机关收到司法机关因为特许人违法经营而做出的关于撤销备案的司法建议书；（3）特许人隐瞒有关信息或者提供虚假信息经查证属实的；（4）特许人自行注销的。

特许人不再具备备案条件的，任何单位或个人均有权依据《商业特许经营管理条例》第三条、第六条的规定向商务主管部门举报，申请撤销该特许人备案。商务主管部门接到举报后应当依法及时查处。经查实，特许人确已丧失经营资源使用权，但未依据《商业特许经营管理条例》及《商业特许经营备案管理办法》的相关规定，办理备案信息变更或申请撤销商业特许经营备案的，备案机关有权依据《商业特许经营管理条例》第十一条第（三）项的规定，以特许人隐瞒有关信息或者提供虚假信息经查证属实为由，撤销该特许人备案，并在备案机关网站予以公告。

商业特许经营行为是一种商业行为，该行为的变动直接关系到品牌的建设与稳定，也直接影响到商务主管部门对该领域的情况掌握。为了保护被特许人根本利益，促进和引导特许人的品牌建设，《商业特许经营管理条例》

规定了特许人的年报义务。《商业特许经营管理条例》第十九条规定，特许人应当在每年第一季度将其上一年度订立商业特许经营合同的情况向商务主管部门报告。根据《商业特许经营备案管理办法》第九条的规定，特许人应该在每年3月31日前将其上一年度订立、撤销、终止、续签的商业特许经营合同情况向备案机关报告，通过商业特许经营信息管理系统提交。根据《商业特许经营管理条例》第二十六条的规定，特许人违反上述报告制度的，由商务主管部门责令改正，可以处1万元以下的罚款；情节严重的，处1万元以上5万元以下的罚款，并予以公告。

二、真实案例

案例9　商业特许经营备案撤销案例

实践当中，商业特许经营备案被撤销的情形远比《商业特许经营备案管理条例》规定的复杂，被撤销备案的情形各种各样。截止到2014年6月10日，中国商业特许经营网上公布的被撤销备案的商业特许经营企业共31家，其中，企业已被注销的10家，企业已不再从事商业特许经营业务的8家，不具备特许人资格的3家，资料不全的2家，资料不实的1家，重复备案的1家，同意撤销的2家，备案机关收到司法机关因为特许人违规经营而做出的关于撤销备案的司法建议书而被撤销的1家，因业务调整需要暂停商业特许经营备案，申请撤销备案的1家，因经营资源转让，自行申请撤销备案的1家，因营业执照被吊销而被撤销备案的1家。

三、防范对策

除了特许人不愿继续从事商业特许经营活动外，特许人一定要防范备案被撤销的法律风险并及时履行报告义务。

（一）特许人一定要从事合法的商业特许经营活动，不要因违法被工商登记机关吊销营业执照或者致使司法机关向备案机关做出关于撤销备案的司法建议书。

（二）特许人在备案时，一定要向备案机关提供真实的信息，不要弄虚作假，欺骗备案机关。

（三）特许人应当保护好自己的经营资源。鉴于经营资源在商业特许经营中的重要性，广大特许企业一定要注意经营资源的研究、开发、保护和价值的提升，保持经营资源的完整性、有效性。避免因经营资源的丧失被撤销备案。

（四）特许人要根据我国《商业特许经营管理条例》和《商业特许经营备案管理办法》的规定，在每年 3 月 31 日前及时将其上一年度订立、撤销、终止、续签的商业特许经营合同情况向备案机关报告。

第四章
商业特许经营宣传招商方面的法律风险

本章导读

商业特许经营模式中，宣传招商是特许人开展商业特许经营活动的重要环节。特许人招商宣传的途径很多，包括电视、电台、报纸、杂志、互联网、路边广告、车身媒体广告、特许人企业网站，专门制作的《加盟指南》等。[①]

我国相关法律法规对特许人的招商宣传行为作了规范。其中，《广告法》第三条规定，广告应当真实、合法，符合社会主义精神文明建设的要求；第四条规定，广告不得含有虚假的内容，不得欺骗和误导消费者；第五条规定，广告主、广告经营者、广告发布者从事广告活动，应当遵守法律、行政法规，遵循公平、诚实信用的原则。这些规定当然也适用特许人招商加盟的宣传。《商业特许经营管

① 李维华：《特许经营学》，中国发展出版社，2009年6月第1版，第291~292页。

理条例》也对特许人的宣传招商行为作了规范，其中第十七条第二款规定，特许人在推广、宣传活动中，不得有欺骗、误导的行为，其发布的广告中不得含有宣传被特许人从事商业特许经营活动收益的内容。

商业特许经营实践中，不少特许人为了快速推广自己的商业特许经营体系，经常违反这些规定，进行虚假宣传，宣传被特许人从事商业特许经营活动的收益。

我国《商业特许经营管理条例》第二十七条第一款规定了特许人违法宣传的法律后果，即特许人违反了“特许人在推广、宣传活动中，不得有欺骗、误导的行为，其发布的广告中不得含有宣传被特许人从事商业特许经营活动收益”内容的规定的，由工商行政管理部门责令改正，处3万元以上10万元以下的罚款；情节严重的，处10万元以上30万元以下的罚款，并予以公告；构成犯罪的，依法追究刑事责任。第二款规定，特许人利用广告实施欺骗、误导行为的，依照广告法的有关规定予以处罚。《广告法》第五十五条第一款，违反本法规定，发布虚假广告的，由工商行政管理部门责令停止发布广告，责令广告主在相应范围内消除影响，处广告费用三倍以上五倍以下的罚款，广告费用无法计算或者明显偏低的，处二十万元以上一百万元以下的罚款；两年内有三次以上违法行为或者有其他严重情节的，处广告费用五倍以上十倍以下的罚款，广告费用无法计算或者明显偏低的，处一百万元以上二百万元以下的罚款，可以吊销营业执照，并由广告审查机关撤销广告审查批准文件、一年内不受理其广告审查申请。第五十五条第四款，广告主、广告经营者、广告发布者有本条第一款、第三款规定行为，构成犯罪的，依法追究刑事责任。

由此可见，特许人招商宣传方面的法律风险主要表现为：一是虚假宣传；二是宣传被特许人从事商业特许经营活动的收益。其法律后果具体表现为可能承担行政法律责任、民事法律责任和刑事法律责任。另外，关于被特许人的选择也是商业特许经营的一个重要环节，被特许人选择不当也会给特许人带来非常大的法律风险。

风险点十 特许人虚假宣传的法律风险

一、风险提示

我国《广告法》、《反不正当竞争法》以及最高人民法院的相关司法解释都对广告宣传行为作出了规范。其中，《广告法》第四条、第九条明确规定，广告不得含有虚假的内容，不得欺骗和误导消费者，广告中的商品的性能、产地、用途、质量、价格、生产者、有效期限、允诺或者对服务的内容、形式、质量、价格、允诺有表示的，应该清楚、明确。《反不正当竞争法》第九条规定，经营者不得利用广告或者其他方法，对商品的质量、制作成分、性能、用途、生产者、有效期限、产地等作引人误解的虚假宣传。最高人民法院《关于审理不正当竞争民事案件应用法律若干问题的解释》第八条规定，经营者有下列行为之一，足以造成相关公众误解的，可以认定为引人误解的虚假宣传行为：（1）对商品作片面的宣传或者对比的；（2）将科学上未定论的观点、现象等当作定论的事实用于商品宣传的；（3）以歧义性的语言或者其他引人误解的方式进行商品宣传的。人民法院将根据日常生活经验、相关公众一般注意力、发生误解的事实和被宣传对象的实际情况等因素，对引人误解的虚假宣传行为进行认定。如果以明显的夸张方式宣传商品，不足以造成相关公众误解的，不属于引人误解的宣传行为。上述法律规定同样适用特许人招商的广告宣传中。专门调整商业特许经营法律关系的《商业特许经营管理条例》第二十七条更是针对特许人的招商宣传，明确规定，特许人违反特许人在推广、宣传活动中，不得有欺骗、误导的行为。

特许人在招商中的虚假宣传往往会给特许人带来巨大的法律风险，包括行政法律风险、民事法律风险和刑事法律风险。

行政法律风险主要表现为《广告法》第五十五条的规定和《商业特许经营管理条例》第二十七条的规定。《广告法》第五十五条规定，违反本法规定，发布虚假广告的，由工商行政管理部门责令停止发布广告，责令广告主在相应范围内消除影响，处广告费用三倍以上五倍以下的罚款，广告费用无法计算或者明显偏低的，处二十万元以上一百万元以下的罚款；两年内有三次以上违法行为或者有其他严重情节的，处广告费用五倍以上十倍以下的罚款，广告费用无法计算或者明显偏低的，处一百万元以上二百万元以下的罚款，可以吊销营业执照，并由广告审查机关撤销广告审查批准文件、一年内不受理其广告审查申请。《商业特许经营管理条例》第二十七条规定，特许人违反特许人在推广、宣传活动中，不得有欺骗、误导的行为，其发布的广告中不得含有宣传被特许人从事商业特许经营活动收益的内容规定的，由工商行政管理部门责令改正，处 3 万元以上 10 万元以下的罚款；情节严重的，处 10 万元以上 30 万元以下的罚款，并予以公告。

民事法律风险主要来自于《民法通则》、《合同法》和《商业特许经营管理条例》的相关规定。《民法通则》第四条规定，“民事活动应当遵循自愿、公平、等价有偿、诚实信用的原则”。《合同法》第五十四条规定，如果合同一方以欺诈的手段使对方在违背真实意思的情况下订立的合同，受损害方有权请求人民法院或仲裁机构变更或撤销。合同一旦被撤销，因该合同取得的财产，应当予以返还；不能返还或者没有必要返还的，应当折价补偿；有过错的一方应当赔偿对方因此受到的损失，双方都有过错的，应当各自承担相应的责任。《商业特许经营管理条例》第二十三条第三款规定，“特许人隐瞒有关信息或者提供虚假信息的，被特许人可以解除商业特许经营合同”。由此可以看出，特许人一旦有虚假宣传行为，就意味着向被特许人提供了虚假信息或隐瞒有关信息，人民法院或仲裁机构就可根据该条款裁判解除商业特许经营合同。无论合同是被撤销还是被解除，都有可能产生特许人向被特许人返还加盟费、保证金等商业特许经营费用及赔偿加盟商经济损失的法律后果。

特许人在宣传推广中最可能触及的罪名是“虚假广告罪”。《刑法》第二百二十二条规定的虚假广告罪，是指“广告主、广告经营者、广告发布者违反国家规定，利用广告对商品或服务作虚假宣传，情节严重的行为”。自然人犯本罪的，处二年以下有期徒刑或拘役，并处或单处罚金。单位犯本罪的，对单位判处罚金，对其直接负责的主管人员和其他直接责任人员依上述规定追究刑事责任。特许人以子虚乌有的“事实”对加盟项目的情况作大肆鼓吹，欺骗、误导了投资人的，应认定为虚假广告。情节严重的，将构成虚假广告罪。

需注意的是，以上三种法律责任并非只取其一，特许人很可能在承担民事法律责任的同时，同时也要承担行法律政责任甚至刑事法律责任。

二、真实案例

案例10　特许人把国内品牌宣传成国外品牌，商业特许经营合同被撤销

——北京A商贸有限公司诉B（北京）服装有限公司商业特许经营合同纠纷案

案情简介

2010年10月28日，B公司（作为合同甲方）、A公司（作为合同乙方）、中乾盛泰（北京）国际投资管理有限公司（作为合同丙方）签订了《加盟合同》，该合同就品牌授权、合同期限、加盟形式、定金、首次进货额及责任承担等内容进行了约定。

《加盟合同》签订后，A公司于签约当天支付了加盟费5万元，于2010年12月支付了余款5万元。此后A公司按照B公司的设计方案装修了店面开始经营销售AMNT女装。B公司提供的女装吊牌上的信息是：法国艾梅尼特服饰（香港）有限公司监制、总代理艾梅尼特（北京）服装有限公司、

生产商广州B服装有限公司。

原告A公司诉称：2010年11月28日，A公司、B公司和案外人中乾某泰（北京）国际投资管理有限公司签订了一份《B（北京）服装有限公司加盟合同》（简称《加盟合同》），合同约定三方就法国品牌（英文商标AMNT，中文商标艾梅尼特）商务女装系列产品合作事项达成合作。合同签订后，我公司将10万元合同款支付给B公司，B公司将一批号称是“法国品牌”的衣服交给我公司，我公司自己花钱装修了专柜开始销售。经我公司工作人员反映，衣服基本卖不出去，而顾客反映这些衣服在动物园批发市场到处都是，而价格只有我们售价的十分之一。我公司经营了5个月，总销售额不足2万元。在此情况下，我公司开始对B公司的情况进行调查，发现B公司名下注册的“艾梅尼特”商标并未在服装类商品上进行注册，服装类“艾梅尼特”商标的拥有者是淄博福瑞制衣有限公司。B公司在签订合同时一直欺骗我公司称其是法国品牌，如果我公司知道只是山东淄博的小制衣厂，就不会加盟。由于B公司的欺诈行为，我公司花费了10万元进货。为此我公司诉至法院，请求判令撤销我公司与B公司签订的《加盟合同》，退还货款10万元。

被告B公司辩称：第一，《加盟合同》合法有效，我公司已经实际履行了合同，A公司要求撤销合同没有事实依据。第二，我公司并不存在欺诈行为，我公司在法国确实注册了商标，并享有合法的使用权。第三，A公司称我公司的商品在动物园批发市场到处都是不是事实，属于恶意中伤。综上，我公司请求法院驳回A公司的诉讼请求。

法院审理

法院认为，依据《加盟合同》的条文表述，A公司和B公司系为“法国品牌商务女装（英文商标‘AMNT’，中文商标‘艾梅尼特’）系列产品合作”达成的协议。这里的“法国品牌”，按通常理解，不能只是在法国注册的商标，而应当理解为源自法国的商标。本案中，本院注意到B公司对外经营中存在以下几个因素：第一，“AMNT艾梅尼特”商标既在我国注册，又在法国注册，两个注册人之间具有密切的联系，而在我国注册时间远早于法国注册时间。第二，B公司对外使用中又将商标标识“AMNT艾梅尼特”拆分为两个标识使用。一个标识表述为英文商标“AMNT”，另一个标识表述为中文商标“艾梅尼特”。第三，B公司对外宣称“AMNT”为“法国品牌”。

B公司的上述行为，显然会引人误认，认为法国品牌就是指“AMNT”且该商标系法国本土品牌。A公司对此并不知情，对“法国品牌”的指向已经产生了误认，现A公司提出撤销《加盟合同》的请求，于法有据，本院予以支持。由于《加盟合同》被撤销是由于B公司的过错，故B公司应当返还A公司支付的以货款方式支付的加盟费10万元。

综上，依据《中华人民共和国合同法》第五十四条、第五十八条之规定，判决：1. 撤销原告北京A商贸有限公司与被告B（北京）服装有限公司于二零一零年十月二十八日签订的《B（北京）服装有限公司加盟合同》；2. 被告B（北京）服装有限公司于本判决生效之日起十日内返还原告北京A商贸有限公司加盟费十万元。

案例评析

1. 商业特许经营活动中，特许人招商是开展商业特许经营活动的重要环节。而商业广告是特许人招商创收的重要手段。在对特许人考察过程中，潜在客户往往也是带着这种广告宣传的印象考量企业的。带有一定夸大、虚假成分，这是商业广告的天然属性。是否只要含有夸大、虚假成分的广告就一定构成合同欺诈呢？目前司法实践中，存在两派观点。一种观点是，虚假广告不等于合同欺诈。其理由是广告通常是要约邀请，而要约邀请的内容会被相对人所否定，只有当虚假宣传的内容变成合同条款时，虚假宣传才转变为合同欺诈。观点二，虚假广告宣传构成合同欺诈。商业特许经营合同的主要特征就在于特许人与加盟商在信息获取上的不对等，加盟商主要依据特许人提供的加盟信息来判断、决定是否进行投资。因此，在商业特许经营合同的缔约过程中，特许人负有提供真实、准确的有关加盟信息的披露义务，防止商业欺诈、促进公平交易。因此，对特许人在签订合同时是否具有欺诈行为的判断，不应仅从合同的具体条款和权利义务来判断，在缔约过程中特许人是否如实披露加盟信息，也应当作为重要的评价标准。特许人对自己向被特许人披露的经营资源、企业规模以及违背事实夸大预期利润、虚假承诺优惠条件等宣传内容均会对被特许人订立合同产生实质性影响，如果在合同订立过程中，特许人针对这些信息做了虚假披露，则构成合同欺诈。

2. 商业特许经营司法实践中，除北京市丰台区人民法院早期曾以广告、宣传资料属于邀约邀请不属于邀约，驳回了被特人的诉讼请求以外，海淀区人民法院、朝阳区人民法院的裁判以及丰台区人民法院后期的裁判中，大多认为只要特许人在广告、宣传资料中有任何不实成分，均以此为由确认特许人对被特许人构成欺诈而判决撤销合同，完全改变了过去司法机关“不轻易认定合同欺诈并撤销的维护交易稳定原则，也突破了其他合同纠纷案件”没有充分证据一般不予认定的基本司法审判原则，显示出司法机关对于商业特许经营的普遍认识，那就是“十个加盟九个骗”的潜在意识。

3. 本案中，依据《加盟合同》的条文表述，A 公司和 B 公司系为“法国品牌商务女装（英文商标‘AMNT’，中文商标‘艾梅尼特’）系列产品合作”达成的协议。这里的“法国品牌”，按通常理解，不能只是在法国注册的商标，而应当理解为源自法国的商标。B 公司作为特许人把仅仅既在我国注册、又在法国注册，且我国注册早于法国注册的“AMNT 艾梅尼特”商标说成是“法国品牌”，具有虚假宣传的行为，其进行虚假宣传的目的是为了吸引投资人加盟，具有主观的故意，作为被特许人的 A 公司因为 B 公司的虚假宣传，产生了错误认识，认为 B 公司特许给他的就是“法国品牌”，A

公司因为此错误认识而做出了加盟的错误意思表示，完全符合合同欺诈的构成要件。同时，最高人民法院《民法通则若干问题意见》第 68 条也规定，一方当事人故意告知对方虚假情况，或者故意隐瞒真实情况，诱使对方当事人做出错误意思表示的，可以认定为欺诈行为。因此，法院案件审理中认定 B 公司构成合同欺诈是正确的。《合同法》第五十四条第二款规定，一方以欺诈、胁迫的手段或者乘人之危，使对方在违背真实意思的情况下订立的合同，受损害方有权请求人民法院或者仲裁机构变更或者撤销。因此，法院判决撤销原告北京 A 商贸有限公司与被告 B（北京）服装有限公司于二零一零年十月二十八日签订的《B（北京）服装有限公司加盟合同》；被告 B（北京）服装有限公司于本判决生效之日起十日内返还原告北京 A 商贸有限公司加盟费十万元是正确的。

三、防范对策

特许人可从以下几个方面防范虚假宣传的法律风险：

（一）正当经营，诚信推广。诚实信用不仅是社会活动的基本道德规范，更是民事活动的基本原则。特许人一定要坚持诚信原则，着眼于企业的长远发展，制定长期发展战略，在经营活动中做到童叟无欺，宣传时不做虚假宣传。

（二）重视产品或服务质量，树立企业品牌形象。从企业长远发展角度看，应把提高产品或服务质量看作特许人工作的重中之重；产品或服务质量优化了，被特许人经营业绩上去了，终端消费者满意了，商业特许经营体系就会随着口碑不断发展壮大。

（三）精心策划宣传，认真审查广告内容。宣传推广过程中，虽然特许人没有虚假宣传的故意，但很可能由于法律认知水平有限，导致在宣传推广方案中出现法律意义上的虚假宣传。因此，对一项宣传推广方案，在实施前最好聘请律师或其他法律专业人士对方案进行认真审查，把法律风险降到最低。

（四）审判实务中，法院在认定特许人的虚假宣传是否构成欺诈时，会结合特许人夸大信息的程度、信息的重要性，以及对被特许人订立加盟合同、开展经营活动的影响等方面进行综合把握。因此，特许人应在区别虚假宣传与一般的商业吹嘘行为的基础上，把握好内容夸大的程度。

（五）特许人应尽可能避免以下几种偏好性的虚假宣传：1. 特许人主体资格方面的虚假宣传。《商业特许经营管理条例》要求特许人应当具备“两店一年”。不少不符合“两店一年”条件的特许人，虚假宣传自己已经有两个直营店，且经营时间超过一年，构成特许人主体资格欺诈。2. 品牌等知识产权方面的虚假宣传。不少特许人利用相当多的国人更相信或喜欢外国品牌的心理，在国内随意捏造一些洋味十足的名字，并声称是国外“著名”品牌，或者在香港等地注册一家空头公司或机构，然后在国内号称其是什么国际公司、国际什么行业协会等等。其实这些号称在香港等地的总部、公司或机构根本没有任何的人员编制、办公地点、业务事实；或者把非注册商标谎称为注册商标，把非专利技术谎称为专利技术，把他人的经营资源谎称为自己的经营资源；仿冒知名品牌；假冒专利或夸大专利的作用；谎称拥有秘方等商业秘密；等等。3. 经营模式方面的虚假宣传。商业特许经营是成功经营模式的复制，经营模式的完善与否对商业特许经营的成败具有决定性意义。因此，特许人往往片面地宣传其经营模式的优势，而回避其不足。主要表现为：将未经实践的经营模式进行商业特许经营；以市场分析代替实际经营情况，夸大市场需求；以特殊位置设立的店铺作为考察加盟的样板店，甚至故意作托营造生意火爆的场面。4. 设备、产品或者服务质量方面的虚假宣传。如把国内设备说成是国外组装的设备，谎称系国家免检产品、荣获国际荣誉等，夸大产品或者服务的质量；等等。5. 身份方面的虚假宣传。某些特许人为了使自己的连锁项目看起来更上档次，经常给自己挂上很多的头衔进行宣传，比如留美博士、海归、运营奇才、首领气质、名人合影等。然而，故事虽美，却是编造的；荣誉虽多，却都是花钱买来的。也有的特许人经常把自己的连锁项目与“某某大学”、“总部基地”、政府文件、名人等联系起来进行宣传。在宣传推广时，使用易使人产生混淆的名称和方法，打起与知名大学有合作关系的“擦边球”，在宣传材料中暗示自己与著名大学有合作关系，有的企业更是直接宣称自己运用了某高校的技术，淡化了自身的企业性质。这些方法容易使人产生这些企业与知名高校有关联的错觉，但实际上它们与知名高校没有任何关系。6. 特许人基本情况及商业特许经营活动方面的虚假宣传。如把中资企业说成外资企业或者与国外企业具有关联关系，谎称该商业特许经营体系在国外得到巨大成功等。7. 被特许人的情况方面的虚假宣传。如虚构或者夸大被特许人数量、商业特许经营授权范围、分布地域或被特许人盈利情况等。8. 网络方面的虚假宣传。现代社会，由于网络成为潜在加盟商们发现和甄别盟主的主要手段之一，一些骗子就利用网络来进行虚假宣传，建一个很漂亮的网站，写一些华而不实的文章，挂一些不明出处的老外的图片，或放几张莫名其妙的美女照在上面，然后再编造一些假新闻。

（六）特许人还应了解司法实践中，法院关于特许人虚假宣传的认定及其法律后果的观点，以便指导自己的招商宣传。我国司法机关在商业特许经营审判实务中逐渐形成了关于虚假宣传的认定及其应当承担的法律后果的基本观点。如《北京市高级人民法院关于审理商业特许经营合同纠纷案件适用法律若干问题的指导意见》第十四条规定，特许人在推广宣传商业特许经营业务过程中使用的广告或者宣传手册等资料通常应视为要约邀请，但特许人就商业特许经营所作的说明和承诺对商业特许经营合同的订立有重大影响的，亦可视为合同内容，当事人违反该说明和承诺的，应当承担违约责任。第十五条规定，对特许人欺诈的认定应综合考虑特许人隐瞒的信息、提供的虚假信息或夸大的经营资源与合同目的的关联性、与真实信息的背离程度及其对商业特许经营合同订立和履行的影响程度等因素。特许人在订立合同过程中隐瞒、提供或者夸大直接关系到商业特许经营实质内容的相关信息或经营资源，足以导致被特许人签订商业特许经营合同的，被特许人可以请求撤销或者依法解除该商业特许经营合同。第十六条规定，特许人在签订商业特许经营合同后隐瞒重大变更信息或者提供虚假信息、夸大经营资源，给被特许人从事商业特许经营业务造成实质影响的，被特许人可以请求撤销或者依法解除该商业特许经营合同。与特许人有关的诉讼、仲裁或行政处罚可能直接影响到被特许人是否签订商业特许经营合同，或者可能对被特许人实现商业特许经营合同目的产生重大影响，但特许人隐瞒该诉讼、仲裁或行政处罚情况，或者提供虚假诉讼、仲裁或行政处罚信息的，被特许人可以依法解除该商业特许经营合同。

特许人对于上述司法机关关于商业特许经营虚假宣传及其应承担的法律后果的观点的了解，有助于指导其在招商方面的正确宣传，避免虚假宣传的法律风险。

风险点十一　特许人宣传被特许人收益的法律风险

一、风险提示

我国《商业特许经营管理条例》第十七条第二款规定，特许人在推广、宣传活动中，其发布的广告中不得含有宣传被特许人从事商业特许经营活动收益的内容。本条规定属于《商业特许经营管理条例》的独创性内容，是由商业特许经营领域，特许人和被特许人获取信息不对称性的特点决定的。特许人经常在所发布的广告中宣传被特许人从事商业特许经营活动的收益的情形。如“投资一万，年获利三十万”、“投资十万，年获利百万”、“零风险投入，仨月收回成本”等等，经常见诸各大网络媒体。

从事商业特许经营活动的收益，是在各种假设条件都成立的情况下，才有可能获得的。但事实中，这些假设条件不可能都具备。某些特许人为了吸引投资人加盟，故意夸大被特许人从事商业特许经营活动的收益。如果缺乏相关行业经验的被特许人不加分析地盲目轻信，则很可能会做出错误的投资判断。虽然这样的规定可能将一部分真实反映被特许人经营收益的广告亦排除在外，但鉴于目前该种虚假广告的泛滥，《商业特许经营管理条例》作出这样的禁止性规定，还是具有重大的现实意义的。

根据《商业特许经营管理条例》的规定，特许人宣传被特许人从事商业特许经营活动的收益的情形，可能产生的法律风险主要表现为：一是特许人受到行政处罚。《商业特许经营管理条例》第二十七条第一款规定，特许人违反“特许人在推广、宣传活动中，不得有欺骗、误导的行为，其发布的广告中不得含有宣传被特许人从事商业特许经营活动收益的内容”的规定的，由工商行政管理部门责令改正，处3万元以上10万元以下的罚款；情节严重的，处10万元以上30万元以下的罚款，并予以公告。二是特许人有可能承担商业特许经营合同被法院判决无效、或被撤销、被解除的法律风险。三是特许人构成犯罪，被依法追究刑事法律责任。

二、真实案例

案例11 特许人宣传被特许人从事商业特许经营活动的收益被判合同无效

——罗A诉广州B商贸有限公司商业特许经营合同纠纷案

案情简介

被告广州B商贸有限公司成立于2007年12月29日，其“可豆可香七彩果蔬豆品养生坊”品牌招商手册主要内容包括“关于可豆可香”、“可豆可香彩色豆腐机10大性能一机锁定”、“六大优势”、“六大保障”、“5大核心竞争力，行业独一无二”，“七彩保健豆腐的产品利润，比服装、百货、家电的利润都要高，无论是彩色豆腐、豆浆、果汁，还是彩色豆干类，平均利润空间值均超过300%”。“开一家可豆可香时尚饮品站，面积不用大，5－10平方，赚钱赚到笑”等内容，在“加盟问答”项下“投资开个可豆可香店有没有风险?”中，在提出凡投资皆有风险的表述后，最后还有“而且公司隆重推出的承担投资风险保障，可以让投资者的风险几率近似于无”。在该品牌招商手册中，还列出了各型号豆腐机的实物图和参数，其中KD60型（煤气）可豆可香即时果蔬彩色豆腐机标明产量每20分钟40公斤。“可豆可香七彩果蔬豆品养生坊”品牌招商手册载有“开店利润盘点”表，详细列明彩色豆腐及其他豆制品、果品类、薯品类的营业收入、原料成本、经营费用、前期投资、月净利润、年净利润等数字，明确载明月净利润22600元，年净利润271200元，投资回收期一项注明“如经营得当，约一个半月即可收回全部投资”，最后，该“开店利润盘点”还作出“此利润盘点只作为投资收益分析参考”的说明。该品牌招商手册在“代理收益”一项中，载明“县级代理收益大致为30－50万元、地级市代理收益大致为70－100万元、省会城市代理收益大致为90－140万元、全省级代理收益大致为130－180万元”等。

2008年11月21日，原告与被告签订《可豆可香加盟合同书》一份，订明：原告愿意加盟被告的可豆可香七彩果蔬豆品养生坊经济型，原告通过现金交纳或银行转帐等方式，一次性向被告交纳加盟费共计16800元（补充：原告即日先交纳加盟定金10000元，余款培训时另外交齐）。

后在合同履行中，双方发生纠纷，原告起诉要求判令被告赔偿原告铺面装修费12000元、店铺租金4000元、机器托运费1000元、误工费22500元、交通费600元，并判令被告双倍返还机器款33600元。

被告广州B商贸有限公司辩称：被告已按合同履行义务，并无违约，原告的诉讼请求没有事实和法律依据，请求驳回其全部诉讼请求。

法院审理

法院认为，根据国务院颁布实施的《商业特许经营管理条例》的规定，本合同属于商业特许经营合同。《商业特许经营管理条例》第十七条第二款规定，特许人在推广、宣传活动中，不得有欺骗、误导的行为，其发布的广告中不得含有宣传被特许人从事商业特许经营活动收益的内容。被告向原告派发的《“可豆可香七彩果蔬豆品养生坊”品牌招商手册》，其宣传的内容没有事实依据，在有关KD60型（煤气）可豆可香即时果蔬彩色豆腐机说明文字中标明产量每20分钟40公斤并列出“开店利润盘点”表，亦对原告产生误导作用。因此，被告与原告签订商业特许经营性质的《可豆可香加盟合同书》，违反了我国行政法规的强制性规定，依法应确认该合同无效。合同被确认为无效后，因该合同取得的财产应当予以返还，有过错的一方应当赔偿对方因此所受到的损失，双方都有过错的，应当各自承担相应的责任。在签订《可豆可香加盟合同书》时，被告对原告进行了虚假宣传，未如实告知原告相关信息，在无效合同中负有过错，应承担主要责任，其应将加盟费退还给原告。鉴于原告已进行了实际经营，而被告所收取的加盟费中包含了原告经营所用的 KD60 型（煤气）可豆可香即时果蔬彩色豆腐机实物，原告在经营过程中又自行对该机器的部分进行了改装，不能原物返还，在合同中对该机器也没有单独计价，故本院根据本案实际情况并参考同类产品的市场价格，在被告应返还的加盟费 16800 元中酌情扣除机器款 4000 元，被告实际应退回加盟费 12800 元给原告。至于原告主张的其他支出及误工费等，由于在签订合同时，原告未对被告的情况作基本了解，盲目相信被告的宣传，而且在接受被告的培训后，应该知道被告的豆腐机实际性能和生产能力，但其仍开店经营，扩大了损失，故原告应对其损失承担相应责任，本院对原告要求被告赔偿店铺装修费、店铺租金、机器托运费、误工费、交通费并双倍返还机器款的诉讼请求均不予支持。综上所述，依照《中华人民共和国合同法》第五十二条第（五）项、第五十八条，《商业特许经营管理条例》第七条、第十七条第二款的规定，判决：1. 原告罗 A 与被告广州 B 商贸有限公司于 2008 年 11 月 21 日签订的《可豆可香加盟合同书》无效；2. 被告广州 B 商贸有限公司于本判决发生法律效力之日起十日内，返还加盟费 12800 元给原告罗 A；3. 驳回原告罗 A 的其余诉讼请求。

案例评析

1. 本案中，特许人广州 B 商贸有限公司无视《商业特许经营管理条例》的规定，大张旗鼓地宣传被特许人从事商业特许经营活动的收益，如其“可豆可香七彩果蔬豆品养生坊”品牌招商手册中包含以下宣传内容：“七彩保健豆腐的产品利润，比服装、百货、家电的利润都要高，无论是彩色豆腐、豆浆、果汁，还是彩色豆干类，平均利润空间值均超过 300%”。“开一家可豆可香时尚饮品站，面积不用大，5－10 平方，赚钱赚到笑”等内容，“可豆可香七彩果蔬豆品养生坊”品牌招商手册载有“开店利润盘点”表，详细列明彩色豆腐及其他豆制品、果品类、薯品类的营业收入、原料成本、经营费用、前期投资、月净利润、年净利润等数字，明确载明月净利润22600元，年净利润271200元，投资回收期一项注明“如经营得当，约一个半月即可收回全部投资”，最后，该“开店利润盘点”还作出“此利润盘点只作为投资收益分析参考”的说明。该品牌招商手册在“代理收益”一项中，载明“县级代理收益大致为30－50万元、地级市代理收益大致为70－100万元、省会城市代理收益大致为90－140万元、全省级代理收益大致为130－180万元”等。其上述宣传被特许人从事商业特许经营活动收益的行为，严重违反了《商业特许经营管理条例》的规定。因此，法院以《中华人民共和国合同法》、《商业特许经营管理条例》相关规定，判决原告罗A与被告广州B商贸有限公司签订的《可豆可香加盟合同书》无效；被告广州B商贸有限公司返还加盟费12800元给原告罗A。

2. 特许人因违法宣传被特许人从事商业特许经营活动的收益被判承担相应的法律责任没有问题，但究竟应当是一种什么样的法律后果值得探讨。本案中，法院以违反法律的强制性规定由，判决原被告双方签订的《可豆可香加盟合同书》无效。那么“特许人不得宣传被特许人从事商业特许经营活动收益”的规定到底是效力性强制法律规范还是管理性强制法律规范？是否只要特许人有宣传被特许人从事商业特许经营活动收益的行为，不论这种宣传的情况是真是假，都要承担法律责任？《商业特许经营管理条例》规定并不明确。

3. 禁止宣传被特许人从事商业特许经营活动的收益的目的是为了防止特许人欺诈被特许人。美国有关商业特许经营的法律法规规定，特许人在宣传被特许人从事商业特许经营活动收益时，应同时披露收益计算的依据，并保证其真实性。我国在将来立法或者司法实践中，也可以参考这一规定，对特许人宣传被特许人从事商业特许经营活动的收益的行为作一判断，看是否属于虚假宣传并引起了被特许人误解而违心地与特许人签订了商业特许经营合同，而不能不加分析地一律判决特许人承担合同无效或被解除、被撤销的法律责任。

三、防范对策

《商业特许经营管理条例》之所以明文禁止特许人宣传被特许人从事商业特许经营活动的收益，正说明特许人在宣传招商时宣传被特许人从事商业特许经营活动收益的泛滥。因为宣传被特许人从事商业特许经营活动的收益最能吸引新的潜在投资人加盟。实践当中，特许人除了邀请真实的加盟商现身说法外，还经常启用一些假的加盟商进行虚假宣传，某些特许人甚至不惜花重金聘请影视明星冒充被特许人来捏造从事商业特许经营活动的收益情况，诱导广大投资者加盟。这种做法很容易被认为是虚假宣传，也很容易被投诉，被处罚。因此，笔者建议广大特许人一定要严格遵守我国《商业特许经营管理条例》的规定，不要宣传被特许人从事商业特许经营活动的收益情况，更不要启用假的被特许人现身说法。

风险点十二　选择被特许人的法律风险

一、风险提示

特许人与被特许人共同构成了一个完整的商业特许经营体系，被特许人是商业特许经营体系中的重要的一方，其素质的高低直接影响商业特许经营体系的品牌形象和体系的质量。由于特许双方的利益存在一定程度的异化，被特许人具有损害特许人利益的动机和行为，主要表现为：（一）被特许人对特许人实施欺诈。一般来说，特许人在商业特许经营体系中处于较强势的地位，被特许人只能被动地按照合同约定的形式运营其加盟店。在商业特许经营合同的欺诈案例中，由被特许人实施欺诈的案例只占少数。但由于被特许人的所有权是完全独立的，被特许人独立承担加盟店经营的后果，这样的法律关系使得被特许人有动机对特许人实施欺诈。例如，特许合同中一般会有类似于“被特许人应当按照营业额5%的比率向特许人缴纳特许权使用费”的条款，但不少被特许人为了减少应缴纳的费用，往往采取另造账册，虚报营业额的手段，欺骗特许人。由于实际条件的限制，特许人对此一般还都无法查证，从而使得被特许人的欺诈行为得以成功实施。（二）被特许人欲脱离商业特许经营体系。被特许人加入商业特许经营体系一段时间后，往往会产生与最初加盟时不同的想法，当出现以下三种情形时可能会脱离商业特许经营体系：1. 营业额较高，利润达到或超过预想。此时，被特许人会认为事业发展完全是自己的功劳，离开特许人的支持也一样能做好，于是便产生独立感，企图摆脱与特许人的关系；2. 被特许人感到利润的取得没有原来期望的那么高，因失望而产生不满情绪，想单方面解除合同；3. 当被特许人认为其已掌握了特许人的管理方法，自认为脱离了特许人也可以继续经营时，自然会产生独立门户的想法。一旦被特许人毁约现象增多，不仅特许人花费了大量时间和精力培训的被特许人成了自己的竞争对手，而且还有可能泄露特许人的商业秘密，使特许人在竞争中处于劣势地位。（四）被特许人违规使用特许人的经营资源，破坏特许人统一的商业特许经营体系，损害特许人的品牌声誉。（五）被特许人盗取特许人的商业秘密。某些潜在的"被特许人"实际上并不想真正成为特许人控制下的被特许人，他们常以加盟为名，在获得特许授权、掌握特许人的商业机密或熟悉特许人的特许体系后，借故终止与特许人的合同关系，然后将特许人的核心技术或管理模式稍加变动，自立门户，成为新的特许人。

如果特许人在选择被特许人时，不加筛选，大量素质不高或"别有用心"的被特许人进入商业特许经营体系，就会使特许人面临特许体系的统一性遭到破坏、品牌声誉受损、合法权益遭受侵害、商业秘密泄露的法律风险，严重的甚至会导致整个商业特许经营体系的崩溃。

二、真实案例

案例12　被特许人从事竞业限制业务

——宁波A实业股份有限公司诉吴B商业特许经营合同纠纷案

案情简介

法院在对证据进行审查的基础商认定了以下事实：2004年11月11日，原告宁波A实业股份有限公司（以下简称A公司）与被告吴B订立《区域专营许可合同》一份，约定：原告许可被告在浙江省义乌市范围内独家经营原告现有的"A"牌智能门窗、窗帘机、隐形纱窗、自动控制系统等产品和配件，经营期限为10年，自2004年11月11日起至2014年11月30日止，被告需向原告交纳15万元保证金，在合同签订时一次性付清。合同第7.2

条约定：被告在终止与原告的合作后，不得以任何理由继续使用原告的商标、相关标识和尚在专利保护期内的专利技术，并有义务继续保守原告的商业秘密，同时应交还已售产品的用户资料及展示样品，并保证在2年内不从事同智能窗有关的经营活动或职业。合同第7.3条约定，被告在从事智能门窗业务期间，如有新的技术改进、设想、设计方案，应当优先提供给甲方，请甲方专家论证后，由甲方申请专利，甲方承诺给予乙方合理的奖励或报酬。合同第八条约定：任何一方违反合同规定条款的，应当向对方支付违约金10万元，如果实际损失超过10万元的，按照实际损失全额赔偿。合同第9.2条约定：本合同履行中发生纠纷，双方应先友好协商，协商不成可向原告所在地人民法院提起诉讼。2006年3月15日，原、被告订立协议一份，约定：双方从即日起，终止《区域专营许可合同》，原告在两日内退还被告交纳的15万元保证金。随后，原告按约退还了此笔保证金。

2006年3月14日，被告吴B与自然人汪兆能投资设立了义乌市海洋智能家居用品有限公司，被告投资27万元，并任公司的法定代表人，公司的经营范围为：自动窗、自动门窗机、自动门、自动床批发零售，营业期限自2006年3月14日起至2011年3月13日。此后，义乌市海洋智能家居用品有限公司开展了实际的经营活动，并多次增资。2009年3月2日，吴B将其持有的义乌市海洋智能家居用品有限公司的股份全部转让。2009年3月13日，义乌市海洋智能家居用品有限公司名称变更为浙江海洋家居有限公司，现法定代表人为王益平。另查明，在《区域专营许可合同》履行期间(2004年11月11日至2006年3月15日)，吴B以个人名义申请了涉及门窗的相关专利，专利号如下：(略)。

法院审理

法院认为，原、被告之间的《区域专营许可合同》是在双方当事人平等自愿的基础上订立的，不违背法律、行政法规的强制性规定，合法有效，应予以遵循。关于该合同第7.2条约定，被告在终止与原告的合作后，保证在2年内不得从事同智能窗有关的经营活动或职业，该条款虽然没有约定原告在此期间应该给予被告相应的补偿金额，有失公平，但被告亦未在法定期限内行使撤销权，再则，考虑到该条款将竞业限制的范围限定在一定的时间及与原告的知识产权密切相关的智能窗行业，原告在《区域专营许可合同》履行期间也给予了被告优惠的专营价格，且终止合作关系后及时退还了被告保证金，因此，本院认定该合同7.2条的约定，对原、被告双方具有约束力。原告提交的证据3可以证明被告在与原告终止合作后2年之内从事了同智能窗有关的经营活动，其行为构成对《区域专营许可合同》第7.2条的违反。

原告主张被告在《区域专营许可合同》履行期间，申请了大量专利违反该合同第7.3条的约定。本院认为，因第7.3条只约定被告在从事智能门窗业务期间，如有新的技术改进、设想、设计方案，应当优先提供给原告，请原告专家论证后，由原告申请专利，原告承诺给予被告合理的奖励或报酬，该条约定只是鼓励性和倡导性的，并未禁止被告在合同履行期间申请专利，且原、被告之间是平等的民事主体，是特许人和被特许人的关系，而非劳动雇佣关系，被告的行为不属于职务发明创造，被告申请专利的行为不构成违约，另外，原告也并未举证证明被告在合同履行期间申请的专利侵犯了原告的合法权益，故原告提交的证据4不足以实现其证明目的，对于原告主张被告违反《区域专营许可合同》第7.3条的约定，本院不予支持。

综上，被告吴B的行为违反了《区域专营许可合同》第7.2条的约定，应依照合同第八条的约定，支付原告A公司违约金10万元。至于原告主张被告赔偿原告其他损失10万元，因原告提供的数据都是单方的，未经审计核实，也不能证明和被告的行为存在唯一的因果关系，故对该项主张，本院不予支持。被告吴B经传票传唤，无正当理由拒不到庭，本院依法缺席审理。依照《中华人民共和国合同法》第一百零七条、第一百一十四条第一款，《中华人民共和国民事诉讼法》第一百三十条之规定，判决：1. 被告吴B于本判决生效之日起十日内，支付原告宁波A实业股份有限公司违约金10万元；2. 驳回原告宁波A实业股份有限公司的其他诉讼请求。

案例评析

1. 被特许人是商业特许经营体系中的重要成员，其素质的高低直接影响商业特许经营体系的品牌形象和商业特许经营体系的质量。因此，对于特许人来说，选择被特许人非常重要。

2. 本案中，被特许人吴B违反了《区域专营许可合同》第7.2条“被告在终止与原告的合作后，保证在2年内不得从事同智能窗有关的经营活动或职业”的规定，违反了双方约定的竞业限制义务。如果从深层次来分析的话，之所以出现这种情况，在于作为被特许人的吴B在经营哲学或价值观等方面与特许人有差异。如果再结合被告在《区域专营许可合同》履行期间，申请大量专利的行为，我们可以推断被特许人加盟商业特许经营体系的目的很可能就是在掌握了特许人的经营体系后，自己另立门户，而根本没打算长期成为特许人的加盟商的想法。因此，从某种意义上来说，本案中的特许人宁波A实业股份有限公司在选择被特许人方面是存在问题的。

3. 像麦当劳、肯德基等世界著名连锁品牌，在选择被特许人时，都非常慎重。他们不仅制定了严格的选择被特许人的标准，还会对加盟候选人的各个方面进行详细的考察。我国国内品牌应当学习他们这种选择被特许人的谨慎态度。

三、防范对策

（一）特许人应具有长期战略发展规划和品牌规划，着眼于商业特许经营体系的长期发展，在选择被特许人方面，坚持宁缺毋滥的原则，切不可为了短期能够多收取点加盟费，对所有投资人来者不拒。

（二）特许人要根据自己商业特许经营体系的实际情况，建立一套适合自己的完善的被特许人选择标准，并在实践中严格贯彻执行。建议特许人参考以下几个方面设置自己选择被特许人的标准：

1. 基本资格。设想一个可能的被特许人具有以下列举的所有资格是不现实的，但这些特征有助于特许人在挑选被特许人时有标准可遵循。（1）业务经验。在选择被特许人的过程中，很多特许人将被特许人所具有的业务经验作为一个重要的因素考虑。经验最好是在人力资源管理方面 - 招聘、培训、管理和沟通。最需要的前期经验是多单元连锁经营方面。（2）财务资格。尽管业务经验是最重要的资历，但它却不是被特许人所具有的唯一资历。商业特许经营要求被特许人进行大量投资，所以对他们的财务资历也要谨慎评估。被特许人必须保证有能力提供需要投入的第一笔资金以及以后需要追加的投资，尤其是具有为可能出现的紧急财务状况应急之用的资本。（3）被特许人已经验证的事业记录。被特许人前期的业务和经营记录为其能否成功提供了一个很有价值的评估依据。虽然在一种业务中的经营成功并不能保证在其他业务的经营中也能成功，但它却可以在某些方面说明被特许人的经营能力，有潜力成为更好的被特许人。（4）开拓性和企业家精神。商业特许经营要求参与各方都应具有开拓精神和对成功的强烈愿望。被特许人应具有基本的业务知识，并熟悉业务的各个运营层面，具有强烈的开拓精神，这是事业能够成功的一项重要条件。

2. 经营哲学与价值观。（1）与特许人的哲学和价值观保持一致。被特许人应能全面理解特许人所设定的经营哲学和价值观，并能与特许人保持一致。通过共同理解这些价值观，被特许人和特许人之间才能保持和睦的关系。（2）乐意为经营投入所有时间。很多特许人不愿意接受非业主身份的被特许人，因为商业特许经营要取得成功，被特许人全部时间的奉献非常必要。特许人要求的不仅仅是投资，也包括被特许人日常的尽心尽力的经营。全部时间参与不仅有助于被特许人看到日常经营中的一切细节，而且使他在商业特许经营的发展方面更具有创造性。（3）重视培训。对被特许人来说，接受特许人的培训既是其权利，又是其义务，只有通过培训，才能使被特许人掌握商业特许经营权的使用方法，才能保持整个商业特许经营体系的统一。（4）长期承诺。因为商业特许经营合同一般期限都比较长，所以商业特许经营要求一个相当长期的承诺。商业特许经营除了要求被特许人对特许人要有坚定的信念外，还要求对商业特许经营体系有无私的奉献。经常短期从一种行业转到另一种行业的人不适合做商业特许经营。（5）理解商业特许经营理念。被特许人应当理解商业特许经营理念，并从心理上接受和同意特许人的地位。被特许人除了应深入了解商业特许经营有利和不利的各个方面外，还应明确在商业特许经营体系中中的独立程度。

3. 个人品质。合格的被特许人已成为商业特许经营行业增长的一项关键因素。被特许人的个人品质包括多个维度，但最重要的是被特许人应当愿意服从特许人的统一管理，应当诚实守信，把维护商业特许经营体系的统一性和整体利益作为自己的重要任务，不会因为自己的利益，而做出损害整个特许体系的行为。

第五章
商业特许经营信息披露方面的法律风险

本章导读

商业特许经营信息披露是指特许人就自己实际经营状况和商业特许经营合同中的重要内容，在商业特许经营合司签订前，预先告知潜在的被特许人。信息披露制度是各国规范商业特许经营市场、防止商业特许经营欺诈、保护被特许人合法利益、促进公众的整体利益的必然选择。完善的信息披露制度一方面能够使被特许人充分了解特许人和特许业务的真实情况，消除信息不对称的现象，保障投资人的知情权，从而使被特许人根据自己经验和市场情况决定是否加入某个商业特许经营体系，为被特许人提供做出理性投资决定的前提条件；另一方面也是特许人向被特许人展示企业风采的重要方式和途径。特许人可以向潜在被特许人更全面、更迅速地传播信息，提高与潜在被特许人沟通、谈判的效率与成功率，加快发展的步伐；促进特许人自身的不断改进与完善，确保商业特许经营体系的持续稳健发展。

我国实施商业特许经营信息披露制度，主要体现在《商业特许经营管理条例》和《商业特许经营信息披露管理办法》中。《商业特许经营管理条例》第20条规定了特许人应当依照商务主管部门的规定，建立并实行完备的信息披露制度；第21条规定了信息披露的时限、形式、内容；第22条规定了信息披露的内容；第23条规定了信息披露的真实、准确、完整的原则。《商业特许经营信息披露管理办法》对《商业特许经营管理条例》关于信息披露部分的内容又作了更为详细的规定。

实践当中，特许人在商业特许经营信息披露方面存在的法律风险主要表现为以下四个方面：一是特许人没有对被特许人进行信息披露；二是特许人对被特许人作了不适当的信息披露；三是特许人没有保存信息披露的证据；四是商业特许经营信息披露过程中，特许人的商业秘密被泄露。

依我国有关商业特许经营信息披露的法律要求，对违反信息披露义务的特许人，可以追究其民事责任、行政责任和刑事责任。

风险点十三　特许人未进行信息披露的法律风险

一、风险提示

信息披露是特许人的法定义务。法律之所以规定特许人应当向被特许人披露这些信息，是因为商业特许经营具有公众性、融资性和长期性，特许人出售的经营资源使用权和产品或服务分销权具有无形性；而且特许人与被特许人信息地位不对等。特许人真实、全面披露有关商业特许经营的信息，对于保障被特许人的知情权，防止欺诈，维护双方交易公平、安全，使被特许人能够做出理性决策具有重要意义。因此，我国《商业特许经营管理条例》第二十一条规定，特许人应当在订立商业特许经营合同之日前至少30日，以书面形式向被特许人提供本条例第二十二条规定的信息，并提供商业特许经营合同文本。第二十二条规定，特许人应当向被特许人提供以下信息：（一）特许人的名称、住所、法定代表人、注册资本额、经营范围以及从事商业特许经营活动的基本情况；（二）特许人的注册商标、企业标志、专利、专有技术和经营模式的基本情况；（三）商业特许经营费用的种类、金额和支付方式（包括是否收取保证金以及保证金的返还条件和返还方式）；（四）向被特许人提供产品、服务、设备的价格和条件；（五）为被特许人持续提供经营指导、技术支持、业务培训等服务的具体内容、提供方式和实施计划；（六）对被特许人的经营活动进行指导、监督的具体办法；（七）商业特许经营网点投资预算；（八）在中国境内现有的被特许人的数量、分布地域以及经营状况评估；（九）最近2年的经会计师事务所审计的财务会计报告摘要和审计报告摘要；（十）

最近 5 年内与商业特许经营相关的诉讼和仲裁情况；（十一）特许人及其法定代表人是否有重大违法经营记录；（十二）国务院商务主管部门规定的其他信息。

实践当中，违反信息披露义务的特许人不在少数，究其原因，主要有：1. 特许人根本不知道要进行信息披露；2. 特许体系不完善，无法进行披露；3. 特许人没有认识到信息披露的重要性，不重视信息披露。

特许人违反信息披露义务的法律责任主要包括：1. 行政法律责任。《商业特许经营管理条例》第二十八条规定，特许人违反本条例第特许二十一条、第二十三条规定，被特许人向商务主管部门举报并经查实的，由商务主管部门责令改正，处 1 万元以上 5 万元以下的罚款；情节严重的，处 5 万元以上 10 万元以下的罚款，并予以公告。这是关于信息披露行政法律责任的基本规定。2. 民事法律责任。《商业特许经营管理条例》第二十三条第三款规定，特许人隐瞒有关信息或者提供虚假信息的，被特许人可以解除商业特许经营合同；《商业特许经营信息披露管理办法》第九条也规定，特许人隐瞒影响商业特许经营合同履行致使不能实现合同目的的信息或者披露虚假信息的，被特许人可以解除商业特许经营合同。根据《民法通则若干问题意见》第六十八条规定，一方当事人故意告知对方虚假情况，或者故意隐瞒真实情况，诱使对方当事人作出错误意思表示的，可以认定为欺诈行为。《合同法》第五十四条第二款规定，一方以欺诈、胁迫的手段或者乘人之危，使对方在违背真实意思的情况下订立的合同，受损害方有权请求人民法院或者仲裁机构变更或者撤销。因此，在特许人未披露信息或虚假披露信息的情况下，被特许人不但有权解除合同，而且也有权撤销合同。3. 刑事法律责任。《商业特许经营管理条例》第二十九条规定，以商业特许经营名义骗取他人财物，构成犯罪的，依法追究刑事责任。

二、真实案例

案例13　特许人没有按照《商业特许经营管理条例》的规定进行信息披露，被判返还被特许人代理费。

——周A诉北京B建材发展有限公司商业特许经营合同纠纷案

案情简介

周A起诉称：2011年7月28日，我与B公司签订《雅特丽代理合同》，约定我在四川省泸州地区经营开办雅特丽模块电视墙系列专卖店。该合同属于商业特许经营合同，合同签订后我依约交纳了代理费8万元及12万元的货款，但B公司作为特许人在签订合同前隐瞒了如下重要信息，未履行法定的信息披露义务：1. 特许人从事经营活动的基本情况，如特许人的注册资本、经营范围、特许人备案的情况以及现有的直营店的数量、地址和电话；2. 特许人拥有的经营资源的情况，如注册商标、企业标志、专利、专有技术、经营模式及其他经营资源情况；3. 为我持续提供服务的情况，如业务培训的具体内容、提供方式和实施计划，包括培训地点、方式和时间长度；4. 向我的经营活动进行指导、监督的方式和内容；5. 特许人商业特许经营网点投资预算情况；6. 在中国境内被特许人的有关情况及经营情况；7. 最近两年的经会计师事务所或审计事务所审计的特许人的财务会计报告摘要和审计报告摘要；8. 特许人最近5年内与商业特许经营相关的重大诉讼和仲裁情况；9. 未能将双方签订的商业特许经营合同向商务主管部门备案。B公司还进行了如下虚假宣传：1. 号称其盈利优势，无竞争，市场潜力空前，利益巨大；2. 引进美国全套的生产线及工艺；3. 产品远销美国、日本、韩国、俄罗斯、新加坡、印尼等国家；4. 向我保证在一个区域内垄断经营；5. 承诺投入巨资发布广告；6. 过分夸大市场需求，号称市场需求达到百亿；7. 在其官网上张贴外观设计专利证书，使我误以为对方具有实用新型专利。在合同履行过程中，B 公司也未履行如下合同义务：1. 未能依约在全国范围内对雅特丽品牌进行宣传和推广；2. 未能向我提供经营指导、技术支持、业务培训等服务；3. 未能维护我在约定区域内独家代理权，擅自在我的区域内发展经销商，导致这些经销商发生冲突。综上，B 公司隐瞒重要信息、提供虚假信息、未履行合同义务，故我请求法院解除双方签订的《雅特丽代理合同》，要求 B 公司向我返还代理费 8 万元、货款 12 万元，同时我向 B 公司返还相应的货物。

B 公司答辩称：我公司与周 A 签订的合同属于销售代理合同，不属于商业特许经营合同，所以我公司不需要向周 A 履行信息披露义务；我公司未提供虚假信息，周 A 所诉虚假信息与我公司无关；我公司对雅特丽品牌在全国各电视台进行了广告宣传，同时合同并未约定我公司未履行该义务构成根本违约。双方合同未约定我公司有经营指导、技术支持、业务培训的义务。合同也未约定周 A 为独家代理商，而是约定我公司有权发展分销商，故我公司发展经销商并不违反合同约定。综上，我公司不同意周 A 的诉讼请求。

法院审理

法院经审理认为，根据《商业特许经营管理条例》的规定，特许人许可被特许人使用其拥有的经营资源、收取商业特许经营费以及被特许人遵循合同约定的统一经营模式进行经营是商业特许经营的基本特征。本案中，尽管双方合同名为代理合同，但合同约定 B 公司将其拥有的“雅特丽”商号、CIS 系统、经营管理策略、营销模式许可给周 A 使用，周 A 要认同 B 公司的经营管理模式及产品定位，全面接受 B 公司的经营理念并服从管理，并维护“雅特丽”品牌形象，B 公司有权对周 A 的经营状况、执行价格情况等进行检查。周 A 除支付货款取得货物外，还要向 B 公司交纳代理费。该约定内容完全符合商业特许经营合同的基本特征，故双方签订的《雅特丽代理合同》属于商业特许经营合同。

《商业特许经营管理条例》规定，特许人应当在订立商业特许经营合同之日前至少30日，以书面形式向被特许人披露如下信息：特许人的名称、住所、法定代表人、注册资本额、经营范围以及从事商业特许经营活动的基本情况；特许人的注册商标、企业标志、专利、专有技术和经营模式的基本情况；为被特许人持续提供经营指导、技术支持、业务培训等服务的具体内容、提供方式和实施计划；对被特许人的经营活动进行指导、监督的具体办法；商业特许经营网点投资预算；在中国境内现有的被特许人的数量、分布地域以及经营状况评估；最近2年的经会计师事务所审计的财务会计报告摘要和审计报告摘要；最近5年与商业特许经营相关的诉讼和仲裁情况等等。特许人向被特许人提供的信息应当真实、准确、完整，不得隐瞒有关信息，或者提供虚假信息。特许人隐瞒有关信息或者提供虚假信息的，被特许人可以解除商业特许经营合同。根据上述规定，特许人在订立合同过程中隐瞒、提供或者夸大直接关系到商业特许经营实质内容的相关信息或经营资源，足以导致被特许人签订商业特许经营合同的，被特许人可以请求解除该商业特许经营合同。B公司在与周A签订合同前，并未按照上述法律规定向周A披露其拥有的经营资源的情况、其直营店的情况、其现有的被特许人的情况、其对周A持续提供经营指导、技术支持和业务培训等的具体内容，这些信息均直接关系到商业特许经营实质内容，足以影响周A是否与B公司签订合同的意思表示。另外，B公司也未按照合同约定向周A提供CIS系统、经营管理策略、营销模式。故周A有权要求解除双方的合同。但鉴于双方合同已经到期，故本院对周A提出的解除合同的该项诉讼请求，不再处理。

法院最终依照《中华人民共和国合同法》第九十四条第（五）项、第九十七条，《商业特许经营管理条例》第二十三条第一款、第三款之规定，判决：1. 被告北京B建材发展有限公司于本判决生效之日起十日内返还原告周A代理费一万元；2. 被告北京B建材发展有限公司于本判决生效之日起十日内返还原告周A货款九万零一百七十一元五角；3. 原告周A于本判决生效之日起十日内返还被告北京 B 建材发展有限公司相应的货品（详见附件）；4. 驳回原告周 A 的其他诉讼请求。

案例评析

1. 公开原则是资本市场的重要原则之一，信息披露制度则是公开原则的法律体现，也是公开原则的合法性和正当性的基础。[①]

2. 《商业特许经营管理条例》第二十二条规定的这些应当披露的信息涉及特许人开展商业特许经营活动的各个方面，能够使被特许人充分了解特许人的经营状况，综合考虑将来合同履行的可行性、预期经济利益、市场风险等因素，是其决定是否加盟的重要决策依据。比如，特许人向被特许人披露所提供的产品、服务、设备的价格和条件，可以让被特许人结合当地的购买力和消费水平，判断该产品或服务在当地的市场竞争力及预期销售走势；又如，特许人向被特许人披露的中国境内现有的被特许人的数量、分布地域，可以使潜在被特许人了解自己的潜在商圈范围，从而了解潜在客户和销售区域。

3. 这些信息披露义务是特许人的法定义务，未依法履行此义务，根据《商业特许经营管理条例》第二十三条规定，被特许人有权解除合同，可见法律将违反这项义务视为根本违约；也正是因为这些信息对被特许人加盟起着决定性作用，足以直接影响着被特许人签订合同的意思表示，所以，特许人未披露这些信息或向被特许人披露虚假信息构成合同欺诈。

4. 本案中，作为特许人的 B 公司没有按照《商业特许经营管理条例》和《商业特许经营信息披露管理办法》的规定向被特许人周 A 进行信息披露，违反了法律规定，应当承担相应的法律责任。合同虽然已经到期，法院仍然判决被告北京 B 建材发展有限公司于本判决生效之日起十日内返还原告周 A 代理费一万元，是正确的。

---

① 欧阳光、吴静、王龙刚：《公司特许经营法律实务》，法律出版社 2007 年 7 月第 1 版，第 282 页。

三、防范对策

针对特许人违反信息披露的具体情形，笔者建议特许人应采取以下措施防范信息披露方面的法律风险：

（一）特许人应正确认识和对待《商业特许经营管理条例》对特许人信息披露的规定。《商业特许经营管理条例》规定的特许人的信息披露义务是一项法定义务，特许人不履行此义务，将承担相应的法律责任，包括民事、行政和刑事法律责任，轻则被处罚款、返还商业特许经营费用、赔偿被特许人经济损失，重则导致整个特许体系崩溃，特许人锒铛入狱。因此，特许人应当充分重视履行商业特许经营中的信息披露义务，严格按照法律的规定向被特许人进行信息披露。

（二）特许人应当了解《商业特许经营管理条例》和《商业特许经营信息披露管理办法》要求特许人披露的内容，包括：1. 特许人及商业特许经营活动的基本情况。（1）特许人名称、通讯地址、联系方式、法定代表人、总经理、注册资本额、经营范围以及现有直营店的数量、地址和联系电话；（2）特许人从事商业特许经营活动的概况；（3）特许人备案的基本情况；（4）由特许人的关联方向被特许人提供产品和服务的，应当披露该关联方的基本情况；（5）特许人或其关联方过去 2 年内破产或申请破产的情况。2. 特许人拥有经营资源的基本情况。（1）注册商标、企业标志、专利、专有技术、经营模式及其他经营资源的文字说明；（2）经营资源的所有者是特许人关联方的，应当披露该关联方的基本信息、授权内容，同时应当说明在与该关联方的授权合同中止或提前终止的情况下，如何处理该特许体系；（3）特许人（或其关联方）的注册商标、企业标志、专利、专有技术等与商业特许经营相关的经营资源涉及诉讼或仲裁的情况。3. 商业特许经营费用的基本情况。（1）特许人及代第三方收取费用的种类、金额、标准和支付方式，不能披露的，应当说明原因，收费标准不统一的，应当披露最高和最低标准，并说明原因；（2）保证金的收取、返还条件、返还时间和返还方式；（3）要求被特许人在订立商业特许经营合同前支付费用的，该部分费用的用途以及退还的条件、方式。4. 向被特许人提供产品、服务、设备的价格、条件等情况。（1）被特许人是否必须从特许人（或其关联方）处购买产品、服务或设备及相关的价格、条件等；（2）被特许人是否必须从特许人指定（或批准）的供货商处购买产品、服务或设备；（3）被特许人是否可以选择其他供货商以及供货商应具备的条件。5. 为被特许人持续提供服务的情况。（1）业务培训的具体内容、提供方式和实施计划，包括培训地点、方式和期限等；（2）技术支持的具体内容、提供方式和实施计划，包括经营资源的名称、类别及产品、设施设备的种类等。6. 对被特许人的经营活动进行指导、监督的方式和内容。（1）经营指导的具体内容、提供方式和实施计划，包括选址、装修装潢、店面管理、广告促销、产品配置等；（2）监督的方式和内容，被特许人应履行的义务和不履行义务的责任；（3）特许人和被特许人对消费者投诉和赔偿的责任划分。7. 商业特许经营网点投资预算情况。（1）投资预算可以包括下列费用：加盟费；培训费；房地产和装修费用；设备、办公用品、家具等购置费；初始库存；水、电、气费；为取得执照和其他政府批准所需的费用；启动周转资金；（2）上述费用的资料来源和估算依据。8. 中国境内被特许人的有关情况。（1）现有和预计被特许人的数量、分布地域、授权范围、有无独家授权区域（如有，应说明预计的具体范围）的情况；（2）现有被特许人的经营状况，包括被特许人实际的投资额、平均销售量、成本、毛利、纯利等信息，同时应当说明上述信息的来源；9. 最近 2 年的经会计师事务所或审计事务所审计的特许人财务会计报告摘要和审计报告摘要。10. 特许人最近 5 年内与商业特许经营相关的诉讼和仲裁情况，包括案由、诉讼（仲裁）请求、管辖及结果。11. 特许人及其法定代表人重大违法经营记录情况。（1）被有关行政执法部门处以 30 万元以上罚款的；（2）

被追究刑事责任的。12. 商业特许经营合同文本。（1）商业特许经营合同样本；（2）如果特许人要求被特许人与特许人（或其关联方）签订其他有关商业特许经营的合同，应当同时提供此类合同样本。

（三）特许人应建立信息披露制度。《商业特许经营管理条例》第二十条规定，特许人应当依照国务院商务主管部门的规定，建立并实行完备的信息披露制度。信息披露不是特许人简单地向被特许人告知公司信息，商业特许经营信息披露是一个以《信息披露书》为核心内容的信息公开程序。一般以制作《信息披露书》为前提，其后附随严密的审查、披露、确认、签收等环节。信息披露文件应当是严格的书面文件形式。文件内容应当能够较全面地反映特许人的基本情况及经营状况。因此，信息披露制度应成为特许企业经营活动中一个必备的经营制度，特许人必须设计、制定符合法律规定的信息披露文件，以法定形式向考察者披露有关内容。

（四）特许人应按照法律规定，在向被特许人披露了初始信息后，还要披露后续信息。根据信息披露的时间，可以将披露信息分为初始信息和后续信息。所谓“初始信息”是指在商业特许经营协议签订前，特许人应向潜在被特许人披露的对潜在被特许人决定是否加盟特许体系起关键作用的信息。几乎所有商业特许经营立法，都对商业特许经营信息披露的时间作出了明确、严格的法定期限。前述《商业特许经营管理条例》第二十二条所规定的12项内容都属于初始信息。所谓“后续信息”是指商业特许经营过程中，特许人定期或不定期地向被特许人提供有关商业特许经营体系发生的事件、系统的发展及系统的改进等方面的对被特许人来说是至关重要的信息。这种后续的信息披露义务能够保证被特许人在商业特许经营中掌握有关信息，更好地经营加盟店和防范市场风险。美国法律规定，特许人至少要在每一季结束时对其披露文件进行修正和更新，更新的披露文件要求所有披露的信息应该始终是最近和当前的。我国《商业特许经营管理条例》第二十三条第二款则规定，特许人向被特许人提供的信息发生重大变更的，应当及时通知被特许人。此款规定实质上规定了特许人向被特许人披露后续信息的义务，只是没有具体明确披露的时间要求，用了一个不好判断的“及时”两字。

风险点十四　特许人信息披露不适当的法律风险

一、风险提示

通过信息披露制度督促特许人适当履行信息披露义务、规范商业特许经营行业是国际通行做法。信息披露制度作为商业特许经营风险防范的核心制度和保障被特许人知情权的基本途径，是由商业特许经营的权利价值不确定性、信息非对称性、信息决策性及准特许人公众性所决定的，其主要功能是要求特许人在特许业务活动开展前向被特许人披露相关信息，并确保披露信息的真实性、完整性和及时性。为此，各国在实践中均建立了“事前立规、依法披露、事后追究”的信息披露监管体制。我国《商业特许经营管理条例》第二十三条第一款、第二款也规定，特许人向被特许人提供的信息应当真实、准确、完整，不得隐瞒有关信息，或者提供虚假信息。特许人向被特许人提供的信息发生重大变更的，应当及时通知被特许人。第二十三条第三款规定，特许人隐瞒有关信息或者提供虚假信息的，被特许人可以解除商业特许经营合同。第二十八条规定，特许人违反上述《商业特许经营管理条例》第二十三条规定，被特许人向商务主管部门举报并经查实的，由商务主管部门责令改正，处 1 万元以上 5 万元以下的罚款；情节严重的，处 5 万元以上 10 万元以下的罚款，并予以公告。

商业特许经营实务中，不少特许人由于不具备商业特许经营的条件，在进行信息披露时，故意进行不适当的披露，要么披露的内容不全面，只披露对自己有利的信息，对自己不利的信息只字不提；要么语言模糊、有歧义；要么披露一些虚假信息。导致特许人最终不得不为自己的行为付出惨重的代价。

二、真实案例

案例14　特许人未适当披露信息，被判承担法律责任。

——韩A诉上海B文化传播有限公司等商业特许经营合同纠纷案

案情简介

原告（反诉被告）韩A诉称，韩A与B公司于2010年1月18日签订《品牌代理授权合同》，约定B公司向韩黎提供“EMM”注册商标、品牌标识、行业规范、经营技术、开业指导、培训等，确保韩A顺利开展分支机构的经营，B公司为韩A提供经营所必需的营销、服务或技术上的指导并负责中外模特的资源分享和统一调配；韩A向B公司支付品牌代理授权费（加盟费）、保证金和品牌管理费。合同签订时，B公司向韩A作了虚假宣传，声称其拥有EMM注册商标并拥有国际和国内模特资源，同时B公司还隐瞒事实，其不具有模特经纪资质，也不具有商业特许经营所要求的特许人资格，B公司也未向韩A披露其公司运营和财务状况。合同签订后，韩A按约支付了品牌代理授权费（加盟费）、保证金和品牌管理费，B公司却未配合韩A成立温州分公司并办理《企业法人营业执照》等证照，导致韩A无法正常经营。之后，韩A了解到B公司并不具有EMM注册商标、模特经纪资质和特许人资格，且B公司自2007年至2009年运营均为亏损，B公司在合同签订后就将公司承包给案外人杨芸芸经营。B公司的欺诈行为使韩A在违背真实意思的情况下与之签订合同，导致韩A损失。同时，顾某某作为B公司的唯一股东，其个人财产与公司财产并未独立，其应对B公司的债务承担连带责任。请求判令：1. 撤销韩A与B公司签订的《品牌代理授权合同》；2. B公司返还韩A品牌代理授权费人民币（以下同）15万元；3. B公司返还韩A保证金5万元；4. B公司赔偿韩A经济损失106363.50元；5. 顾某某对B公司的上述债务承担连带责任。

被告（反诉原告）B公司和被告顾某某共同辩称，1. B公司在与韩A签订合同时没有欺诈行为。B公司所拥有的EMM商标虽未注册成功，但不影响使用。B公司一直具有《营业性演出许可证》，只是在合同签订之时的几个月内处于补办上述证照的状态，对韩黎的经营没有任何影响。B公司并非长期亏损，也没有义务向韩A披露其财务状况。B公司承包给杨芸芸经营后，杨芸芸与韩A合作得很好，对韩A经营温州业务并无不利。2. 涉案合同并非商业特许经营合同，B公司向韩A提供的是模特行业的信息和经验，而非注册商标、企业标志、专利、专有技术等经营资源，韩A的经营模式由其自行决定，B公司并无统一的经营模式。3. 韩A所谓的经济损失是其自主经营的运营成本，其经营亏损属于商业风险，应当由韩黎自行承担。4. 韩A属于恶意诉讼，其在获取B公司所提供的行业信息和经验后，企图脱离B公司自行经营，B公司和顾某某才是真正的受害人。请求法院驳回韩A的全部诉讼请求。同时，被告（反诉原告）B公司向法院提起了反诉。

法院审理

法院在查清事实的基础上认定特许双方所签订的合同性质为商业特许经营合同。

本案中，韩A主张B公司存在以下欺诈行为：虚假宣传，声称其拥有EMM注册商标并拥有国际和国内模特资源；B公司不具有模特经纪资质，也不具有商业特许经营所要求的特许人资格，B公司隐瞒了上述事实；未披露公司运营和财务状况；B公司在合同签订后就将公司承包给案外人杨芸芸经营。本院对韩A主张的上述事实进行了审查，确认（一）B公司在合同签订时未在《营业性演出许可证》有效期内，（二）B公司使用的“EMM”字母商标未获核准注册，（三）B公司在2007年至2009年期间为亏损，（四）B公司于涉案合同签订后不久将公司的模特业务承包给案外人经营，（五）B公司不具备“拥有至少2个直营店，并且经营时间超过1年”，以上五项事实，B公司在合同签订时没有向韩A披露，但B公司隐瞒上述事实并不具有欺诈的故意：第一，合同签订之时，B 公司虽未在《营业性演出许可证》有效期内，但其已在申办上述证照，并于 2010 年 8 月 23 日取得“沪文演（经）00－0311”号《营业性演出许可证》，并且该节事实对涉案合同的履行没有产生不利影响；第二，在涉案合同中，B 公司虽然负有向韩 A 提供注册商标的合同义务，但 B 公司没有承诺其拥有“EMM”注册商标，现 B 公司提供给韩 A 使用的“EMM”字母商标是未注册商标不能证明 B 公司在合同签订时具有欺诈的故意；第三，B 公司作为特许人应当在签订涉案合同时向韩 A 进行信息披露，不得隐瞒特许人的注册商标、最近 2 年财务状况等有关信息，但法律对特许人设定的信息披露义务标准高于对普通合同当事人的信息披露义务，本院认为 B 公司未向韩 A 披露有关信息尚不足以构成法律意义上的欺诈；第四，B 公司将公司承包给案外人经营发生在涉案合同签订以后，不能证明 B 公司在合同签订之时存在欺诈，且商业特许经营合同是平等民事主体之间关于经营资源许可使用的合同关系，与公司的内部承包关系并没有矛盾，从本案事实来看，B 公司与案外人签订承包合同也没有对涉案合同的履行产生不利影响；第五，“拥有至少 2 个直营店，并且经营时间超过 1 年”是《商业特许经营管理条例》对特许人从事商业特许经营活动作出的管理性规范，并不必然影响商业特许经营合同的效力，从本案事实来看，B 公司也不存在故意违反该规定的主观恶意，但若 B 公司在本案纠纷以后仍违反相关法律规定从事商业特许经营活动的，则应当认定其存在恶意，应承担相应法律后果。综上，韩 A 主张 B 公司存在欺诈进而要求撤销涉案合同的主张，本院不予支持。遂判决：1. 被告（反诉原告）上海 B 文化传播有限公司于本判决生效之日起十日内返还原告（反诉被告）韩 A 品牌代理授权费人民币 40000 元；2. 被告（反诉原告）上海 B 文化传播有限公司于本判决生效之日起十日内返还原告（反诉被告）韩 A 保证金人民币 50000 元；3. 被告（反诉原告）上海 B 文化传播有限公司于本判决生效之日起十日内赔偿原告（反诉被告）韩 A 经济损失人民币 10000 元；4. 被告顾某某对被告

（反诉原告）上海 B 文化传播有限公司的上述债务承担连带责任；5. 驳回原告（反诉被告）韩 A 的其余诉讼请求；6. 驳回被告（反诉原告）上海 B 文化传播有限公司的全部反诉请求。

案例评析

1. 商业特许经营实践中，信息披露成为商业特许经营中最核心的问题。在朝阳法院统计的案件中，近 90% 的案件涉及信息披露问题。“如何判断特许人信息披露的履行适当与否，信息披露不实是否会导致合同被撤销或解除，直接关系案件的处理结果，该问题已经成为商业特许经营合同案件审判实践中最重要、争议最大的问题之一。”一般认为，《商业特许经营管理条例》第二十二条规定的特许人应当披露的信息有十二项之多，其中有些规定原则性较强，如第一款规定特许人应当提供其“从事商业特许经营活动的基本情况”，第二款规定特许人应当提供其“经营模式的基本情况”等，但并未对“基本情况”的内涵和外延作进一步的界定。因此，在认定特许人是否完成了《商业特许经营管理条例》第二十二条规定的信息披露义务时，应当结合《中华人民共和国合同法》等法律法规的相关规定，采取相对慎重的态度，就被特许人主张的特许人隐瞒的具体信息或者提供的虚假信息进行具体分析。只有当特许人隐瞒的信息或提供的虚假信息关系到商业特许经营的实质内容，对被特许人是否作出与特许人订立合同的意思表示或者对于合同主要目的的实现产生实质性影响时，才可以认定特许人未完成信息披露义务。北京二中院某法官也认为，为防止被特许人把自己经营的商业风险借合同解除之机转嫁给特许人，在被特许人依据该条主张解除时，应当结合《合同法》的相关规定，采取相对慎重的态度，具体分析，只有当隐瞒的信息和提供的虚假信息关系到商业特许经营的实质内容，并且对被特许人是否作出与特许人订立合同的意思表示或者对于合同目的的实现产生实质性影响的时候，才可以解除合同。

2. 合同一方以欺诈手段使对方在违背真实意思的情况下订立合同，法律赋予受损害方请求撤销合同的权利，该撤销权的产生基于合同一方的欺诈行为及该欺诈行为导致另一方受到损害。欺诈行为表现为故意陈述虚伪事实或故意隐瞒真实情况使他人陷入错误的行为，且欺诈方必须具有欺诈的故意，即明知自己告知对方的情况是虚假的且会使被欺诈人陷入错误认识，而希望或放任这种结果的发生。本案中，法院在确认了（1）B公司在合同签订时未在《营业性演出许可证》有效期内，（2）B公司使用的“EMM”字母商标未获核准注册，（3）B公司在2007年至2009年期间为亏损，（4）B公司于涉案合同签订后不久将公司的模特业务承包给案外人经营，（5）B公司不具备“拥有至少2个直营店，并且经营时间超过1年”。等五项事实的基础上逐项分析了其是否构成欺诈。笔者对其中一些分析是认同的，但对于其“B公司作为特许人应当在签订涉案合同时向韩A进行信息披露，不得隐瞒特许人的注册商标、最近2年财务状况等有关信息，但法律对特许人设定的信息披露义务标准高于对普通合同当事人的信息披露义务，本院认为B公司未向韩A披露有关信息尚不足以构成法律意义上的欺诈；”的分析是不认同的。《商业特许经营管理条例》第二十二条明确规定了特许人向被特许人披露最近2年的经会计师事务所或审计事务所审计的特许人财务会计报告摘要和审计报告摘要的义务。特许人的财务状况最能反映特许体系的质量，也是被特许人在考虑加盟时的最为重要的决策因素之一。实践当中，很多不成熟的特许体系，本身是不盈利甚至是亏损的，但他们为了达到推销特许体系的目的，故意隐瞒对其不利的财务信息。因此，笔者认为特许人违反法律规定的义务，不披露财务信息的行为构成了主观上的故意。特许人B公司的行为构成了欺诈，应当承担相应的法律责任。

3. 《商业特许经营管理条例》规定了特许人的信息披露义务和披露信息的具体内容，其中既涉及公众可以随时通过政府或关联网站查询基本信息，也包含企业的商业秘密在内的知识产权信息。但是，《商业特许经营管理条例》在规定不履行信息披露义务的法律后果时并没有加以区别。为此，不仅造成了特许人难以把握信息披露的程度，同时带来了司法行政机关处理相关案件的难度。一个时期，有的法院就很简单地认为，只要特许人没有证据表明在合同签署前进行了信息披露，甚至是没有按照《商业特许经营管理条例》规定进行详细的信息披露，就一律视为没有履行相关义务，判令合同解除。笔者认为这种认定有失偏颇，笔者赞同北京二中院的调研报告中关于“推广宣传”过程中出现的广告或者宣传手册，可以视为向不特定被特许人订立合同前以书面形式进行的信息披露的观点。人民法院在确认特许人的信息披露义务时，应综合诸多因素考虑，不应千篇一律。比如，特许人的工商登记信息、特许人的备案信息、特许人的经营资源信息等都可以通过政府或关联网站查询。这种信息的获得完全没有必要由特许人专门进行披露。如果被特许人仅以此为由申请确认特许人未进行信息披露义务，人民法院应依法驳回起诉，防止被特许人滥用诉权。

三、防范对策

（一）特许人首先要掌握判断是否完成信息披露义务的规则，这是特许人正确履行信息披露义务的前提条件。

《商业特许经营管理条例》第三章专门规定了特许人的信息披露义务，包括特许人需要披露的信息及如何进行信息披露，并特别规定了特许人隐瞒有关信息或者提供虚假信息的，被特许人享有法定的解除合同的权利。《商业特许经营管理条例》第四章规定了特许人违反信息披露义务应承担的法律责任。商务部随后制定的《商业特许经营信息披露管理办法》进一步细化了特许人的信息披露义务。但如何督促特许人完成信息披露义务，如何认定特许人是否已完成信息披露义务，一直是审判实践中的难点问题。一般认为，《商业特许经营管理条例》第二十二条规定的特许人应当披露的信息有十二项之多，其中有些规定原则性较强，如第一款规定特许人应当提供其“从事商业特许经营活动的基本情况”，第二款规定特许人应当提供其“经营模式的基本情况”等，但并未对“基本情况”的内涵和外延作进一步的界定。因此，在认定特许人是否完成了《商业特许经营管理条例》第二十二条规定的信息披露义务时，应当结合《中华人民共和国合同法》等法律法规的相关规定，采取相对慎重的态度，就被特许人主张的特许人隐瞒的具体信息或者提供的虚假信息进行具体分析。只有当特许人隐瞒的信息或提供的虚假信息关系到商业特许经营的实质内容，对被特许人是否作出与特许人订立合同的意思表示或者对于合同主要目的的实现产生实质性影响时，才可以认定特许人未完成信息披露义务。

因此，特许人一定要能够判断如何进行信息披露，披露到什么程度才算是适当履行了信息披露的义务，从而正确指导自己的信息披露活动。

（二）特许人要了解我国司法实践中，人民法院关于特许人信息披露情况的认定标准。《上海市高级人民法院关于审理商业特许经营合同纠纷案件若干问题的解答》在回答“七、如何理解条例第三章规定的信息披露制度”时答道：《商业特许经营管理条例》规定的信息披露制度，其目的在于保护被特许人，使其在决定是否投资商业特许经营项目之前能够获得特许人的必要信息，以预测投资风险，防止商业欺诈。对特许人未履行披露义务的法律后果，应结合《合同法》的有关规定，综合考虑特许人隐瞒、夸大以及提供的虚假信息对合同目的的实现及对合同履行的影响。

《北京市高级人民法院关于审理商业特许经营合同纠纷案件适用法律若干问题的指导意见》第十五条规定，对特许人欺诈的认定应综合考虑特许人隐瞒的信息、提供的虚假信息或夸大的经营资源与合同目的的关联性、与真实信息的背离程度及其对商业特许经营合同订立和履行的影响程度等因素。

特许人在订立合同过程中隐瞒、提供或者夸大直接关系到商业特许经营实质内容的相关信息或经营资源，足以导致被特许人签订商业特许经营合同的，被特许人可以请求撤销或者依法解除该商业特许经营合同。

第十六条规定，特许人在签订商业特许经营合同后隐瞒重大变更信息或者提供虚假信息、夸大经营资源，给被特许人从事商业特许经营业务造成实质影响的，被特许人可以请求撤销或者依法解除该商业特许经营合同。

与特许人有关的诉讼、仲裁或行政处罚可能直接影响到被特许人是否签订商业特许经营合同，或者可能对被特许人实现商业特许经营合同目的产生重大影响，但特许人隐瞒该诉讼、仲裁或行政处罚情况，或者提供虚假诉讼、仲裁或行政处罚信息的，被特许人可以依法解除该商业特许经营合同。

（三）特许人要严格按照信息披露的三原则进行商业特许经营信息披露。1. 坚持真实性原则。信息的真实性是信息披露最根本、最重要的要求，它体现了信息披露的原始出发点，即让投资人获得是否加入商业特许经营体系的正确投资决策信息。真实性原则要求特许人披露的信息必须与客观情况相符合，反映客观的真实情况。2. 坚持准确性原则。特许人披露信息必须用精确、不含糊的语言表达其含义，在内容和表达方式上不得使人产生误解。为了避免信息发布人利用语言的多义性把误解责任推卸给投资人，特许人编制的信息披露文件在对披露信息的准确性理解与解释上，应当以一般投资人的判断能力作为标准。准确性要求披露文件不得含有模糊不清的语言。3. 坚持完整性原则。特许人进行信息披露应遵循的完整性原则是指所有可能影响投资人决策的信息均应得到全面的披露。不仅要披露对被特许人有利的信息，还要披露对被特许人可能不利的各种潜在的或现实的风险因素。因为投资人的判断是对特许人公开披露的全部信息的综合反映，如果特许人在披露时有所侧重、遗漏或隐瞒，有可能会出现各个信息具有真实性，而整合全部信息则具有虚假性的情形。完整披露信息意味着信息披露内容应达到实质性的完整。

（四）特许人应制定恰当的信息披露文件。为了明确信息披露的内容，方便潜在被特许人了解披露信息及监管部门进行监管，防止特许人故意遗漏或任意变更披露内容，许多国家都在法律中明确规定强制使用模板对披露的内容、形式进行统一要求。我国《商业特许经营管理条例》没有规定义务人披露信息的统一格式，也没有其他统一的信息披露模板可供遵循。在这种情况下，为了使特许人制定的信息披露文件既符合法律的规定，又能充分保护自身利益，制定恰当的信息披露文件对特许双方当事人非常重要。高质量的信息披露文件应当既要符合《商业特许经营管理条例》等法律法规关于信息披露的要求，又不至于泄露特许人的商业秘密。因此，特许人在制定信息披露文件时，一定要慎之又慎。

风险点十五　特许人未保存信息披露证据的法律风险

一、风险提示

《商业特许经营管理条例》第二十一条规定，“特许人应当在订立商业特许经营合同之日前至少30日，以书面形式向被特许人提供本条例第二十二条规定的信息，并提供商业特许经营合同文本。”由此可以看出，《商业特许经营管理条例》规定特许人进行信息披露的形式为书面形式。根据《民事诉讼证据若干问题规定》，合同履行义务的一方，对自己是否已经履行了义务负有举证责任。由于信息披露是特许人的法定义务，是否已经履行此项义务应由特许人进行举证，未能举证证明的，将承担不利后果。因此，如果特许人只是口头披露过相关信息，或者即使进行了书面披露，但没有保存披露的证据，将来一旦闹上法庭，被特许人对此予以否认，特许人将无法证明自己已履行了信息披露义务。实践当中，有不少特许企业虽然也向被特许人披露了很多信息，但由于没有采用书面形式，无法就自己已经履行的信息披露义务向法院进行举证，导致最终不得不承担不利的法律后果的事实，应引起广大特许人的充分重视。

二、真实案例

案例15　特许人不能提供信息披露证据，被法院判决解除商业特许经营合同，返还被特许人押金和货款。

——北京A创意服饰有限公司与柴B商业特许经营合同纠纷上诉案

案情简介

2009年6月26日，A公司与柴B签订一份混时尚经销协议书。双方约定，A 公司与柴 B 之间存在受该协议约束而形成的供销合作关系。柴 B 在山西省临汾市曲沃县兴隆街销售混时尚服装服饰。经销权的经营期限与该协议的有效期限一致。A 公司同意柴 B 使用该公司的经营资产，按照规定统一销售 A 公司提供的混时尚服装装饰产品。A 公司有权对柴 B 的经营情况进行监督和检查，可随时对柴 B 的经营情况、货品销售、库存、销售价格等情况进行检查指导。A 公司负责柴 B 的经营指导，督导工作，柴 B 应配合 A 公司的工作。A 公司为柴 B 免费提供开业所需相关部分赠品及促销礼品：《营销手册》、《服饰风格色彩搭配教材》、《库务管理手册》、贵宾卡、宣传海报、购物手提袋、POP 吊旗、易拉宝、衣架、售货单等。柴 B 在确定店址后，严格执行 A 公司《营销手册》的相关规定，接受 A 公司监督及指导，正式开业后 10 天内需将店面五张照片或图片发到总部备案。柴 B 向 A 公司支付 6800 元装修押金（可返还），柴 B 首批进货不能低于 13200 元，首期供货折扣 3.8 折，同时应在签订协议日起 25 天内提取该批货品，否则视为柴 B 自动放弃。柴 B 按照 A 公司统一零售指导价格进行销售。除首批进货外，柴 B 累计进货 3 万元可返还装修押金 1000 元。协议期限为一年，即从 2009 年 6 月 26 日到 2010 年 6 月 26 日止。

后在合同履行中，双方发生纠纷，引起诉讼。一审庭审中，柴 B 称其要求与 A 公司解除合同的依据在于，A 公司在与柴 B 订立合同时，并未履行《商业特许经营管理条例》规定的信息披露义务。A 公司不履行信息披露义务的行为，使其无法对签订合同后的经营风险作出合理预期，导致其与 A 公司订约的最初目的无法实现。同时，A 公司在履行合同过程中存在严重违约行为，其一是该公司发给柴 B 的服装在款式、质量、价格等方面与该公司展厅中和宣传手册上的服装严重不符，甚至有些衣服已经破损、发霉。其二是 A 公司并未依约对“混时尚”品牌进行推广宣传，导致柴 B 所加盟的“混时尚”品牌服饰并未得到消费者认可。对此，A 公司称，该公司与 A 公司签订的混时尚经销协议书，其性质仅系一般经销合同。此外，除 A 公司的财务报表及最近五年内的诉讼仲裁情况以外，该公司对上述规定户的其他信息都已向柴B进行过披露。

法院审理

原审法院认为，柴B与A公司签订的混时尚经销协议书，其内容未违反国家法律、行政法规定的禁止性规定，应属有效。本案中，根据双方经销协议书的约定，A公司将其拥有的“混时尚”的注册商标、图案、名称等经营资产授权柴B使用。柴B应按照菲格迪亚公司的规定统一销售混时尚服装装饰产品，并接受A公司对其经营情况的监督和检查。柴B应接受A公司的经营指导。选定店址后，柴B应严格执行A公司《营销手册》中的相关规定。柴B应按照A公司规定的统一零售指导价格进行销售。此外，柴B向A公司交纳的款项虽名为装修押金，实质上系柴B为加盟混时尚新概念体验式潮品店而支付的对价。结合上述协议内容，柴B与A公司之间的合同权利义务，更符合商业特许经营的法律特征。因此，双方签订混时尚经销协议书具有商业特许经营合同的性质。

根据我国《商业特许经营管理条例》的有关规定，特许人应当在订立商业特许经营合同之日前至少30日，以书面形式向被特许人提供其最近2年的经会计师事务所审计的财务会计报告摘要和审计报告摘要，最近5年内与商业特许经营相关的诉讼和仲裁情况，中国境内现有的被特许人的数量、分布地域以及经营状况评估等十二项信息。如特许人隐瞒有关信息或者提供虚假信息的，被特许人可以解除商业特许经营合同。本案中，A公司明确认可在协议书签订前，其并未向柴B提供上述财务会计报告摘要和审计报告摘要，也未向柴B披露相关的诉讼和仲裁情况。此外，A公司在诉讼中虽主张其已向柴B履行了部分信息披露义务，但柴B对此表示不予认可。对此，原审法院认为，根据举证责任的分配原则，A公司作为信息披露的义务方，理应就其履行该项义务的情况承担相应举证责任。庭审中，A公司亦未能就此提供相应证据，故其应对该项诉讼主张承担举证不能的法律后果。柴 B 以 A 公司未向其披露信息为由，要求解除双方签订的经销协议书，有相应的事实及法律依据，予以支持。原审法院依照相关法律规定，判决：1. 解除柴 B 与 A 公司签订的《混时尚经销协议书》；2. A 公司向柴 B 返还装修押金六千八百元及货款一万三千二百元。

A 公司不服原审判决，提起上诉。二审法院经审理认为，原审判决认定事实清楚，程序合法，适用法律正确，遂判决维持原判。

案例评析

1. 我国《商业特许经营管理条例》第二十一条明确规定，特许人应当以书面形式向被特许人提供信息；《商业特许经营信息披露管理办法》第八条规定，特许人在向被特许人进行信息披露后，被特许人应当就所获悉的信息内容向特许人出具回执说明（一式两份），由被特许人签字，一份由被特许人留存，另一份由特许人留存。

2. 根据《民事诉讼证据若干问题规定》，合同履行义务的一方，对自己是否已经履行了义务负有举证责任，由于信息披露是特许人的法定义务，特许人对其是否向被特许人进行了信息披露负有举证义务。本案中的特许人 A 公司在诉讼中虽主张其已向柴 B 履行了部分信息披露义务，但在柴 B 对此表示不予认可的情况下，不能举出有效证据来证明。因此法院判决其承担举证不能的法律后果。

3. 笔者认为，《商业特许经营管理条例》规定了特许人的信息披露义务和披露信息的具体内容，其中既有涉及到公众可以随时通过政府或关联网站查询的基本信息，也有包含企业商业秘密在内的知识产权信息。人民法院在确认特许人的信息披露义务时，不能简单地以特许人没有向被特许人交付信息披露文件，就认为特许人没有履行信息披露义务，构成了对被特许人的欺诈，应该综合诸多因素考虑。笔者认为，特许人推广宣传过程中出现的广告或者宣传手册，可以视为向不特定被特许人订立合同前以书面方式进行的信息披露；特许人的工商登记信息、特许人的备案信息、特许人的经营资源信息等都是可以通过政府或关联网站查询的，这种信息的获得完全没有必要由特许人专门进行披露，如果被特许人仅以此为由申请确认特许人未履行信息披露义务的，人民法院应该依法驳回起诉，防止被特许人滥用诉权。

三、防范对策

为了防范因信息披露产生的商业特许经营诉讼中，特许人出现举证不能的法律风险，建议广大特许人一定要做好以下两点：

1. 严格按照《商业特许经营管理条例》的规定，采用书面形式向被特许人进行信息披露。即特许人向被特许人提供书面的信息披露文件。信息披露文件与商业特许经营合同应该是分别独立的文件。有的特许人在进行信息披露时，只提供文件给被特许人阅读，但不允许被特许人把文件带走。笔者认为这样不能满足信息披露的形式要求，存在法律风险。理由是：信息披露的目的是为了让被特许人了解特许人和特许体系的基本情况，从而决定是否签订商业特许经营合同。商业特许经营投资是一项复杂的、专业性很强的活动，被特许人需要时间来分析判断。而且，对于很多专业问题，被特许人还可能需要征求会计师、律师等专业人士的意见。因此，特许人首先应当按照《商业特许经营管理条例》的要求，留给被特许人充足的时间进行了解信息披露文件中的内容。

2. 特许人应要求被特许人签署信息披露确认单。《商业特许经营信息披露管理办法》第八条规定，特许人在向被特许人进行信息披露后，被特许人应当就所获悉的信息内容向特许人出具回执说明（一式两份），由被特许人签字，一份由被特许人留存，另一份由特许人留存。这里所说的回执就是确认单，是特许人履行信息披露义务的依据。如果将来出现诉讼，特许人就可以此来举证自己严格按照《商业特许经营管理条例》的规定，完全履行了自己的信息披露义务。因此，特许人在日常经营中，一定要保存好被特许人签署的信息披露确认单。

风险点十六　特许人信息披露中泄露商业秘密的法律风险

一、风险提示

《商业特许经营信息披露管理办法》所规定的特许人应当披露的诸多信息中，很大部分属于特许人的商业秘密。这些商业秘密一旦泄露，很可能给特许人带来不可估量的经济损失。虽然任何企业都有可能涉及商业秘密问题，但商业特许经营中的商业秘密具有自己的特点：1. 商业秘密的权利主体具有多元化特点。商业特许经营的运作方式决定了特许人必须将特许权许可被特许人使用。就特许权中的商业秘密而言，特许人是商业秘密的所有人，被特许人是商业秘密的使用人，他们都是商业秘密的权利人。商业特许经营的这一特点决定商业特许经营中商业秘密的权利主体多元化特征明显。2. 商业秘密的外部使用特征明显。一般经营中，商业秘密以内部使用为主，商业秘密权表现为经营者对商业秘密的占有、使用、收益。商业特许经营中，商业秘密对外许可使用特征明显，商业秘密权主要表现为特许人的许可使用权。3. 商业秘密易泄露、保护难度大。基于以上三个特点，商业特许经营中商业秘密泄露的渠道多，商业特许经营体系的复杂性加大了商业秘密保护的难度。商业秘密保护成为特许权保护中的一大难点。

实践当中，不少特许企业为了保护自己的商业秘密，违法不向被特许人进行信息披露，被判解除合同，承担了不利后果；也有不少特许企业在信息披露中因商业秘密保护不力，导致大量商业秘密泄露，严重影响了特许体系的健康发展，甚至某些特许体系因商业秘密泄露而瓦解。

二、真实案例

案例16　被特许人侵犯特许人商业秘密

——武汉A啤酒屋有限责任公司诉B商业特许经营合同纠纷案

案情简介

原告A公司系1999年成立的以中餐、肥牛火锅、啤酒销售为经营范围的企业，拥有“A”注册商标等经营资源，曾被授予“武汉餐饮业十大名店”、“武汉自助火锅店名店”，并获得“中国餐饮特许体系优秀管理奖”。A公司拥有武汉A啤酒屋有限责任公司汉口店、武汉A啤酒屋有限责任公司时尚休闲餐厅等直营店，经营时间均达一年以上。

2008年4月14日，A公司与被告B就加盟“A啤酒屋”商业特许经营项目签订《商业特许经营合同》，约定：原告许可被告在合同规定的特许区域内，独家使用原告经营的“A啤酒屋”商业特许经营项目的商业特许经营权并提供管理体系，按照双方约定的开发计划开办特许加盟店，发展“A啤酒屋”商业特许经营体系。商业特许经营权包括原告所拥有的商标、商号、商业秘密、经营诀窍等；被告自愿加盟“A啤酒屋”特许项目，成为“A”加盟店，经营“A”自助火锅、自酿鲜啤以及饮料、小吃；被告全额投入对经营场地的租赁、装修、设备设施的配置及其一切经营、管理费用；分部须按照总部的管理模式自主经营、自负盈亏；总部按照管理模式对分部开展经营工作的指导以及对分部人力资源的培训；设立由分部直接投资的自营店，经营场地位于武汉市洪山区珞瑜路某号（鲁巷广场购物中心×楼）；本次加盟期限为5年，自2008年5月1日起至2013年4月30日止。合同在第二十三条第（五）项中约定：在合同终止或届满以后贰年内，被告及其股东、合伙人不得从事或参与与原告经营模式相一致或相类似的经营活动；第（六）项约定：被告应承担缔约前先合同义务及后合同附随义务包括但不限于保守原告商业秘密及不得不正当使用与原告有关的任何经营信息，如违约则应承担不低于人民币500000元的侵权损害赔偿金。合同还约定了加盟费用、产品供应、纠纷管辖等内容。

后双方在合同履行中发生纠纷，诉至法院。

法院审理

法院认为：原告系依法成立具有“A”注册商标等经营资源的企业法人，并拥有2个以上经营时间超过1年的直营店，具备对被特许人持续提供经营指导、技术支持和业务培训等服务的能力，具备开展商业特许经营活动的特许人资格。原、被告签订的《商业特许经营合同》在双方间形成商业特许经营法律关系，双方在履行该合同的过程中引发纠纷并形成如下争议：一、《商业特许经营合同》的被许可主体是B个人，还是丰禄园公司。二、《商业特许经营合同》是否已经生效。三、被告未支付加盟费的法律后果及该加盟费是否应当继续支付。四、合同约定的从业限制条款的约束力及责任承担。五、原告所垫付的费用数额及责任承担。法院分别就《商业特许经营合同》的被许可主体、《商业特许经营合同》是否已经生效、被告未支付加盟费的法律后果及该加盟费是否应当继续支付、原告所垫付的费用数额及责任承担等问题进行了分析。

在合同约定的从业限制条款的约束力及责任承担时，法院认为，本案《商业特许经营合同》约定“在合同终止或届满后两年内，被告不得从事或参与与原告经营模式相一致或相类似的经营活动”的内容，是原、被告以约定方式订立的一定期限内的从业限制协议，其实质在于限制被特许人于合同终止或届满后的一定期限内利用特许人的经营方式从事与其相竞争的业务，因不违反法律的禁止性规定，且符合市场竞争的理性要求，故对双方应具约束力。本案中，被告在因自身根本违约而致商业特许经营合同终止或解除后，随即转为经营与原告商业特许经营模式相类似的火锅自助餐厅，所采用的“一人一锅式自助火锅”模式也与原告相同，被告的此种行为显然有违合同的约定，也与合同法诚实信用原则不符。由于双方在合同中未对上述违约行为约定违约金的支付内容，原告也未就其因此所遭受的损失向法庭举证，而合同关于“被告应当保守原告商业秘密及不得不正当使用与原告有关的任何经营信息。如违约则应承担不低于人民币500000元的侵权损害赔偿金”的约定，因归于侵犯商业秘密及不正当使用原告经营信息之侵权损害赔偿范围，也当以侵犯商业秘密的事实及损失存在并举证证明为前提，原告未能举证，故对原告要求被告支付其500000元违约赔偿金的主张，本院不予支持。

最终法院判决：1. 原告武汉A啤酒屋有限责任公司与被告B签订的《商业特许经营合同》于二00八年五月十一日解除；2. 被告B自本判决生效之日起十日内支付原告武汉A啤酒屋有限责任公司垫付款人民币107342.28元；3. 被告B自本判决生效之日起十日内支付原告武汉A啤酒屋有限责任公司违约金人民币50000元；4. 被告B自本判决生效之日起十日内支付原告武汉A啤酒屋有限责任公司合理开支人民币10940元；5. 驳回原告武汉A啤酒屋有限责任公司的其他诉讼请求。

案例评析

1. 商业秘密是商业特许经营体系得以维系的前提和基础，它能够使特许人长期保持其竞争和经济优势。因此，特许人应当做好商业秘密的保护工作，不仅要有保密意识，建立了保密制度，签署了保密协议，还应注意保密过程中的证据收集与保存。

2. 本案中，《商业特许经营合同》中有关于“被告应当保守原告商业秘密及不得不正当使用与原告有关的任何经营信息。如违约则应承担不低于人民币500000元的侵权损害赔偿金”的约定。特许人武汉A啤酒屋有限责任公司的诉讼请求没有得到法院的支持，是因为特许人未能对侵犯商业秘密的事实及损失存在进行举证。因此，笔者提醒广大特许人不仅要在信息披露过程中注意防范商业秘密泄露的法律风险，还要注意收集、保存被特许人侵犯商业秘密的证据。只有这样，特许人才能做到一旦商业秘密被泄露或被恶意使用，获得法律的救济。

三、防范对策

特许人要想既不违反《商业特许经营管理条例》及《商业特许经营信息披露管理办法》关于信息披露的规定，又不至于导致自己的商业秘密在信息披露中遭到泄露，在信息披露和保护商业秘密之间做好平衡，要做好以下几点：

（一）特许人应充分认识商业秘密在商业特许经营中的重要地位。1. 商业秘密是商业特许经营体系得以维系的前提和基础。对于某些商业特许经营体系来说，商业特许经营权中的商标、商号、店铺设计、员工服装只是商业特许经营体系外在识别的标志，而商业秘密尤其是产品配方、专有技术、经营诀窍是保证商业特许经营产品、服务内在质量一致的关键，是商业特许经营体系得以维系的前提和基础。2. 商业秘密使商业特许经营能够长期保持其竞争和经济优势。竞争是市场经济的基本机制，经营者要想立足于不败之地，商业秘密是其有力武器。特许人正是依靠其特有的经营模式、独特配方赢得优势地位的。假如可口可乐或全聚德的秘密配方和工艺被公开，其产品与企业的核心竞争力将会受到致命打击，其后果难以想象。3. 商业秘密丰富了特许权的内容，强化了对特许人无形资产的保护。

（二）特许人应了解商业秘密在应当披露的信息中的表现形式。商业秘密的保护范围主要包括“技术信息”和“经营信息”，包括设计、程序、产品配方、制作工艺、制作方法、管理诀窍、客户名单、货源情报、产销策略等信息。在《商业特许经营信息披露管理办法》中，由于有些信息可能对特许人招商带来不利影响，特许人也可以将这些不利信息划入保密范围。具体说来，商业秘密在《商业特许经营信息披露管理办法》中的表现形式有：1. 技术信息类。如（1）《商业特许经营信息披露管理办法》第五条第二款第 1 项规定的“专有技术、经营模式及其它经营资源情况”。（2）第五款规定的业务培训和技术支持的具体内容等都属于技术类信息。2. 经营信息类。如（1）《商业特许经营信息披露管理办法》第五条第八款规定的中国境内被特许人的经营情况；（2）第四款规定的向被特许人提供产品、服务、设备的价格、条件等情况；（3）第六款规定的对被特许人的经营活动进行指导、监督的方式和内容；（4）第十二款规定的商业特许经营合同文本；（5）第九款规定的最近 2 年的经会计师事务所或审计事务所特许人财务会计报告摘要和审计报告摘要等都属于经营类信息。3. 不利信息类。如（1）《商业特许经营信息披露管理办法》第五条第一款第 5 项规定的特许人或其关联公司在过去 5 年内破产或申请破产情况；（2）第二款第 3 项规定的特许人的经营资源涉及诉讼或仲裁的情况；（3）第十款规定的特许人最近 5 年内与商业特许经营相关的重大诉讼和仲裁情况；（4）第十一款规定的特许人及其法定代表人重大违法经营记录情况，重大违法经营记录等都属于商业特许经营中的不利信息。

商业秘密的范围很广，商业特许经营权中除了传统知识产权和商号外，只要符合商业秘密构成条件的信息都可作为商业秘密给予保护。

（三）特许人应强化保密意识。思想指挥行动，意识决定思想。没有商业秘密的保护意识，就很难有商业秘密的保护行动。商业秘密是以自然人为载体并由自然人来管理的，所以保密意识的主体只能是自然人。特许企业在对外的信息披露中，其法定代表人及实际控制人应该是商业秘密保护的第一责任人，必须具备强烈的保密意识。其次是管理层其他成员。尽管其可能不直接接触信息披露工作，但却可能对信息披露和保密制度产生重要影响，稍不留心就会泄露商业秘密，因此管理层其他成员的保密意识也必须强化。再次是直接接触信息披露工作的招商人员或签约代表，其工作性质决定了其必须具备高度的保密意识和强烈的责任感。

（四）特许人应健全保密制度。商业秘密的保护制度不仅是防止泄密的手段，也是认定商业秘密能否构成的法律要件。保密制度的内容很多，一般应包括保密知识的培训、秘密的等级划分及知悉范围、保密协议制度、泄密后的补救措施等，特许人应根据自己的实际情况合理设定，并应用到企业的相关管理工作中去。在商业特许经营中，披露的对象只是潜在的客户，保密协议制度尤为重要。

（五）特许人应与潜在被特许人签署保密协议。保密协议是保护商业秘密最重要的手段。鉴于信息披露是在双方签订合同之前，特许人在对潜在客户进行信息披露之前，就应当与其签订单独的保密协议，这样可有效预防潜在客户在知悉商业秘密后既未签订商业特许经营合同也不另外签订保密协议，从而给特许人的商业秘密带来威胁。《商业特许经营信息披露管理办法》第七条也赋予了特许人在签订合同前有要求被特许人签订保密协议的权利。第七条规定，特许人向被特许人披露信息前，有权要求被特许人签署保密协议。被特许人在订立合同过程中知悉的商业秘密，无论商业特许经营合同是否成立，不得泄露或者不正当使用。商业特许经营合同终止后，被特许人因合同关系知悉特许人商业秘密的，即使未订立合同终止后的保密协议，也应当承担保密义务。被特许人违反本条前两款规定，泄露或者不正当使用商业秘密给特许人或者其他人造成损失的，应当承担相应的损害赔偿责任。因此，特许人应当在进行信息披露前，要求潜在的被特许人签署保密协议。

保密协议的内容应做到尽可能完善，潜在客户的保密义务和违约责任必不可少。潜在客户成为被特许人后，被特许人也应该与其员工签订保密协议。协议中的违约责任尽可能用具体的违约金数额来明确。因为《反不正当竞争法》规定的侵犯商业秘密的法律责任是“损害赔偿责任”，即赔偿权利人所受到的实际损失或侵权人在侵权期间所获得的利润，而无论是“损失”还是“利润”，举证都较困难。保密协议中约定具体的违约金数额，从合同法的角度讲是有效的，而且容易举证证明。

总之，信息披露中的商业秘密保护是一个比较新的课题，特许企人一定要树立强烈的保密意识，建立健全企业保密制度，完善保密协议条款，尽可能减少因泄密给企业带来的损失。

第六章
商业特许经营合同订立中的法律风险

本章导读

商业特许经营合同是指特许人许可被特许人在一定区域和一定期限内，将特许人所拥有的商标（包括服务商标）、商号、服务标记、专利、技术秘密、经营模式等一系列无形财产权及专有权利，使用于被特许人自己进行了实质性投资的企业，被特许人因此而向特许人支付使用费的合同。

商业特许经营合同不是合同法上的有名合同，属于无名合同。商业特许经营合同在合同标的、交易对象、权利义务和适用法律等方面具有综合性和复杂性的特点。在合同标的和交易对象方面，商业特许经营关系涉及的种类繁多，它不但涉及一系列知识产权的授权，专有技术的许可，还涉及产品的销售、设备的供应，既有有体物的买卖，又有无形权利的许可。在权利义务方面，商业特许经营关系涉及的内容复杂，不仅涉及特许人对被特许人的授权、培训、咨询、指导和服务，还涉及特许人对被特许人的监督、审计、权利限制等诸多内容。商业特许经营关系是多种法律关系、多种经营管理关系的复杂混合体。在适用法律方面，商业特许经营关系涉及的部门法律十分广泛。根据《国际商业特许经营指南》的介绍，商业特许经营关系涉及公司法、合同法、代理和分销法、金融投资法、知识产权法、竞争法、税收法、保险法、劳动法、外商投资法、技术转让法等。

商业特许经营合同被称为商业特许经营领域的“宪法”，是商业特许经营法律关系中最重要、最基本的法律文件，是维系商业特许经营生存和健康发展的重要保障。商业特许经营合同规定了特许人和被特许人的权利和义务，关系到双方的切身利益，同时也是解决商业特许经营纠纷的根本依据。[①]

特许人在商业特许经营合同订立方面存在的法律风险主要表现为：1. 特许人承担缔约过失责任；2. 签约主体和实际使用商业特许经营资源主体的不一致；3. 商业特许经营合同内容违反《商业特许经营管理条例》规定的基本条款，商业特许经营合同内容不全，合同语言具有歧义；4. 特许人违反合同续期义务；5. 商业特许经营合同中的格式条款 6. 特许人在合同生效条件方面通常约定不合理的条款等。

① 张国元：《特许经营法律与实务问题研究》，法律出版社2009年2月第1版，第129页。

风险点十七　特许人承担缔约过失责任的法律风险

一、风险提示

缔约过失责任是指在合同订立过程中，一方因违背其依据的诚实信用原则所产生的义务，而致另一方的信赖利益的损失，并应承担损害赔偿责任。它是一种新型的责任制度，具有独特和鲜明的特点：只能产生于缔约过程之中；是对依诚实信用原则所负的先合同义务的违反；是造成他人信赖利益损失所负的损害赔偿责任；是一种弥补性的民事责任。

商业特许经营中，能否成功选址是投资人最终决定是否加盟的重要因素。实践中，潜在被特许人因为需要选址，在和特许人接触后，为了让特许人为其预留其所要加盟的区域，往往先签订《加盟意向书》，并向特许人交纳一定的定金。当同一区域有别的投资人欲加盟时，特许人为了尽快把特定区域加盟出去，则违反意向书的约定，导致事实上未能与先前的潜在被特许人签约或者所签订的合同无效。当这种未签约或者所签订合同无效的过错在特许人一方时，特许人应当承担缔约过失责任。《北京市高级人民法院关于审理商业特许经营合同纠纷案件适用法律若干问题的指导意见》第二十三条规定，商业特许经营合同未成立、未生效、无效、撤销或解除的，无过错的一方当事人可以请求过错方当事人赔偿其因订立及履行合同而产生的实际损失，对于无过错方遭受的丧失缔约机会或其他可得利益的损失，亦可酌情确定过错方予以赔偿。

二、真实案例

案例17　特许人承担缔约过失责任案例

——李A诉北京B教育科技发展有限公司商业特许经营合同纠纷

案情简介

李A（作为乙方）为加盟B公司（作为甲方），从事婴幼儿早期教育，双方于2010年9月30日签订《意向书》。该《意向书》约定的主要内容如下：一、乙方向甲方支付定金36000元整，作为其加盟某品牌南宁青秀区地区的商业特许经营店预留名额的担保。二、乙方给付甲方前述定金要求甲方在南宁青秀区地区预留某品牌商业特许经营店名额的期限为一个月，即自本意向书签署之日起至2010年10月31日止。乙方应在前款规定的期限内就加盟店营业场所的选址、经营理念、经营能力做好充分准备并于前述期限届满之前通知甲方对乙方进行全面考核。三、乙方未于第二条所规定的期限内通知甲方对乙方进行全面考核的，不得要求甲方返还其给付的定金，甲方有权在同一地区另行确定商业特许经营单位。四、甲方对乙方考核后许可乙方加盟某品牌经营的，乙方应于接到甲方加盟许可通知之日起10日内与甲方签订某品牌特许加盟协议书，签订加盟协议书时乙方应向甲方一次性交纳加盟费18万元和履约保证金2万元，乙方未于上述期限内与甲方签订某品牌特许加盟协议书的，乙方无权要求甲方返还定金，甲方有权在同一地区另行确定商业特许经营单位。五、甲方对乙方考核后不批准乙方加盟某品牌经营的，甲方将定金于30日内返还乙方。六、甲乙双方因履行本意向书而相互发出或者提供的所有通知、文件、资料，均以本意向书首页所列明的地址、电子邮箱地址、传真送达。

在该《意向书》首页，写明了李A和B公司的住所、电子邮件。双方均确认上述《意向书》第五条约定内容为如果B公司对李A考核后不批准李A加盟的，B公司应当将李A支付的定金36000元退还给李A。

签订《意向书》当日，李A依约向B公司支付定金36000元。

2010年10月8日，李A通知B公司去南宁进行考察考核。10月9日，B公司给李A寄送了一份《招聘手册》、一份《选址方案》。10月14日，B公司派人去南宁对李A进行考察考核。李A在南宁选择了5个店址，B公司对该5个店址均进行了考察。当日，李A在B公司提供的一份《品牌指导确认单》上签名。该《品牌指导确认单》的主要内容是对场地及场地周围环境是否符合园所运营标准、室内墙面等颜色色号确定、地板应用品牌及型号确定、前台logo牌是否由总部定制、前台样式及色彩确定等内容选择“是”还是“否”，其中并无明确的B公司是否同意李A加盟其公司的意思表示。双方确认上述考察考核是双方在履行《意向书》第二条约定的考察考核内容。

B公司至今未向李A发出过是否同意李A加盟其公司的通知。双方至今未签订正式的商业特许经营合同。

李A起诉请求法院判令解除双方签订的《意向书》，并要求B公司双倍返还定金共计72000元及我为此支出的交通费1420元。

B公司答辩称：我公司已经按照《意向书》的约定应李A的要求进行了实体考察，提出了考察意见，同意了李A所选地址，并由李A签订了《品牌指导确认书》，据此我公司已同意李A加盟我公司，所以双方签订的《意向书》已经履行完毕；李A交纳的定金36000元是我公司给李A预留的时间为一个月的加盟名额的担保费。在一个月过后，该定金是不予退回的；双方未正式签订加盟合同，是因为李A未签订房屋租赁合同导致其不愿意与我公司正式签订合同了，不是我公司违约所致。故我公司不同意李A的诉讼请求。

法院审理

法院认为：李A和B公司签订的《意向书》是双方真实的意思表示，内容不违反法律行政法规的强制性规定，属于合法有效的合同，双方均应当履行自己的义务，否则应当承担相应的违约责任。

根据《意向书》的约定，B公司在对李A进行考察考核后，尚需要向李A发出明确的通知，告知李A是否同意李A加盟其公司，且对于发送通知的地址、方式均进行了明确的约定。尽管《意向书》中没有约定B公司在考察考核后多长时间内向李A发出通知，但B公司应当在一个合理的期限内向李A发送通知。本案中，在B公司于2010年10月14日对李A进行考察考核后，至今未向李A发出是否准许李A加盟的通知，已经超出了一个合理的期限，违反了合同约定，导致双方至今未能签订正式的商业特许经营合同。尽管李A在《品牌指导确认单》上签了名，但该确认单是B公司对李A考察考核时所签，并不是《意向书》约定的考核后向李A发出的通知，更重要的是该确认单上无明确的是否准许李A加盟的意思，因此本院无法认定该确认单是B公司同意李A加盟的意思表示。B公司至今未向李A发出是否同意加盟的通知，应当合理认定为B公司以自己的行为表明其不批准李A加盟，双方签订的《意向书》应当解除，且根据双方《意向书》第五条的约定，B公司应当将李A交纳的定金36000元退还给李A。鉴于李A和B公司均认可双方《意向书》第五条约定的退还定金的数额为36000元，应当认定双方对退还定金的数额做出了明确的约定，故李A要求B公司双倍返还定金共计72000元的诉讼请求，本院不予支持。

尽管双方签订的《意向书》本质上是一份合同，但双方的本意是要最终签订正式的商业特许经营合同，该《意向书》只是双方在签订正式的商业特许经营合同前的一个协商的环节和过程。在签订合同的过程中，双方当事人均应当遵循诚实信用的原则，为合同的最终订立履行必要的协助、通知等义务，否则应当赔偿合同不能订立给对方当事人造成的损失。现由于B公司在合理的期限内未向李A发出通知，导致双方商业特许经营合同不能订立，B公司应当赔偿李A在商业特许经营合同订立过程中所支付的交通费。

综上，依照《中华人民共和国合同法》第四十二条第（三）项、第九十四条第（二）项、第九十七条之规定，判决如下：1. 李A和北京B教育科技发展有限公司于二O一O年九月三十日签订的《某品牌特许加盟意向书》于本判决生效之日起解除；2. 北京B教育科技发展有限公司于本判决生效之日起十日内返还李A三万六千元；3. 北京B教育科技发展有限公司于本判决生效之日起十日内赔偿李A经济损失一千四百二十元；4. 驳回李A的其他诉讼请求。

案例评析

1. 本案中，《意向书》明确约定：李A向B公司支付定金36000元整，作为其加盟某品牌南宁青秀区地区的商业特许经营店预留名额的担保；李A给付B公司前述定金要求B公司在南宁青秀区地区预留某品牌商业特许经营店名额的期限为一个月；李A应在前款规定的期限内就加盟店营业场所的选址、经营理念、经营能力做好充分准备并于前述期限届满之前通知B公司对其进行全面考核；B公司对李A考核后许可李A加盟某品牌经营的，李A应于接到B公司加盟许可通知之日起10日内与B公司签订某品牌特许加盟协议书。从上述内容可以看出《意向书》中约定的双方各自义务及其逻辑顺序是，（1）李A应在前款规定的期限内就加盟店营业场所的选址、经营理念、经营能力做好充分准备；（2）于前述期限届满之前通知B公司对其进行全面考核；（3）B公司对李A进行考核后，允许其加盟的，应当通知其与B公司签订某品牌特许加盟协议书。（4）李A应于接到B加盟许可通知之日起10日内与B公司签订某品牌特许加盟协议书。

李A完成了自己的加盟准备工作，并在约定的时间内通知了B公司对其进行考核；完全履行了《意向书》中约定的义务；而B公司在对李A进行考察考核后，没有根据《意向书》的约定，向李A发出明确的通知，告知李A是否同意李A加盟其公司，导致最终双方没有实际订立商业特许经营合同。双方没有订立商业特许经营合同的过错在于B公司。

2. 尽管双方签订的《意向书》本质上是一份合同，但双方的本意是要最终签订正式的商业特许经营合同，该《意向书》只是双方在签订正式的商业特许经营合同前的一个协商的环节和过程。在签订合同的过程中，双方当事人均应当遵循诚实信用的原则，为合同的最终订立履行必要的协助、通知等义务，否则应当赔偿合同不能订立给对方当事人造成的损失。根据《合同法》的相关规定，缔约过失责任的具体赔偿内容包括：（1）缔约费用，包括可行性调查、差旅费、合同草案审查费等。（2）为准备履行合同产生的费用。当事人有理由信赖合同能够有效成立，而为履行合同作了必要的准备，由此发生的费用。（3）履行合同而发生的费用。当事人签订了合同，有理由信赖合同有效，而履行了合同，但合同被撤销、被确认无效，一方履行合同发生的费用，过错方应当赔偿。（4）丧失合同机会产生的损失。

现由于B公司的过错导致其与李A未能签订商业特许经营合同，因此，法院判决李A和北京B教育科技发展有限公司签订的《某品牌特许加盟意向书》解除；2. 北京B公司返还李A三万六千元；赔偿李A经济损失一千四百二十元是正确的。

三、防范对策

（一）特许人首先要了解缔约过失责任。

1. 缔约过失责任的产生，前提是企业在签约过程中有不规范的行为。主要包括：（1）恶意磋商行为。很多经营者认为，合同没有成立之前的行为就不受约束，甚至将利用恶意磋商贻误对方的商业竞争时机视为很好的竞争手段。企业经营者通过与竞争对手进行磋商，贻误对方与他人合作的机会，这种方式的恶意磋商活动将使企业面临被追究缔约过失责任的法律风险。（2）应当披露的的信息未披露。这种情况是较为常见的缔约过失责任发生原因，企业对外签订合同时，经营者认为对方没有询问就不必向对方说明物品瑕疵或权利瑕疵，或者经营者为了促成交易故意隐瞒瑕疵，该法律风险体现在企业已经签订的合同之中。

2. 缔约过失责任有以下四个特点：（1）缔约过失责任是缔结合同过程中产生的民事责任。只有在合同尚未成立，或者虽然成立，但因为不符合法定的生效要件而被确认无效或被撤销时，缔约人才承担缔约过失责任。（2）缔约过失责任是以民法的诚实信用原则为基础的民事责任。根据诚实信用原则，缔约当事人在缔约的过程中负有一定的附随义务（先契约义务），如互相协作、互相照顾、互相保护、互相告知、互相忠诚、不得隐瞒瑕疵、不得欺诈等义务。只有当缔约人一方违背了其应负有的这些义务并破坏了缔约关系时，才能由其承担缔约过失责任。（3）缔约过失责任保护的是一种信赖利益。信赖利益又称消极利益或消极的契约利益，一般是指无过错合同一方当事人因合同无效、不成立等原因遭受的实际损失。所以该责任的确定应以受到信赖利益的损失为前提条件，只有因合同一方当事人的缔约过失行为而给对方造成信赖利益损失的，缔约过失责任才有可能成立。（4）缔约过失责任是一种弥补性、补充性的民事责任。

3. 按照目前法律规定，缔约过失责任主要有以下类型：（1）恶意磋商；（2）欺诈缔约；（3）违反人格和人格尊严等违反诚实信用原则的缔约；（4）擅自撤销要约的缔约过失责任；（5）合同订立过程未尽通知、保密等义务给对方造成损失；（6）合同订立时未尽保护义务侵害对方的人身权、物权；（7）合同不成立的缔约过失责任；（8）合同无效的缔约过失责任；（9）合同被变更或撤销的缔约过失责任；（10）合同不被追认的缔约过失责任。

（二）特许人不要以为合同还没有签订自己就不需要承担任何责任，在缔约过程中一定要事先进行周密的考虑、考察，本着互相协助、照顾、保护、通知、诚实等原则，正确履行缔约义务。如果特许人与潜在被特许人签订了《加盟意向书》，特许人一是要在《加盟意向书》中公平约定双方的缔约义务，二是要严格按照《意向书》的约定履行自己的缔约义务。

风险点十八　商业特许经营合同主体方面的法律风险

一、风险提示

合同相对性原则是合同法的核心原则，历来被看作合同法的基石，合同法的很多规则都是以合同相对性规则为基础建立起来的。合同相对性是指合同主要在特定的合同当事人之间发生法律拘束力，只有合同当事人一方能基于合同向对方提出请求或提起诉讼，而不能向与其无合同关系的第三人提出合同上的请求，也不能擅自为第三人设定合同上的义务。合同义务的相对性决定了合同责任也具有相对性，即违约责任也只能在合同关系的当事人之间发生，合同关系以外的人不负违约责任，合同当事人也不对其承担违约责任。

商业特许经营实践中，特许人在合同主体方面的法律风险主要存在两点：（1）被特许人在与特许人签订商业特许经营合同时，往往是以自然人的身份签订的，从法律关系上来说，这个在商业特许经营合同上签字的自然人是合同主体，享有合同规定的权利，履行合同规定的义务，承担违约责任。但商业特许经营合同签订之后，被特许人又往往自己或者与别人合伙设立企业来实际使用特许人的经营资源进行经营，这就造成了这样一个问题，即在商业特许经营合同上签字的被特许人没有实际使用特许人的经营资源，而实际使用商业特许经营资源的人又没有在商业特许经营合同上签字，一旦出现加盟纠纷，特许人就难以维护自己的合法权益。（2）一些特许人为严格保护企业的经营资源，往往将不竞争义务，即竞业禁止义务的承担主体扩大范围，不仅在其与被特许人签订的商业特许经营合同中要求被特许人在合同有效期限以内及期限届满后一定时期内不得从事与特许人授权其从事的业务相同、相似或相竞争的经营活动，而且将该义务延展至被特许人的股东、配偶、亲属等主体。根据合同的相对性原理，特许人通过商业特许经营合同赋予被特许人的股东、配偶、亲属、员工等竞业禁止义务，并不直接对被特许人的股东、配偶、亲属、员工等产生法律效力，无法根据合同来追究这些人的责任。

二、真实案例

案例 18　被授权主体约定不明确，特许双方产生纠纷。

——上海 A 水业发展有限公司等与王 B 商业特许经营合同纠纷上诉案

案情简介

原审法院查明：A 水业公司、A 净水公司是关联公司。王 B 的妻子魏星美是个体工商户上海市嘉定区徐行镇某杂货店（以下简称某杂货店）的经营者。2008 年 12 月 28 日，A 水业公司和某杂货店签订《浩泽活水站连锁专柜商/连锁加盟商终端营业经理经营协议书》，约定某杂货店代理经销 A 水业公司的“浩泽活水站”开户卡、水卡等产品，该合同盖有 A 水业公司和某杂货店的公章，某杂货店的授权代表一栏有王 B 的签名。陈某原是 A 水业公司的员工，担任客服经理一职，主要负责上海市嘉定区的业务。王 B 得知 A 水业公司欲在上海市嘉定区发展一家区域总代理商的消息后，找到陈某表示希望成为上海市嘉定区的总代理。此后，王 B 取得涉案《连锁经营协议书》。该协议的双方为 A 水业公司（甲方）与星美水站（乙方）。协议约定：甲方组建及运营的公司已形成一独特体系，以浩泽 A 商标字体及其它独特“市场营运模式”为运营特征，采用电化学、结构、电子、数字化软件及相关的工业制造技术，生产出独有专利的“直饮水机”产品；在本协议存续期间，甲方向乙方授予权利，乙方在甲方认可的地点代理 A 水业公司专有的

“浩泽 A 活水站”的开户卡、水卡等系列产品；甲方授权乙方为 A 级终端运营连锁加盟商，签约时乙方须向甲方缴付加盟金 2 万元，本费用不再退还；签约时，乙方须向甲方缴纳首次货款 10 万元，本费用根据价格表分批进行结算。该协议甲方一栏盖有 A 水业公司合同专用章，甲方授权代表处有“刘梦”的签名；乙方一栏注明为星美水站，但未加盖公章，乙方授权代表处有“陈某”、“王 B”的签名，并注明协议签订日期为 2009 年 5 月 26 日。此后，王 B 取得了三张盖有 A 净水公司财务专用章的收据。第一张收据载明：入账日期为 2009 年 5 月 29 日，交款单位为星美水站，收款方式为现金，金额为 2 万元，收款事由为加盟金。第二张收据载明：入账日期为 2009 年 6 月 2 日，交款单位为星美水站，收款方式为现金，金额为 2 万元，收款事由为水卡（可抵货款）。第三张收据载明：入账日期为 2009 年 6 月 20 日，交款单位为星美水站，收款方式为转账，金额为 6 万元，收款事由为水卡。上述三张收据经办栏有“刘”的签名。现王 B 以 A 水业公司、A 净水公司未履行《连锁经营协议书》，交付的面值 10 万元的水卡是空卡为由提起诉讼。

刘梦原系 A 水业公司员工，是陈某的上司，陈某于 2009 年 6 月 4 日从 A 水业公司离职后去向不明。

原审庭审中，王 B 确认，《连锁经营协议书》由陈某向其提供，协议书中乙方授权代表处“王 B”的名字并非其本人亲笔签名，但其认可该协议的效力。王 B 表示，其以现金的方式分三次交付刘梦共计 10 万元，刘梦于 2009 年 6 月底交付他三张收据；其收到的面值 10 万元的空卡由 A 水业公司邮寄给陈某，再由陈某通知其领取。刘梦出庭作证，称《连锁经营协议书》及收据上名字并非其本人的签名，其未收取王 B10 万元现金。

法院审理

原审法院认为：本案有二个争议焦点：一是《连锁经营协议书》的当事

人及其效力；二是王 B 是否向 A 净水公司交付了相关费用。

关于《连锁经营协议书》的当事人及其效力。由于星美水站没有依法成立，其并非民事法律关系主体，故以星美水站名义所为的民事行为应由实际行为人承担法律后果。《连锁经营协议书》乙方一栏注明为星美水站，授权代表一栏有“陈某”、“王 B”的签名，故陈某、王 B 可能是协议的一方当事人。由于陈某不到庭参加诉讼，导致本案的一些事实难以查明，如“陈某”、“王 B”的名字是否为陈某所签、协议书是否由陈某交给王 B 等。在上述情况下，依据现有证据，结合社会生活常理，原审法院认定王 B 是涉案协议中的乙方当事人，主要理由：首先，授权代表通常应解释为合同当事人的代理人或经办人而非合同当事人；其次，王 B 能合理解释其与星美水站之间的关联，其妻子经营的星美杂货店原是 A 水业公司的加盟商，而星美杂货店、星美水站的字号均取自其妻魏星美的名字；再次，在通常情况下，持有权利凭证的一方往往是该凭证记载权利的权利人，而王 B 持有《连锁经营协议书》和收据的原件；最后，合同当事人一般都会关注合同的履行情况，而陈某对《连锁经营协议书》的履行情况不闻不问，从未向 A 水业公司提出有关履行合同等方面的要求，也未到庭主张权利。综上，从高度盖然性的标准出发，可以基本排除陈某是乙方当事人之一的可能性。《连锁经营协议书》的内容不违反法律规定，并盖了 A 水业公司的公章，王 B 虽没有在上述协议上亲笔签名，但对上述协议的内容予以追认，故上述协议依法成立并生效，对协议双方当事人具有法律约束力。A 净水公司与 A 水业公司是关联公司，A 净水公司是涉案争议款项的收款人，故其以行为表明其加入协议，成为涉案协议书中甲方的共同主体之一。另外，法院还对关于王 B 是否向 A 净水公司交付了相关费用进行了审理。

最终，一审法院依照《中华人民共和国合同法》第四十四条第一款、第九十四条第（二）项、第九十七条、《中华人民共和国民事诉讼法》的规定，判决：1. 解除王 B 与上海 A 水业发展有限公司、上海 A 净水有限公司之间的《浩泽·A 活水站终端营运经理连锁经营协议书》；2. 上海 A 水业发展有限公司、上海 A 净水有限公司于判决生效之日起十日内返还王 B 人民币 4 万元；3. 驳回王 B 的其余诉讼请求。

一审判决后，A 水业公司与 A 净水公司不服，向二审法院提起上诉，请求撤销原审判决，驳回被上诉人的全部诉讼请求或者发回重审。二审法院经审理认为一审认定事实清楚，适用法律正确，遂判决：驳回上诉，维持原判。

案例评析

1. 本案属于商业特许经营授权主体不明引起的法律纠纷。本案合同被特许人处有陈某和王 B 的签字，到底王 B 和陈某谁才是本案中的被特许人呢？最终法院依据现有证据，结合社会生活常理，从高度盖然性的标准出发，认定了王 B 是涉案协议中的乙方当事人（即被特许人）。

2. 实践中还存在另一种更为普遍的被授权经营主体不明的情形，需要引起广大特许人的高度重视。在商业特许经营法律关系中，很突出的一个特点是往往会出现签约的被特许人和实际使用特许人经营资源进行经营的主体不是同一个主体。在签订商业特许经营合同时，被特许人是以自然人的身份签订的。签订合同之后，往往再自己单独或与别人合伙组建公司，真正使用商业特许经营经营资源的是新组建的公司。笔者认为这实际上是被特许人转让商业特许经营权的行为。商业特许经营合同是知识产权含量极高的经济合同，特许人将此资源授予不特定人使用时，是有选择性的，如果法律不禁止被特许人随意转让，必将损害特许人的基本权利。因此，笔者认为一般情况下，特许人应该和被特许人在合同中约定商业特许经营权转让或者以商业特许经营权作为合作的条件。没有约定的，被特许人在转让或合作前应当征得特许人同意，并重新达成三方协议，否则应视为违约或侵权。

三、防范对策

（一）在合同上签字的被特许人如果不是自己直接使用商业特许经营资源进行经营，而是以自己或者与别人一起设立的公司来进行经营的话，特许人应当要求实际使用其经营资源的经营主体在商业特许经营合同上重新签字，变成合同主体。

（二）特许人应当让在合同上签字的被特许人承诺，如果将来不以其名义使用商业特许经营资源，而是通过其设立的企业从事经营活动的，其所设立的企业承受被特许人在商业特许经营合同中的一切权利义务，被特许人承担连带责任。

（三）特许人为了最大限度地维护自己的合法权益，在扩大竞业禁止义务的主体范围时，要采取适当的方法。实践中，被特许人的股东、配偶、亲属、员工在被特许人的经营活动中，很有可能获得特许人的经营资源和商业秘密，加之他们都经历了多年的行业历练、接受了特许人多年的专业培养、积累了丰富的客户和渠道资源，拥有强大的业务实力。若这些主体从事特许人或其授权被特许人经营的义务时，他们的竞争将在更大程度上分解特许人的经营体系，损害特许人的现有权益。因为他们不是合同法律关系的一方主体，特许人无法依据合同条款追究他们的违约责任。

为了防范这样的法律风险，首先，特许人可以要求竞业禁止义务的承担主体在商业特许经营合同签署处签字盖章，以示对合同内容和自身义务的充分认可；其次，特许人可以在合同中为该违约责任的承担设定替代原则，即被特许人应当采取适当措施防范或禁止其股东、配偶、亲属、员工从事竞争性经营活动，被特许人未采取该项措施或采取该项措施不力致使特许人权益受损的，应当对其股东、配偶、亲属、员工等的行为承担违约责任。

风险点十九　商业特许经营合同内容方面的法律风险

一、风险提示

商业特许经营合同在内容方面的法律风险主要表现为：（一）特许人不能通过商务主管部门的备案。法律法规一般不干涉民事合同的内容，只要不违反法律的强制性规定和社会公共利益，合同内容都由当事人任意约定。但由于商业特许经营具有公众性、融资性，为了维护被特许人的合法权益和商业特许经营市场秩序，《商业特许经营管理条例》规定了商业特许经营合同的十一项内容，包括：（1）特许人、被特许人的基本情况；（2）商业特许经营的内容、期限；（3）商业特许经营费用的种类、金额及其支付方式；（4）经营指导、技术支持以及业务培训等服务的具体内容和提供方式；（5）产品或者服务的质量、标准要求和保证措施；（6）产品或者服务的促销与广告宣传；（7）商业特许经营中的消费者权益保护和赔偿责任的承担；（8）商业特许经营合同的变更、解除和终止；（9）违约责任；（10）争议的解决方式；（11）特许人与被特许人约定的其他事项。商业特许经营合同缺少上述法定内容的，有可能导致不能通过商务主管部门的备案。（二）商业特许经营合同内容不全面，导致出现纠纷时没有合同依据分清责任。商业特许经营法律关系涉及商业特许经营的各个环节，商业特许经营授权、商业特许经营费用的收取、培训、支持、督导等各个方面。目前我国专门调整商业特许经营法律关系的法律法规还不健全，只有一个《商业特许经营管理条例》及其配套的两个《办法》，不仅效力层级低，而且条款比较少，内容概括、笼统，不能满足商业特许经营实践的需要。特许双方的法律关系、权利义务主要由商业特许经营合同来规定。如果合同内容有缺失的，将会导致特许双方在某些方面的权利义务不清，出现纠纷时没有处理的依据。（三）是商业特许经营合同语言的不规范导致合同内容约定不明确，特许双方产生争议。虽然合同内容不全面或者约定不明确的法律风险在任何类型的合同中都存在，但因为商业特许经营法律关系具有多元化和复杂化的特点，强调合同内容的全面性和准确性比其他类型的合同具有更为重要的法律意义，任何一方面的疏漏都会引起商业特许经营合同纠纷。

二、真实案例

案例19　合同内容约定不准确，导致法院作出不利于特许人的事实认定。

——重庆A餐饮管理有限公司诉曾B商业特许经营合同纠纷案

案情简介

2008年6月28日，A餐饮公司（甲方）与曾B（乙方）签订了店铺特许加盟合同，约定：特许人即甲方，是指依法在重庆市渝中区正式注册成立的“重庆A餐饮管理有限公司”；受许人，即乙方曾B；本合同所指的商标为“A”，商号为“A火锅店”和“重庆A餐饮管理有限公司”；营业象征，是指甲方在加盟店铺中的商标、商号、招牌、徽标图形、服务标志、企业统一色彩、营业场所装修及装饰、员工服装等代表“A”形象的一切与其他店铺区别的标识系统；运营模式是指甲方在“A”火锅店铺中包括营销方式、营运管理、文件手册、产品与服务、配送供应、员工培训等一系列属于甲方专用的技术和技巧；“A体系”是指由以上营业象征、营运模式和操作手册所共同构成的“A火锅店”经营体系；甲方认可乙方在双方约定的新疆维吾尔族自治区石河子市北四路290号设立加盟店。为保证甲方的商标、商号和标识等知识产权不受侵犯，本合同有效期为签约之日起5年，即自2008年6月28日至2013年6月27日止；本合同签订之日，乙方应向甲方一次性全额缴纳专有品牌使用费10000元及专有品牌保证金5000元；乙方有权获得甲方在本合同中的授权并合法使用；加盟合同第三十条第一款第（5）项约定，乙方未经甲方批准擅自中断经营连续超过30天或停止向甲方指定专用营运商定购核心配料超出60天的，甲方视为乙方自动放弃已加盟的权利，甲方有权单方面终止合同并不退还乙方任何费用；加盟合同第三十条第一款第（6）项约定，若乙方因自身原因丧失履约能力或乙方违反本合同第三十六条，甲方有权单方解除合同，同时取消乙方对“A体系”的使用权；乙方应当在合同终止或解除后十日内停止使用“A体系”，具体包括停止使用商标、商号及标识等营业标志，并拆除店铺招牌和包含甲方授权使用的徽标图形、服务标志等物品。同日，曾B与A餐饮公司指定的营运服务商，即重庆市江北区A酒店用品经营部签订了店铺营运服务合同。

加盟合同签订后，特许双方在履行过程中发生纠纷，2009年3月9日，A餐饮公司向曾B发出《公函》，其内容主要载明：在双方签订的店铺加盟合同第三十条第（5）、（6）项明确约定了火锅核心底料的使用方式及定购核心底料的时间。经查看，曾B已长达3个月未向营运服务商定购核心底料，该行为使得“A”火锅品质无法得到保证，影响公司形象，已构成侵权。依据加盟合同第三十条第（5）、（6）项的约定以及合同法第93条、96条之规定，通知你在收到本公函之日起5个工作日内，尽快与我公司联系，协商处理违约事宜，如前述期限届满，你、我双方未能达成谅解协议，期限届满之日起我公司将立即解除加盟合同，你应当立即停止使用我公司的“A”商标及经营体系。

2009年3月17日，曾B向A餐饮公司回函，其名称为“情况说明”，内容主要载明：贵公司于2009年3月15日发来的公函已收悉，贵公司提出新疆石河子火锅店3个月未购进核心底料情况，说明如下：核心底料一直在使用，至今未用完；核心底料的配比有所变动，用量变小；开业时按公司的配比石河子食客无法适应等，就以上情况望公司给予理解，希望在贵公司的指导下做好“A”品牌。次日，A餐饮公司在上述“情况说明”上作出批示，其内容主要载明：上述意见不成立，A餐饮公司为严肃管理，维护品牌形象，不能对上述情况作出理解，请营运部暂停对该店的所有帮扶工作，并在对方实际书面认识到违约后方可进行后续工作及达成整改。

法院审理

法院经审理认为，A餐饮公司与曾B之间签订的店铺特许加盟合同是双方当事人的真实意思表示，其内容未违反国家法律行政法规的强制性规定，合法有效，双方均应依约履行各自义务。在本案中，曾B是否存在违约行为，加盟合同是否已于曾B收到《公函》起五日后解除系本案争议的焦点，其也是解决曾B是否存在侵权行为，是否承担赔偿损失责任的前提。

关于曾B在加盟合同的履行中是否存在违约行为的问题。曾B与A餐饮公司签订加盟合同后，于2008年9月3日首次向A餐饮公司指定的营运商定购了火锅核心底料，但其在之后的60天内未再购买。因此，曾B违反了加盟合同第三十条第一款第（5）项的约定，存在违约行为。

关于加盟合同是否已解除的问题。A餐饮公司认为，因曾B存在违约行为，其于2009年3月9日发出《公函》要求曾B“在收到本公函之日起5个工作日内，尽快与我公司联系，协商处理违约事宜，如前述期限届满，你、我双方未能达成谅解协议，期限届满之日起我公司将立即解除加盟合同，你应当立即停止使用我公司的“A”商标及经营体系”，曾B于同年3月15日收到该《公函》，因此，加盟合同已于曾B收到《公函》5个工作日后的第二天，即3月21日解除。对此，曾B对该函件的真实性无异议，但不认可其证明内容。本院认为，根据合同法第九十三条“当事人协商一致，可以解除合同。当事人可以约定一方解除合同的条件。解除合同的条件成就时，解除权人可以解除合同”、第九十六条“当事人一方主张解除合同的，应当通知对方。合同自通知到达对方时解除”的规定，A餐饮公司如果认为曾 B 违反了加盟合同的约定，在解除条件成就时，当然享有合同解除权，但应当以明确而肯定的决定方式通知曾 B 解除协议。从 A 餐饮公司所发的《公函》内容看，A 餐饮公司表达的是“如……，将解除……”的语言含义，该含义表达的只是一种可能性，而不是一项决定，因此该《公函》不能视为解除加盟合同的通知。另外，从 A 餐饮公司在曾 B 的回函“情况说明”上的批注内容“请营运部暂停对该店的所有帮扶工作，并在对方实际书面认识到违约后方可进行后续工作及达成整改”以及本次诉讼中提出解除加盟合同的请求看，也可推断出《公函》中所提及的解除加盟合同并非一项决定。综上，双方所履行的加盟合同并未解除。

人民法院还对 A 餐饮公司提出曾 B 因存在侵权行为而赔偿损失问题和要求解除加盟合同的问题进行了审理。最终法院判决：1. 解除原告重庆 A 餐饮管理有限公司与被告曾 B 于 2008 年 6 月 28 日签订的店铺特许加盟合同；2. 被告曾 B 在本判决生效后，立即停止使用原告重庆 A 餐饮管理有限公司所有的“A”商标、商号及加盟合同约定的其他其经营体系；3. 驳回原告重庆 A 餐饮管理有限公司的其他诉讼请求。

案例评析

1. 特许经营合同是特许人和被特许人之间设立、变更、终止商业特许经营权利义务关系的协议，对于特许人和被特许人来说，特许经营是一项长期合作的事业，特许经营是混合性的合同，包含知识产权的许可使用、产品的供应、特许人对被特许人的培训指导支持义务和被特许人的保密义务，等等。因此，相比较其他商业协议，特许经营合同的复杂性要求特许人和被特许人对特许经营所包含的各项法律关系作出比较详细的、完善的约定，做到有章可循、有据可查，尽量地减少纠纷，维护特许经营体系的稳健发展。否则，一旦发生纠纷，将会给解决争议带来困难。①

① 欧阳光、吴静、王龙刚：《公司特许经营法律实务》，法律出版社 2007 年 7 月第 1 版，第 108 页。

2. 语言表达是否精确，涉及从词汇选择到句法、语法、语体、语言歧义等多个方面。[①] 对特许人而言，商业特许经营合同是减少和降低商业特许经营纠纷的关键。只有合同内容全面，语言准确，才能明确约定双方的权利义务。如果合同用语模糊，出现歧义，则容易产生商业特许经营合同纠纷。

3. 本案中，法院之所以没有支持A餐饮公司认为的加盟合同已解除的主张，就是是因为合同语言导致的合同内容不准确。法院认为从A餐饮公司所发的《公函》内容看，A餐饮公司表达的是“如……，将解除……”的语言含义，该含义表达的只是一种可能性，而不是一项决定，因此该《公函》不能视为解除加盟合同的通知。另外，从A餐饮公司在曾B的回函“情况说明”上的批注内容“请营运部暂停对该店的所有帮扶工作，并在对方实际书面认识到违约后方可进行后续工作及达成整改”以及本次诉讼中提出解除加盟合同的请求看，也可推断出《公函》中所提及的解除加盟合同并非一项决定。综上，双方所履行的加盟合同并未解除。由此可见，合同语言准确、严密的重要性。

三、防范对策

（一）商业特许经营合同被称为商业特许经营领域的“宪法”，它不仅是商业特许经营的根本性的法律文件，承载了商业特许经营主体主要的权利义务关系，还成为法院审理商业特许经营合同纠纷的依据。特许人一定要认识到商业特许经营合同的综合性、复杂性和重要性，重视商业特许经营合同的起草和签订。

（二）注意商业特许经营合同的法定性。如上所述，我国《商业特许经营管理条例》规定了商业特许经营合同应当包括的十一项主要内容，这十一

① 吴江水：《完美的合同》，北京大学出版社2010年1月第1版，第140页。

项内容属于法定内容，特许人在起草商业特许经营合同时，一定要注意涵盖上述内容。

（三）注意商业特许经营合同的个性化。商业特许经营是一种经营模式，涉及的行业很多，不同的行业有不同的特点，不同的企业也有不同的实际情况。因此，不同的商业特许经营合同，其内容差别很大，特许人一定要结合自己所处行业，结合自己企业的发展阶段、实际情况起草商业特许经营合同，千万不可随意拟定几个条款或是从网上下载一个模板。

（四）注意商业特许经营合同的全面性和合同语言的准确性。商业特许经营合同是确立特许双方法律关系的根本性文件，是特许人与被特许人开展商业特许经营合作的基础，法规并没有对商业特许经营合同作过多的限制，充分体现了对当事人意思自治的尊重。特许人应当以商业特许经营合同为基础，全面规范特许人与被特许人的经营行为。一份完整的商业特许经营合同除了包括法定内容外，还应该包括一般合同所具有的合同期限的续约、合同转让、合同变更、合同终止和争议解决条款等内容，以及特许知识产权保护、特许人对被特许人的支持、特许体系的供应与销售等内容。另外，商业特许经营合同通常还会有一系列附件。特许人在起草商业特许经营合同时，可以参考以下条款：

1. 特许人、被特许人的基本情况。特许人、被特许人的基本情况在商业特许经营合同中非常重要，特别是对于特许人。我国《商业特许经营管理条例》规定，特许人必须为企业，特许人从事商业特许经营活动应当拥有成熟的经营模式，并具备为被特许人持续提供经营指导、技术支持和业务培训等服务的能力。这是对特许人准入资格的规定，对于商业特许经营活动的开展具有重要意义，必须在合同中写清楚。

2. 商业特许经营授权的内容、方式、地域和期限。商业特许经营授权的内容、方式、地域和期限，是商业特许经营合同的核心条款，它规定了特许双方主要的权利和义务，也是容易引起纠纷的部分，因此，特许人一定要在合同中约定清楚，特别要明确约定是否允许被特许人经营其它业务。

3. 商业特许经营费用的种类、金额及其支付方式。商业特许经营费用是商业特许经营的重要内容，种类繁多，包括加盟费、特许权使用费、广告推广基金、保证金、培训费等等，且其功能不同，特许人一定要在合同中把每项费用的收费数额、方式、期限以及是否返还及返还的条件、时间等内容约定清楚。

4. 经营指导、技术支持以及业务培训等服务的具体内容和提供方式。培训和指导是保证特许体系完整统一的重要手段。商业特许经营合同应明确规定培训和指导的内容、方式、费用承担等事项。培训指导通常包括开业前的人员培训、店址选择、店面设计、营销策划和后续支持方面的培训。对被特许人来说，获得培训和指导是其一项重要的合同权利，如果需要另行收费，则应当在商业特许经营合同中明确约定。

5. 产品或者服务的质量、标准要求和保证措施。产品或服务质量是实现销售的根本，实践中经常发生特许双方因产品质量发生商业特许经营纠纷的情形，因此，在签订商业特许经营合同时，特许双方对产品或服务的质量、产品合格标准和保证措施都要进行详细约定。

6. 产品或者服务的促销与广告宣传。我国《商业特许经营管理条例》第十七条规定，特许人向被特许人收取的推广、宣传费用，应当按照合同约定的用途使用。推广、宣传费用的使用情况应当及时向被特许人披露。因此，合同中一定要详细约定特许人向被特许人收取推广宣传费用的数额、用途及使用方式。

7. 商业特许经营中的消费者权益保护和赔偿责任的承担。尽管在商业特许经营活动中，特许双方是各自独立的民事主体，各自独立承担责任，但由于商业特许经营资源瑕疵、特许人对被特许人的经营过度干预以及其他原因导致特许双方在法律责任承担上的复杂性。因此，特许双方在合同中必须把特许双方的法律关系和责任承担约定清楚。

8. 保密、知识产权保护和限制竞争条款。由于商业特许经营体系中，特许人与被特许人之间互为独立的民事主体，存在各自独立的经济利益，被特许人会竭尽所能地利用特许人的经营资源来获得最大的投资回报，有的甚至急功近利、违法、违规使用特许人的经营资源，给特许人造成巨大的损害。因此在商业特许经营合同中约定知识产权的保护条款是非常重要的。另外，特许双方还要对经过发展后的技术归谁所有，被特许人是否可以继续使用等问题，在合同中约定明确。

9. 特许人的监督与控制条款。特许加盟店业务模式的高度一致是商业特许经营的特点之一，如果一个被特许人未按特许总部的统一要求进行经营，与特许人设计的整体外部形象相违背，整个特许体系声誉就会受到损害。因此，特许人应将标准规范详细列入合同中。《商业特许经营管理条例》也规定特许人为了确保商业特许经营体系的统一性和产品、服务质量的一致性，可在合同中约定对受许人的经营活动进行监督，保证被许可人提供的产品和服务具有一定的质量水平的权利。

10. 商业特许经营合同的变更、解除和终止条款。商业特许经营合同的变更、解除和终止条款是非常重要的，合同中一定要约定合同变更、解除和终止的条件，特别是要对商业特许经营合同终止后相关事宜的处理作出明确约定，如费用的结算、经营资源的回收，产品的处理，保证金的退还方式及条件等，这些都是容易产生纠纷的地方。

11. 加盟店转让及加盟店门店的转租权条款。一般而言，特许人不鼓励加盟商转让商业特许经营权，但因为加盟店经营的好坏不仅关系到特许双方的切身利益，也关系到整个特许体系的成败，转让情况难免会发生。因此，特许人应当在合同中对特许权转让的条件和程序作出严格规定。另外，要注意加盟店门店转租权的约定，使门店转租能够顺利进行。

12. 违约责任和合同争议解决条款。没有违约责任的合同等于一张白纸。特许双方应在合同中对违约责任加以详细描述。合同争议的解决条款主要包括协商、诉讼、仲裁。正确选择对己方有利的纠纷解决途径能够起到降低成本、提高效率的良好作用。

13. 其他条款。除了以上基本条款以外，商业特许经营合同还应对加盟店的名称确定、单店选址与门店装修、经营手册的使用与修改、加盟店的财务管理、被特许人在合同签订后一定时期的单方解除权、是否允许被特许人制售会员卡、是否允许被特许人进行授权项目的网店和电子商务经营以及特许人的资本运营、合同专门用语定义等条款。

（五）商业特许经营合同的起草具有专业性。商业特许经营法律关系的复杂性和综合性决定了商业特许经营合同内容的复杂性和综合性，不具备专业知识的人很难起草一个高质量的商业特许经营合同。因此，特许人应当聘请专业律师在全面调查了解企业实际情况的基础上起草。

风险点二十　商业特许经营合同期限方面的法律风险

一、风险提示

商业特许经营合同的期限，是指特许双方缔结一次商业特许经营合同所规定的合同持续时间，一般以“年”为单位。虽然不同特许体系的商业特许经营合同期限有很大差异，不同行业之间的加盟期长短也各不相同，但我国《商业特许经营管理条例》第十三条还是对商业特许经营合同期限作了规定，即除非被特许人同意，特许人与被特许人首次订立商业特许经营合同，商业特许经营期限应不少于 3 年；特许人与被特许人续签合同时，不受此限。《商业特许经营管理条例》之所以这样规定，是因为从经营学角度来看，任何一家企业都要经过设立、发展、成熟、衰败几个环节，都要经过一定的时间阶段才能够盈利。特别是商业特许经营模式中，被特许人前期的投入是非常大的，除了正常的场地、人员、日常开支等任何企业都需要的成本和一定的流动资金之外，被特许人先期还要向特许人缴纳一定的加盟费、保证金等支出。被特许人的投资回报需要一个较长的周期，如果加盟期限太短的话，很难收回成本，这就背离了广大投资者采用加盟方式进行创业的宗旨和目的。从广义上来说，商业特许经营合同的续期也应当属于合同期限方面的内容。

特许人在商业特许经营合同期限方面的法律风险主要表现为：一是未经被特许人同意，商业特许经营合同的期限短于 3 年；二是特许人违反合同约定，侵害了被特许人优先续期的权利，被判承担不利的法律后果。

二、真实案例

案例20　特许人违反被特许人优先续期的合同约定，被确认具有法律责任。

——朱A诉深圳市B实业发展有限公司商业特许经营合同纠纷案

案情简介

原告诉称：2008年，原被告签订了《意大利某专卖店加盟协议书》，同时被告向原告授予了特许专卖授权书，合同经营期限为2008年7月9日至2009年7月9日止，并约定合同期满以后可优先续约。期满后，2009年8月1日，被告向原告继续授予了特许专卖授权书，双方按合同履行了合同权利和义务。2010年8月20日，原告收到被告的律师函，通知原告合同期满后不再续约。被告不再续约的行为违反了合同第二条之约定，侵害了原告所享有的优先续约权。为此，原告请求法院判令：1. 确认原告享有与被告所签订《意大利某专卖店加盟协议书》项下的优先续约权。2. 判令被告承担本案所有的诉讼费用。

被告答辩称：2009年12月双方约定的经营期满后被告将经营权收回自己经营，并已通知原告不再续约。

经审理，本院查明和本案相关的事实如下：2008年，原被告签订了《意大利某专卖店加盟协议书》，协议书内容为：一、被告授权原告为某品牌零售加盟专卖店，在重庆市经营某系列产品。二、经营期从2008年7月9日起到2009年7月9日止，合同期满以后可优先续约。三、原被告双方在合同期限内各自承担民事责任，相互之间无产权关系，但必须按被告的统一模式规定进行管理，原告在其专卖店中只能经营“MPE品牌”的产品……。合同签订后，双方按约定履行了合同。合同期满后，2010年4月1日，被告向原告发送了《关于重庆MPE调整知会函》，内容如下：“MPE品牌于2008年7月份授权给原告作为重庆独家经销商，2009年度实际完成销售额为

615742 元。根据《2009 年度全国城市销量排名表》显示，重庆专卖店业绩仅位于全国所有城市排名的最后第三名，整年度重庆专卖店从未在节假日期间配合公司开展统一策划的推广或促销活动。目前也已经接到红星美凯龙商场方面关于经销商配合欠缺的反映，并向我公司提出了调整的要求。基于与原告的加盟协议已于 2009 年 7 月 9 日到期，根据目前重庆市场的发展现状及 MPE 店进入重庆市场以来所取得的业绩分析，经督导部慎重商议决定，终止双方的合作，重庆市场由督导部接手经营管理。在 2010 年 5 月 9 日之前店面产生的销售业绩仍为原告所有并全权负责售后服务，凡在此之前确定的订单被告公司全力配合供应，2010 年 5 月 7 日督导部安排人员前往盘点接收工作。2010 年 5 月 10 日起公司督导部接管重庆市场，届时现场余留的摆场产品由被告公司负责接收。”2010 年 8 月 20 日，朱 A 公司的代理人朱 A 向原告寄送了《律师函》，内容如下：“原被告自愿订立的加盟合同合法有效，根据合同约定，双方的合作期限终止时间为 2010 年 8 月 1 日，合同到期后，朱 A 公司有权选择不再续约，并且朱 A 公司已提前 8 个月事先通知原告合同到期后不再续约之事。现朱 A 公司要求原告在 2010 年 8 月 25 日前，必须撤出现场摆设的朱 A 公司的所有产品，并不得再销售，否则将依法付诸法律程序解决。”原告认为被告不再续约的行为违反了合同第二条之约定，侵害了原告所享有的优先续约权，诉至本院。

以上事实，有双方签订的《意大利某专卖店加盟协议书》，被告向原告送达的《关于重庆 MPE 调整知会函》和《律师函》为证，本院予以认定。

法院审理

法院认为，原被告对双方签订的《意大利某专卖店加盟协议书》的合法性、有效性均无异议。该协议的第二条约定：“经营期从 2008 年 7 月 9 日起到 2009 年 7 月 9 日止，合同期满以后可优先续约。”双方对该条款本身的效力也无异议。因此，基于双方合同的约定，原告享有《意大利某专卖店加盟协议书》项下的优先续约权，本院依法予以确认。原告虽然在事实和理由部分认为被告侵害了其优先续约权，但其诉讼请求只要求确认其享有优先续约权，故被告是否侵害了原告的优先续约权及其法律后果不属于本案的审理范围，本院不作评述。

综上，根据《中华人民共和国合同法》第四十四条，《中华人民共和国民事诉讼法》第一百二十八条之规定，判决：确认原告朱 A 享有与被告深圳市 B 实业发展有限公司所签订《意大利某专卖店加盟协议书》项下的优先续约权；案案件受理费 1000 元，由原告朱 A 负担 500 元，被告深圳市 B 实业发展有限公司负担 500 元。

案例评析

1. 合同续期属于广义的合同期限的范畴。在商业特许经营实务中，由于商业特许经营模式的特点，一个加盟周期包括投资回收期和盈利期两个时间段。由于第一个加盟周期，被特许人在购置固定设备，进行广告宣传，推广品牌方面付出的成本比较高，盈利一般不会太多。因此，不少被特许人与特许人在商业特许经营合同约定了优先续约权。

2. 如果合同约定了被特许人的优先续约权，在被特许人符合合同约定的优先续约权的条件时，特许人与被特许人进行续约就成为了特许人的合同义务。特许人违反这项义务，就要承担相应的违约责任。本案中，商业特许经营合同中明确约定，合同期满以后，被特许人可以优先续约。特许人不允许被特许人续约的行为，违反了合同约定。因此法院确认特许人侵犯了被特许人的优先续约权是正确的。

三、防范对策

（一）特许人在商业特许经营合同中约定的合同期限不要违反《商业特许经营管理条例》的规定，一般情况下，不要少于三年。

（二）特许人应当根据自己企业的实际情况，结合被特许人的利益，合理确定合同期限的长短。一个合理的商业特许经营加盟周期由两段时间组成，即加盟期 = 投资回收期 + 盈利期。首先，一个加盟期必须至少等于该单店的投资回收期。从理论上讲，特许人至少应给予被特许人收回投资的期限，这个投资回收期就是一个加盟期的“底线”，即投资回收期是一个加盟期的最小值。很显然，被特许人投资加盟的目的不仅仅是为了能够收回投资，他还希望在收回投资之后有一段盈利的时间，即要求有一个合理的盈利期。因此，投资回报期的长短，并不完全取决于特许人的主观意愿，还要受到一些外在客观因素的制约，比如加盟金和权益金，加盟店盈利率、行业更新性、体系成熟度、竞争等。

（三）如果合同中约定了被特许人的优先续约权，特许人一定严格遵守合同约定，不要侵犯被特许人的优先续约权。

风险点二十一　商业特许经营合同形式方面的法律风险

一、风险提示

在合同形式方面，有格式合同和非格式合同之分。因为商业特许经营体系是由特许人和众多的被特许人共同构成的体系，特许人和被特许人是一对多的关系。特许人为了订约的便利和维护特许体系的统一性，通常使用自己事先草拟好的格式合同。

使用格式合同对于特许人来说，除了具有可以降低交易成本、能够重复使用的优点外，也存在一定的法律风险。我国《合同法》第四十条规定，“格式条款具有本法第五十二条和第五十三条规定情形的，或者提供格式条款一方免除其责任、加重对方责任、排除对方主要权利的，该条款无效。”第四十一条规定，“对格式条款的理解发生争议的，应当按照通常理解予以解释。对格式条款有两种以上解释的，应当作出不利于提供格式条款一方的解释。格式条款和非格式条款不一致的，应当采用非格式条款。”商业特许经营中，由于格式合同是特许人在事先没有和被特许人协商的基础上单方面草拟的，特许人要承担合同无效、不利解释的法律风险。由于商业特许经营关系中是一对多的关系，格式合同还容易引起不利于特许人的连环诉讼。如果因为某个格式条款设定不当，导致特许人在商业特许经营纠纷诉讼、仲裁中失利，其他的加盟商往往会效仿。因此，商业特许经营合同中的格式条款对特许人来说具有巨大的潜在法律风险，不能妥善地使用格式合同，其使用效果往往适得其反。[①] 特许人一定要注意防范。

---

① 吴江水：《完美的合同》，北京大学出版社2010年1月第1版，第149页。

二、真实案例

案例21　因商业特许经营合同为特许人提供的格式条款，法院作出了不利于特许人的解释。

——石A等诉重庆B保健按摩服务有限公司商业特许经营合同纠纷案

案情简介

原告石A、姚C诉称：原、被告双方于2008年4月15、24日分别签订《协议》和《连锁经营合同》约定由被告为原告提供品牌、商标、技术、管理经验及足够保健人员，原告提供连锁店面并支付费用，在河南省许昌市魏都区开办重庆B许昌连锁经营店。合同中规定，原告须就合作一次性向被告支付五年员工培训费、差旅费、商标、商号使用费等共计人民币700000元；为保证原告利益，被告承诺在许昌经营店开店5年内，在许昌辖区范围内，除原告申请开设外，被告不得开设第二家连锁店或允许第三人使用被告商标、商号。如有违约须退还原告交给被告全部费用并赔偿原告经营收入减少部分损失。2009年，原告发现被告在禹州市开办了连锁经营店，而禹州市为许昌市下辖县级市，属于合同中竞业限制的管辖范围。被告违反合同约定的行为给原告造成了营业收入减少损失，根据合同法的相关规定，请求判令被告返还加盟费人民币700000元；判令被告承担本案律师费用61000元；本案诉讼费用由被告承担。在庭审时，原告将诉讼请求变更（增加）为：1. 判令被告停止违约行为并关闭禹州富侨足浴中心；2. 判令被告返还加盟费756753.5元（700000元是合同约定的，56753.5元是为了加盟被告而支出的其它费用；3. 判令支付维权费用，共计70152元；4. 诉讼费用由被告承担。

被告B公司辩称：1. 原告增加诉讼请求，在案件开庭前，原告有权变更，但无权增加。原告增加赔偿金额与原告诉状的请求无关，我们认为是增加诉讼请求，因此应驳回。2. 本案在庭审之际才知道增加诉讼请求，我们无时间准备，应当给我们充分准备时间。对于事实部分，许昌辖区范围内，我们认为是魏都区行政区与辖区不是一个概念。3. 被告对原告当庭变更请求答辩称：与法律规定的实体权利人行使诉权的要求不符，法院无法审理和判决。我们不了解原告诉求，我们的诉讼权利受到侵害。

法院审理

法院认为，根据原告的诉称、被告的辩称，本院确认本案的审理焦点为：一、双方约定的“在许昌辖区范围内”的“许昌辖区”是否包括禹州市。二、一方的律师费可否作为损失由对方进行赔偿。三、原告在开庭时变更（增加）的诉讼请求能否得到支持。

关于第一个问题，原告认为双方约定的“在许昌辖区范围内”指的是许昌市辖区的各县（市）区；而被告认为仅指许昌市魏都区。因该合同为被告方单方制作的格式条款合同，对于双方的不同解释，应作出对制定格式条款合同一方不利的解释。因此，应认定双方约定的“在许昌辖区范围内”应包括禹州市。

关于第二个问题，因双方未在合同当中约定实现权利的费用如何承担，所以在此诉讼中各方的律师费用应由各方自行承担。

关于第三个问题，最高人民法院《关于民事诉讼证据的若干规定》规定：“当事人增加、变更诉讼请求或者提起反诉的，应当在举证期限届满前提出。”原告在开庭时提出变更（增加）了诉讼请求，已超过了本次诉讼的举证期限，且被告又不同意质证。所以原告在举证期限届满后为变更（增加）诉讼请求而提供的证据，本次诉讼不予采信。

综上所述，原、被告之间签订的《连锁经营合同》是双方真实意思的表示，且不违反法律、法规的规定，合同合法有效。被告方违反合同的约定，在许昌辖区内又允许第三方使用其品牌、商标、商号违反了双方合同的约定，属违约行为，被告应当依照合同的约定返还原告方的700000元费用。因双方未在合同当中约定实现权利的费用如何承担，所以原告的律师费用不应由被告来承担，对于原告的该项诉讼请求，本院不予支持。对于原告提出的关闭禹州店的请求，因涉及第三人的利益，不能在此诉讼中解决。对于原告的其他的损失问题，因其在举证期限内未向本院举证，举证期过后提交的证据被告方不予质证，故对原告的该项诉讼请求，本院不予支持。对于被告的答辩意见与本院所查证的事实不符，本院也不予采信。依照《中华人民共和国合同法》第一百零七条、第一百一十四条第一款之规定，判决如下：1. 被告重庆B保健按摩服务有限公司于本判决生效后十日内向原告石A、姚C返还已支付的五年员工培训费、差旅费及品牌、商标、商号使用费等共计人民币700000元；2. 驳回原告的其他诉讼请求。

案例评析

1. 格式条款是指当事人为了重复使用而预先拟定，并在订立合同时未与对方协商的条款。实践中，格式条款广泛存在于商业特许经营合同之中。格式合同的特征概括下来一般包括以下几点：（1）合同条款的不可协商性。格式合同的使用人通常从自己的目的、利益角度出发，制定和使用格式合同，而作为合同的相对人，对格式合同的内容和具体条款并无协商和讨价还价的余地，从而排除了一般双务合同的平等协商过程，这是格式合同的最主要特征。（2）合同条款由一方预先拟定。在格式合同中，条款的内容和形式都是由使用人预先确定和设置好的，并未与相对人进行平等的协商。对外要约时使用人已经将自己的合同意思表示格式化和固定化，不存在修改格式条款的可能性。（3）合同双方地位的明显不平等性。在格式合同中，双方当事人的地位明显不平等。这种不平等既有双方缔结合同背景中经济实力与地位的差异（通常表现为一方为具有经济或信息、资源垄断地位），也有在订立合同中事实上的不平等，如条款由一方预先拟定，且不接受另一方的异议意思表达，格式条款合同的承诺方当事人只有“接受”或“不接受”的被动选择权。

2.《合同法》第四十一条规定，对格式合同的条款理解不一致时，适用特殊解释规则。即当格式合同提供方和相对人对某一条款的理解发生争议时，首先应当按照通常理解予以解释。如果对格式条款有两种以上解释的，受诉的人民法院或仲裁机构应当采用不利于格式条款提供方当事人的含义。

3. 本案中，特许双方对合同约定的“在许昌辖区范围内”的含义产生了不同的理解，被特许人石 A 认为双方在约定的“在许昌辖区范围内”指的是许昌市辖区的各县（市）区；而特许人重庆 B 保健按摩服务有限公司认为仅指许昌市魏都区。因该合同为特许人重庆 B 保健按摩服务有限公司单方制作的格式条款合同，对于双方的不同解释，应作出对制定格式条款合同一方不利的解释。因此，法院最终认定双方约定的“在许昌辖区范围内”应包括禹州市。

三、防范对策

（一）鉴于格式合同具有比较大的法律风险，建议特许人在商业特许经营活动中，尽可能不要使用格式合同。虽然特许人要保持商业特许经营体系的统一性，但不同的加盟商，其具体的情况是不同的，存在着较强的区域化特征；另外，商业特许经营合同虽然通常由特许人制订，但被特许人还是有一定的“讨价还价”余地的。因此，商业特许经营合同不必然都是“格式条款”。特许人在制作合同文本时，完全没有必要使用格式文本，可以就合同的全部内容与被特许人进行协商完毕后，再打印和签署合同文本，从而有效避免格式条款的风险。

（二）为了避免格式条款的风险，特许人可以设计可选择条款。所谓可选择条款，是指由特许人制订商业特许经营合同的基本体例，在合同内容上区分必备条款和选择条款的一种合同结构。使用时，被特许人可以根据具体情况，就可选择的合同内容与特许人进一步协商，最后确定合同文本内容。使用选择性条款后，合同文本符合合同法所确立的意思自治原则，在一定程度上可以认为该合同条款不具有“格式条款”的性质，从而有效避免格式条款的风险。

（三）为了维护商业特许经营体系的统一性，即使商业特许经营合同中的某些条款需要运用格式条款，特许人也应当严格按照《合同法》的规定，在公平、合理确定特许双方权利义务的基础上来拟定条款内容，具体如下：

1. 特许人在制订格式条款时应公平合理地确定合同当事人之间的权利义务，尽量避免有违公平原则的条款出现。比如，有的商业特许经营合同约定“在任何情况下，加盟金均不退还”、“总部的培训老师及开业辅导人员出现工伤，由加盟商负责”、“加盟商应该遵守特许体系的管理制度，总部有权对特许体系的管理制度随时进行修改并不再通知加盟商”或“总部拥有对本合同的解释权”等条款，就有违公平原则，有可能会导致该条款无效。

2. 建议特许人在信息披露时，对商业特许经营合同的格式条款进行特别提示和说明；或者在签订商业特许经营合同之前，由特许人向被特许人提供一份“商业特许经营合同特别提示和说明”的文件，并经被特许人签署后，由特许人妥善保管。

3. 采用合理方式提示和说明。采用在通常情况下能够引起被特许人注意的方式对被特许人进行提示和说明，如采用特殊的字号、字体、颜色或者采用加下划线等方式，也可以采用在特别条款下方单独签字确认的方式。

风险点二十二　商业特许经营合同附不当生效条件的法律风险

一、风险提示

我国《合同法》第四十四条规定，依法成立的合同，自成立时生效。第四十五条规定，当事人对合同的效力可以约定附条件。附生效条件的合同，自条件成就时生效。附解除条件的合同，自条件成就时失效。

商业特许经营实践中，不少特许人为了维护自己的利益，往往在合同中约定合同生效的条件。但因由于没有很好地理解所附条件的含义，致使所附条件导致特许人承担不利的法律后果。例如，特许人经常在合同中约定“本合同自乙方（被特许人）缴纳了全部加盟费、保证金以及其他应当缴纳的一切费用时生效。”特许人在合同中约定这一条款的意图很明确，即被特许人未缴清全部经营费用之前，合同不生效，特许人没有向被特许人提供商业特许经营资源和指导、支持的义务。但事实上，这个条款对特许人是不利的。因为特许人在与被特许人签订了商业特许经营合同后，经常会为被特许人提供选址、店铺装修设计等一些支持和指导工作，甚至有的特许人向被特许人交付了经营资源，并进行了培训。这时，如果被特许人没有向特许人缴纳各项商业特许经营费用的话，特许人就无法根据合同来追究被特许人的违约责任。因为这时商业特许经营合同还未生效。

二、真实案例

案例22　加盟商交纳全部费用后合同才生效的约定导致特许人不得不退还保证金

——赵A诉北京B投资控股有限公司商业特许经营合同纠纷案

案情简介

2012年8月27日，赵A（乙方）与B公司（甲方）就乙方在指定区域内进行甲方化妆品产品销售、品牌使用等事宜签订《骄兰某朵专营店经销合同》，该合同包括如下内容：

第一条总则。1. 本合同属于甲乙双方的商业秘密，未经双方同意，不得向任何第三方泄密。2. 本合同的有效期为2012年8月27日至2013年8月26日止；合同生效后，乙方作为甲方的经销商，有权在北京市朝阳区销售“骄兰怡朵”。

第二条品牌使用及履约保证。1. 甲方品牌商标由甲方自行注册并具有商标所有权；甲乙双方均有义务采取措施增加“骄兰某朵”品牌的市场知名度及正面社会影响；为规范经营及品牌使用行为，乙方向甲方交纳合同履约购货款29800元。2. 以上款项于____年____月____日前汇到公司指定账户，否则本合同不生效。（备注：甲方找好店面，乙方将尾款汇入甲方账户）3. 甲方按照乙方的后期进货量，每进货1万元，返还所交纳保证金全款的10%返完为止。第十三条其他。4. 本合同在乙方全部款项汇入甲方指定账户后生效。合同还对发货、运输、服务质量控制、乙方权利义务等内容进行了约定。

签约当日，赵A向B公司交纳了9000元合同款。诉讼中，双方当事人均认可B公司承诺在签约后三日内为赵A找好店面、赵A在B公司找到店面后支付余款。

诉讼中，赵A表示涉案合同第二条第2款的约定属于双方约定的合同生效条件，由于B公司未在承诺的时间内为其联系好店面，其也未继续支付余款，故涉案合同并未生效。B公司对此不予认可，表示其为赵A找好了店面，但赵A不愿意租赁其选择的房屋，也未付款，故责任在赵A。就此，B公司提交了一份案外人崔中义出具的证明和一份未签字的证明，以证明其曾为赵A联系过店面，但上述证明中所显示的房屋地址分别位于北京市大兴区和丰台区。赵A对此提出了异议。

赵A还提出在B公司未能依承诺为其联系店面的情况下，其曾催促该公司联系人谢坤，但被谢坤以在外地出差为由推脱，故其不愿意与B公司继续合作。B公司起初否认该公司有名为谢坤的员工，但未能对其自行提交的证明上载明的该公司员工王伟与谢坤为赵A联系店面的内容作出合理解释。

法院审理

法院认为，根据我国《合同法》第四十五条第一款的规定，当事人对合同的效力可以约定附条件，附生效条件的合同，自条件成就时生效；生效条件未成就的，则合同不发生效力。

赵A与B公司签订的《骄兰某朵专营店经销合同》是双方真实意思表示。根据该合同第二条第2款的约定，赵A的合同款项应在特定日期前汇到B公司的指定账户，否则合同不生效。上述约定属于双方约定的合同生效条件。虽然双方未约定赵A汇款的具体日期，但通过备注的内容即B公司找好店面、赵A将尾款汇入B公司账户对生效条件进行了明确。并且，涉案合同第十三条第3款亦约定涉案合同在赵A全部款项汇入B公司指定账户后生效。

现赵A以合同所附生效条件没有成就为由要求B公司返还其已经支付的款项。虽然B公司持不同意见，并主张其为赵A联系了店面，但根据其自身提交的证据，其所联系的店面分别位于北京市大兴区和丰台区，与涉案合同中约定的赵A的经营区域即北京市朝阳区不一致。在赵A对此不予认可且未向其支付余款的情况下，可以认定涉案合同约定的生效条件未成就，涉案合同尚不具有法律效力。

由于B公司未在其承诺的期限内为赵A找好店面，且其证据显示所联系的店面地址与合同约定不符，因此，涉案合同所附生效条件未成就的责任在B公司，其因涉案合同所取得的财产应予返还。赵A要求B公司返还已经支付的9000元费用，理由正当，应予以支持。

但对于赵A要求B公司赔偿其交通费、通讯费和食宿费的诉讼请求，因缺乏事实和法律依据，本院不予支持。

综上，依据《中华人民共和国合同法》第四十五条第一款之规定，判决如下：1. 被告北京B投资控股有限公司于本判决生效之日起十日内返还原告赵A已付费用九千元；2. 驳回原告赵A的其他诉讼请求。

案例评析

本案中，特许人在合同中之所以设置“本合同在乙方全部款项汇入甲方指定账户后生效。”这样一个条款，其主要目的是为了避免在被特许人没有缴纳加盟费用等款项的情况下，自己向被特许人履行商业特许经营中的各项义务。但由于特许人没有很好地理解所附条件的确切法律含义，反而损害了自己的利益，适得其反。如果合同中没有附加这样一个条件，合同一般在双方签字盖章时生效。合同生效之后，交纳合同约定的各种款项就成为了被特许人的合同义务。如果特许人履行了自己的义务，被特许人违约的话，特许人可以按照合同来追究被特许人违约的责任。但如果合同没有生效，特许人反而无法根据合同来维权。因此，提醒广大特许人在起草商业特许经营合同时，一定要确保所附条件实现自己的目的；反之，不如不附加合同生效条件。

三、防范对策

1. 特许人可以在合同中设定被特许人的先履行义务替代约定合同生效的条件。例如，商业特许经营合同中可以约定，只有当被特许人向特许人缴清加盟费、保证金和其他一切应缴纳的费用后，特许人才向被特许人提供经营资源，并开始为被特许人提供协助选址、提供店铺装修设计图纸、提供培训、提供开业赠品等。

2. 如果特许人一定要在商业特许经营合同中约定合同生效条件的话，要好好考虑应当附什么样的生效条件。一方面要注意合同所附生效条件不能违反法律规定；另一方面要确保所附条件达到自己的目的。

3. 特许人要根据自己的实际情况设定商业特许经营合同生效的条件内容，以防条件成就时自己不具备履行义务的能力而产生违约责任。

4. 特许人在商业特许经营合同设定合同生效条件时，应坚持公平合理的原则，平衡特许双方的权利义务，以防被法院认定所附条件无效。

第七章
商业特许经营合同履行方面的法律风险

本章导读

商业特许经营中，商业特许经营合同的起草和订立是特许双方建立商业特许经营关系，构建商业特许经营体系的重要环节，商业特许经营合同的履行同样是维护商业特许经营关系存续和进一步发展商业特许经营体系的重要步骤。合同签订后，特许双方都要严格按照合同的约定，认真履行自己的义务，否则应当对对方承担违约责任。商业特许经营合同履行中，特许人面临的法律风险主要表现为两个方面：一是特许人违约承担违约责任的法律风险；二是被特许人违约给特许人带来损失的法律风险。

商业特许经营本质上是经营模式的复制，被特许人要完全掌握特许人的经营资源，实现成功复制，在经营和管理方面还需要特许人的支持和帮助。被特许人有权要求特许人提供及时、有效的培训和指导，以解决经营、管理中的困难。因此，特许人对被特许人的主要义务包括：第一、提供有关的商业特许经营体系；第二、指导被特许人进行店铺选址；第三，授权被特许人使用其商标、标识等知识产权；第四，对被特许人实施教育与培训；第五，对被特许人进行持续的指导与援助；第六，向被特许人提供经营信息；第七，向被特许人提供商品、原材料；等等。被特许人对特许人的义务主要包括按时向特许人交纳各项商业特许经营费用，接受特许人的经营指导，维护商业特许经营体系的统一；保护特许人的商业秘密，不得侵害特许人的知识产权；根据商业特许经营合同的约定，对特许人承担竞业限制义务；未经特许人同意，不得擅自转让商业特许经营权；不越权使用特许人许可使用的特许权；等等。

实践中，特许人在商业特许经营合同履行方面存在的法律风险主要表现为：特许人违反合同约定的对被特许人培训义务的法律风险；特许人违反合同约定的协助被特许人选址、建店义务的法律风险；特许人违反对被特许人经营指导义务的法律风险；特许人违反向被特许人供应设备、产品义务的法律风险；特许人违反合同约定的针对被特许人的广告宣传、产品促销义务的法律风险；特许人违反合同约定的对被特许人进行商圈保护义务的法律风险；被特许人拖欠商业特许经营费用给特许人带来损失的法律风险；被特许人拖欠特许人派遣员工工资、货款给特许人带来损失的法律风险；被特许人破坏统一的商业特许经营体系给特许人带来负面影响和损失的法律风险；被特许人擅自处分商业特许经营权给特许人带来损失的法律风险；特许人为被特许人承担第三者责任的法律风险，等等。

风险点二十三　特许人违反培训义务的法律风险

一、风险提示

商业特许经营的实质是成熟商业模式的复制，而特许人为被特许人持续提供业务培训是保障经营模式复制成功的一个重要条件，因此，我国《商业特许经营管理条例》第十一条规定，商业特许经营合同中应当包括“经营指导、技术支持以及业务培训等服务的具体内容和提供方式”的内容。第十四条规定，特许人应当向被特许人提供商业特许经营操作手册，并按照约定的内容和方式为被特许人持续提供经营指导、技术支持、业务培训等服务。第二十二条规定，特许人向被特许人披露的信息中应当包括“为被特许人持续提供经营指导、技术支持、业务培训等服务的具体内容、提供方式和实施计划”的内容。

由此可见，我国相关法律法规对商业特许经营中，特许人为被特许人持续提供业务培训非常重视。至于对被特许人进行培训的具体内容和提供方式，《商业特许经营管理条例》则没有规定，完全由特许双方在合同中进行约定。特许人一旦在合同中约定了对被特许人进行培训的内容、时间、地点、方式、费用等条款，则构成了特许人的合同义务。特许人应当严格按照合同约定履行对被特许人的培训义务。若特许人违反此项义务，则应当按照合同约定承担相应的违约责任。

二、真实案例

案例23　特许人违反对加盟商的培训义务，被判解除合同，返还保证金。

——广西A百货有限责任公司诉B服饰有限公司商业特许经营合同纠纷案

案情简介

2010年5月28日，原告广西A百货有限责任公司与被告B服饰有限公司签订《商业特许经营合作协议》，主要内容为：被告特许原告在南宁市范围内经营某休闲服饰零售业务，期限为两年；经销方式：原告在经销期间所开设的某品牌专卖店（柜）面积不得低于50㎡，专卖店（柜）的外观设计、道具布置、广告、包装、海报等形象依照被告提供的设计图案与要求，行销中要遵守被告的规划手册及陈列手册，被告派督导员一名，负责检查、指导原告的各项开业准备工作；经销期限：合同期以被告开业起计算，合同执行期为1年，合同期满，被告根据原告经销业绩确定是否给予原告续约优先权；经销许可条件：原告应在合同签订生效之日起5天内向被告交纳区域独家经销权押金5万元，在本协议终止并结算无误后被告退还原告，原告交纳保证金10万元可转为货款，某服饰价格实行被告统一定价，价格为吊牌上所标注为准，正品为服饰吊牌价之3.8折，被告实行配货制度，按原告实际店铺面积进行发货，原告在收到货品45天内对该批货品可进行换货。无形资产：原告不得擅自使用某商标的文字、文体，不仿造商标，不得在专卖店贩卖其他品牌商品；双方权利义务：被告按价折扣销售给原告，原告按建议价销售，合约规定期限内被告不得在同一城市发展第二家特许加盟经销商，原告未经被告批准不得跨区域串货销售，被告应当为原告培训管理、销售人员，原告保证店员统一着装并培训上岗；被告如迟延交货，赔偿原告已付预付款每天千分之三的违约金，原告无故延期提货，应承担该批货款每天万分之二的违约金，原告不得无故拒收预定的货物，被告不得无故拒供预定的货物。合同签订后，原告依约安排了不低于50㎡的铺面，按被告提供的设计图案与要求进行装修，并根据被告商函要求于2010年6月29日将押金、保证金合计15万元转入被告账号，被告收到后，于同年7月5日向原告出具收到原告押金5万元的收据，于8月7日在保证金10万元范围内向原告发送首批某服饰合计396件，随货发送的还有标有某标志的陈列道具、衣架、裤夹等。原告认为被告所发的首批货物为尾货，遂于8月12日向被告提出退货，经被告同意后，于9月8日以空运方式将被告首批货物及附随的物品退回被告，被告于9月30日在商函回执上确认已收到原告退回的货物共计396件。之后，被告一直未重新发货给原告。原告认为被告无故拒供货物，且未依约派人到原告处指导原告的各项开业准备工作，也没有对原告人员进行培训，已构成违约，遂诉至本院，提出前述诉请。

另查明：某商标的注册人为被告，商标注册证号为某某某某某某某，核定使用商品为第25类，注册有效期限为2010年1月21日至2020年1月20日。

法院审理

法院认为，《商业特许经营管理条例》第三条第一款规定："本条例所称商业特许经营，是指拥有注册商标、企业标志、专利、专业技术等经营资源的企业，以合同形式将其拥有的经营资源许可其他经营者使用，被特许人按照合同约定在统一的经营模式下开展经营，并向特许人支付商业特许经营费用的经营活动。"，根据该规定，商业特许经营具备的基本特征包括特许人许可被特许人使用其拥有的经营资源以及被特许人进行经营必须遵守合同约定的统一的经营模式。本案中，原、被告在合同中明确约定，被告特许原告在南宁市范围内经营某休闲服饰零售业务，被告将其拥有的注册商标、经营管理规范等经营资源许可给原告使用，并为原告培训管理、销售人员，原告按照被告的要求装饰店面，在统一经营模式下开展销售经营活动，接受被告对其经营情况的检查和指导，合同还约定原告需向被告交纳区域独家经销权押金和保证金，原告未经被告批准不得跨区域串货销售。从上述合同约定分析，原告与被告签订《商业特许经营合作协议》符合商业特许经营合同的特征。此合同系原、被告双方的真实意思表示，没有违反国家法律、行政法规的强制性规定，属合法有效的合同，受法律保护，双方当事人应严格遵守。原告已按合同约定装饰店面、向被告交纳区域独家经销权押金和保证金，但被告未依约派人到原告处指导原告的各项开业准备工作，也未对原告管理、销售人员进行培训，被告只在保证金范围内向原告发送了首批货物，而该货物原告经被告同意已退回，被告收到退货后，一直未重新发货给原告，造成原告无法继续开展特许销售经营活动。被告不履行培训、指导义务及无故拒绝供货的违约行为，已致使原告合同目的不能实现。根据《中华人民共和国合同法》第九十四条规定，当事人一方迟延履行债务或者有其他违约行为致使不能实现合同目的的，当事人可以解除合同，故原告请求解除双方签订的《商业特许经营合作协议》，符合法律规定，本院予以支持。合同解除后，尚未履行的，终止履行；已经履行的，根据履行情况和合同性质，当事人可以要求恢复原状、采取其他补救措施，并有权要求赔偿损失。原告已将被告所发的首批 Aise&Douce 服饰 396 件及随货发送的陈列道具、衣架、裤夹等退回被告，被告应将收取原告的押金 5 万元和保证金 10 万元返还给原告。原、被告双方在合同中约定押金在协议终止并结算无误后退还，并无定金罚则的内容，因此，原告交付的押金不具有定金的性质，原告主张押金为定金，要求被告双倍返还，没有事实和法律依据，本院不予支持。

综上所述，依照《中华人民共和国合同法》第九十四条、第九十七条、《商业特许经营管理条例》第三条、《中华人民共和国民事诉讼法》第一百三十条之规定，判决如下：1. 解除原告广西 A 百货有限责任公司与被告 B 服饰有限公司签订的《商业特许经营合作协议》；2. 被告 B 服饰有限公司向原告广西 A 百货有限责任公司返还押金 5 万元；3. 被告 B 服饰有限公司向原告广西 A 百货有限责任公司返还保证金 10 万元；4. 驳回原告广西 A 百货有限责任公司其他诉讼请求。

案例评析

1. 我国《商业特许经营管理条例》没有规定对被特许人进行培训的具体内容和提供方式，完全由特许双方在合同中进行约定。特许人对被特许人进行培训的内容、时间、地点、方式、费用等一旦在合同中进行了明确约定，则构成了特许人的合同义务。若特许人违背了此项义务的话，则应当按照合同约定承担相应的违约责任。

2. 本案中，原告广西 A 百货有限责任公司已按合同约定装饰店面、向被告 B 服饰有限公司交纳区域独家经销权押金和保证金，但被告未依约派人到原告处指导原告的各项开业准备工作，也未对原告管理、销售人员进行培训。构成了违约，导致法院判决解除原告广西 A 百货有限责任公司与被告 B 服饰有限公司签订的《商业特许经营合作协议》；被告 B 服饰有限公司向原告广西 A 百货有限责任公司返还押金 5 万元、保证金 10 万元。

3. 笔者建议特许人在约定合同培训内容的时候，一定要结合自己企业的实际情况，力所能及地约定自己的培训义务，且不可随意约定，以至于因无能力履行合同约定的培训义务而承担法律责任。

三、防范对策

（一）特许人要认识到培训是商业特许经营模式的内在要求。商业特许经营的实质是成熟商业模式的复制，而特许人为被特许人持续提供业务培训是保障经营模式复制成功的一个重要条件。能否完全掌握特许人的经营资源，直接关系到商业特许经营模式能否复制成功。因此，培训是商业特许经营模式的内在要求。从某种意义上来说，没有培训，商业特许经营模式就不可能很好地发展。

（二）特许人要认识到培训是特许人的主要义务。被特许人之所以加盟商业特许经营体系，交纳商业特许经营费用，目的就是使用特许人成熟的经营模式和经营资源进行经营。实践中，大多数特许体系的加盟商事先都没有特许人的专业知识和经验。需要通过特许人的培训，才能熟练利用特许人授予的特许权进行经营。因此，被特许人有权要求特许人提供及时、有效的培训和指导，以解决经营、管理中的困难。对被特许人进行培训是特许人的主要义务。

（三）特许人要建立完善的培训体系。完整的培训体系包括 1. 企业内部培训机构的设置；2. 培训制度的建立；3. 培训课程体系的建立；4. 培训师资体系的建立；5. 培训过程的管理；6. 培训设施设备的管理。因此，特许企业内部应当设置专门的培训机构，建立完善的培训制度，建立培训课程体系，建立培训师资体系，进行培训过程管理等。

（四）特许人要根据自身情况在合同中约定培训内容。我国《商业特许经营管理条例》没有规定对被特许人进行培训的具体内容和提供方式，完全由特许双方在合同中自由约定。特许人对被特许人进行培训的内容、时间、地点、方式、费用等一旦在合同中进行了明确约定，则构成了特许人的合同义务。若特许人违背了此项义务的话，则应当按照合同约定承担相应的违约责任。因此，笔者建议特许人在约定合同培训内容时，一定要结合自己企业的实际情况，力所能及地约定自己的培训义务，且不可随意约定，以免因无能力履行合同约定的培训义务而承担法律责任。

（五）特许人要采取适当的培训和指导方式。特许人的指导则包括许多方面，如现场指导、提供咨询和建议、提供信息、提供相应的支持和帮助等。这些指导可能是经营方面的，也可能是管理方面的，还可能是政策和法律方面的。总之，特许人有义务为被特许人提供力所能及的支持和帮助。

培训和指导可以通过各种方式进行。一般来说，开业前的培训需要集中被特许人在规定时间内以授课方式进行，培训场地一般安排在特许人所在地，也可以安排在被特许人所在地。日常指导和持续性培训则可以在被特许人的经营地点进行，也可以通过电话、传真、电子邮件、内部网站、电视电话会议等方式进行，还可以通过定期的年度会议或季度会议等方式进行。特许人在合同中约定灵活的培训方式，有利于自己履行培训义务，避免因约定不当的履行方式而违约。

风险点二十四　特许人违反选址、建店支持义务的法律风险

一、风险提示

特许人与被特许人是唇齿相依的合作伙伴，建立有效的支持系统是特许人与被特许人实现双赢的保证。被特许人加入商业特许经营体系的一个主要原因就是特许人所能提供的长期支持与咨询服务。支持是商业特许经营体系健康发展的基础，当然也包括特许人对被特许人选址、建店的指导与支持。特许人在选址、建店过程中对被特许人的支持主要包括选址、店铺租赁、店铺装修、装饰设计及施工、办理证照等内容。店铺选址至为关键，在商业领域有着“选址、选址、再选址”的口号。实践中，存在某些房主不愿意把店铺租赁给个人的现象，有的特许人为了能够与被特许人签约，承诺为被特许人租赁店铺。还有的特许人承诺为被特许人办理证照。特许人的这些承诺一旦写进合同条款，就成为了特许人的合同义务，特许人就要按照合同约定履行自己的义务，否则，就要承担相应的违约责任。

二、真实案例

案例24　特许人违反为加盟商办理证照义务，商业特许经营合同被判确认解除

——张A诉北京B科技发展有限公司商业特许经营合同纠纷案

案情简介

2007年4月25日，原告（乙方）与被告（甲方）就原告加盟“永康口

腔”连锁店签订《加盟合作协议》及《补充协议》。该协议约定：在乙方赞同甲方的连锁经营理念和经营模式并愿意遵守甲方有关连锁经营的全部规章条款的基础上，甲方授权乙方作为“某康口腔”连锁系统成员，在经营中可以使用该商号、商标并享受该系统所包含的所有服务；乙方加盟级别为门诊级，加盟费为18万元。甲方负责办理卫生许可证、工商营业执照，但不负责垫资或资金提供；如因甲方原因造成证照无法办理，在未取得设置申请书之前，甲方将退还乙方的全部加盟费用，在取得设置申请书之后，如因甲方原因未完成证照办理，则由甲方承担全部费用及退还加盟商所付款项；如因乙方违反卫生管理条例等问题造成证照延期办理、无法办理的，由乙方自行负责；如乙方违反甲方的经营管理规章制度以及本合同的规定，甲方除有权解除本合同不退还任何费用，还可追究乙方对甲方造成的损失；由于甲方不履行本合同义务造成乙方损失的，在五个月内未能完成证照办理工作，甲方应对乙方退还所有加盟款项进行赔偿；等等。2007年5月10日，被告通过浙江省农村信用合作社电汇被告5万元。2007年10月17日，原、被告双方为在2007年4月25日共同签署的《加盟合作协议》中未尽事项特订立了补充协议。该补充协议约定，甲方将尽全力在2008年4月1日前为乙方办理原协议甲方义务中甲方负责办理的卫生许可证、工商营业执照，但不负责垫资或资金提供条款中相关证件，在证件未办理之前，如果出现因未办理证件而产生的后果和损失由甲方负责；为了支持乙方顺利开业，甲方将为乙方提供三台牙科综合治疗椅（每台壹万叁千元整）；当甲方为乙方办理卫生许可证、工商营业执照相关证件之后，乙方须向甲方付三台牙科综合治疗椅叁万九千元整。

后合同履行中双方发生纠纷，原告向法院起诉称，2007年4月25日，原告与被告签订《加盟合作协议》。双方当事人约定，被告授权原告作为加盟成员，享有使用“永康口腔”连锁系统并接受相关服务的权力，被告负责办理医疗机构卫生许可证、工商营业执照，原告分三次向被告交纳加盟费并每年交纳管理费，如双方发生争议协商不成的，可向双方所在地人民法院提起诉讼等等。合同签订后，原告积极履行合同义务，按照合同约定向被告先行支付了55000元加盟费，并积极安排营业地点，以年租金160800元在苍南县龙港镇沿河某街租赁了一间营业店铺，此后该店铺按照被告的指导进行装修。因医疗机构卫生许可证一直无法办理，2007年10月17日，原、被告又补充签订相关协议，被告书面承诺如未办理相关证件而产生的后果和损失由被告负责。出于对被告的信任，原告甚至继续向店铺出租人交纳了第二年租金的定金。因被告原因医疗机构卫生许可证一直无法办理，原告加盟的口腔诊所一直无法正常开张营业。综上所述，原告认为，被告的行为已构成违约，因违约所造成的责任应由被告承担。故请求法院判令：1. 依法解除原、被告签订的《加盟合作协议》；2. 被告赔偿原告已支付的加盟费55000元；3. 被告赔偿原告经济损失302900元（其中租金180800元、装修费用120100元、临时占道费2000元）；4. 本案诉讼费用由被告承担。

被告未作答辩。

法院审理

法院认为：原、被告签订的《加盟合作协议》与《补充协议》系双方真实意思表示，故合法有效，应受法律保护，双方应依约全面履行各自的合同义务。根据上述协议的规定，原告依约向被告支付第一期加盟费5万元后，亦没有证据显示被告在2008年4月1日前已为原告办成卫生许可证、工商营业执照。因此，其行为已构成违约。根据《中华人民共和国合同法》第九十四条第（四）项规定，当事人一方迟延履行债务或者有其他违约行为致使不能实现合同目的，当事人可以解除合同。故原告可以要求解除合同。《中华人民共和国合同法》第九十六条第一款规定，当事人一方依照本法第九十四条的规定主张解除合同的，应当通知对方，合同自通知达到对方时解除。原告起诉要求解除合同，应视为其发出解除合同的通知，本院向被告送达起诉状，应视为该通知已到达被告，被告未答辩，亦未到庭应诉，应视为其对此没有提出异议，该合同已经解除。《中华人民共和国合同法》第九十七条规定，合同解除后，尚未履行的，终止履行；已经履行的，根据履行情况和合同性质，当事人可以要求恢复原状、采取其他补救措施，并有权要求赔偿损失。故被告在合同解除后应当返还原告交付的加盟费5万元。至于原告主张的另外5000元，由于没有证据予以佐证，本院不予支持。根据上述补充协议的规定，被告未办理医疗机构执业许可证而产生的后果和损失由其负责。故被告应当赔偿原告为履行涉案合同所支出的房屋租金、装修费及户外广告临时占道费的损失。原告诉请的租金损失180800元，由于双方约定被告在2008年4月1日前为原告办理证件，但此时仍未取得许可证，原告应当持谨慎的态度、以防止损失的进一步扩大；原告却在2008年6月21日又付房租定金2万元，原告对该笔定金的损失的发生和扩大，存在过错，本院对房租定金2万元不予支持，对其余租金损失160800元予以支持。原告诉请的房屋装修费120100元，本院对其中水电项目装修费25200元因缺乏证据不予支持，对其余房屋装修费94900元予以采纳。原告诉请的户外广告临时占道费2000元，本院予以支持。

综上，依据《中华人民共和国合同法》第九十四第（四）项、第九十六条第一款、第九十七条，《中华人民共和国民事诉讼法》第一百三十条的规定，判决如下：1. 确认原告张A与被告北京B科技发展有限公司于2007年4月25日签订的《加盟合作协议》已解除；2. 被告北京B科技发展有限公司于本判决生效之日起十日内返还原告张A加盟费50000元；3. 被告北京B科技发展有限公司于本判决生效之日起十日内赔偿原告张A损失257700元；4. 驳回原告张A的其他诉讼请求。

案例评析

1. 本案中，特许人北京B科技发展有限公司本来没有为被特许人张A

加盟店办理卫生许可证、工商营业执照，医疗机构卫生许可证等证照的法定义务，但特许双方通过《加盟合作协议》及《补充协议》明确把办理上述证照设定为特许人的约定义务，并约定了特许人违反该义务的法律责任。那么特许人北京B科技发展有限公司就应当严格履行合同义务，为被特许人张A办理上述证照。

2. 因为《加盟合作协议》中明确约定了特许人的违约责任，即如因甲方原因造成证照无法办理，在未取得设置申请书之前，甲方将退还乙方的全部加盟费用，在取得设置申请书之后，如因甲方原因未完成证照办理，则由甲方承担全部费用及退还加盟商所付款项。在特许人北京B科技发展有限公司违反了合同约定的情形下，法院判决确认原告张A与被告北京B科技发展有限公司签订的《加盟合作协议》已解除；被告北京B科技发展有限公司返还原告张A加盟费50000元；赔偿原告张A损失257700元是正确的。

3. 本案中，特许人北京B科技发展有限公司完全可以通过把《加盟协议》中约定的为被特许人张A办理证照的主义务变更为辅助义务，来避免承担违约的法律风险。

三、防范对策

（一）从商业特许经营的本质来说，虽然对被特许人提供选址、建店的帮助和支持是商业特许经营模式的内在要求，但特许人一定要根据自己的实际情况，约定对被特许人在选址、建店方面的具体义务，不可约定超越自己能力的指导与支持义务。虽然特许人在选址、建店方面比较有经验，但毕竟对被特许人常年生活的区域不如被特许人熟悉。因此，特许双方可以在合同约定，被特许人自己进行选址，特许人对被特许人选择的店址进行把关。特许人对被特许人在选址、建店方面仅是提供协助义务，特许人千万不要大包大揽，把其约定为自己的主义务。

（二）特许人一旦在合同中明确约定了为被特许人进行选址的义务，即使是协助义务，也一定要严格按照合同的约定认真履行。

（三）特许人要保存好指导、帮助被特许人选址、建店的证据。实践中，不少被特许人在和特许人产生纠纷之后，以特许人没有履行合同约定的指导、帮助选择店址、建店的义务为由提起诉讼，要求特许人返还商业特许经营费用，赔偿其遭受的损失。因此，特许人在按照合同对被特许人履行了选址、建店方面的指导、帮助义务之后，一定要保存好履行义务的证据，以应对将来可能出现的诉讼。

风险点二十五　特许人违反经营指导义务的法律风险

一、风险提示

由于经营专有技术存在着经验性、秘密性、特定性等特点，即便特许者拥有经营专有技术，如果其不对经营专有技术进行概括或者不以恰当的方法进行传授，被特许人仍然无法获得、掌握经营专有技术。对于外行的被特许人来说，特许人需要通过实地培训、继续指导等方式，将自己拥有的经营专有技术传授给被特许人，使其具有独立营运店铺的能力。特许人对于被特许人的经营指导与援助，涉及加盟店经营的全部内容，对于加盟店经营成功起着重要作用。因此我国《商业特许经营管理条例》第七条第一款规定，“特许人从事商业特许经营活动应当拥有成熟的经营模式，并具备为被特许人持续提供经营指导、技术支持和业务培训等服务的能力。”第十四条规定，“特许人应当向被特许人提供商业特许经营操作手册，并按照约定的内容和方式为被特许人持续提供经营指导、技术支持、业务培训等服务。”

特许人在对被特许人的经营指导方面存在的法律风险主要是，特许人违反合同约定的对被特许人的经营指导义务，被判承担相应的法律责任。

二、真实案例

案例25　特许人违反约定的上门服务次数，一审法院判决解除商业特许经营合同

——广州A科教技术开发有限公司与B幼稚园商业特许经营合同纠纷上诉案

案情简介

2006年3月12日，广州A公司（甲方）与B幼稚园（乙方）签订

《合作办园合同书》，合同主要约定如下：1. 甲、乙双方在益阳市区内进行幼儿园项目合作，双方合作的幼儿园位于益阳市朝阳开发区；2. 合作期限8年，自签约之日起至乙方幼儿园开园满8个学年（16个学期）止；3. 甲方提供品牌，协助乙方教学管理及师资培训与办园指导，双方共同合作办园（幼儿园的财务由乙方自行负责）；4. 甲方权利、义务、责任：参照本合同第四条为乙方提供服务；根据乙方的需要甲方安排人员提供上门服务，对乙方幼儿园的教学管理、招生运营等提供指导。自甲方派驻园长回调后，每学期甲方赴乙方提供上门服务不少于三次，每次驻园时间一至三天。具体上门时间根据乙方的需要由乙方事先提出，甲方给予安排。或甲方根据乙方的运营情况认为有必要上门服务时事先通知乙方，如乙方拒绝则不得追究甲方每学期的上门次数。5. 乙方的权利、义务、责任：乙方与甲方属合作关系，乙方属独立法人，独立核算，独立承担债权债务及幼儿园经营的相关经济、民事等法律责任。乙方按合同规定按时支付甲方相关费用。合同还对双方的合作内容，商业特许经营费用，违约责任等内容做了约定。

合同签订后至2009年春学期，双方对合同的履行未提异议。2009年9月24日至2009年9月26日，广州A公司派吴某园长来益阳A幼儿园提供上门服务。2009年9月23日至2009年9月28日，广州A公司派程某园长来益阳A幼儿园提供上门服务。之后，广州A公司除在2010年10月26日至2010年10月28日派员到益阳A幼儿园提供上门服务外，没有再派员进行上门服务。黄某在《园长上门指导服务反馈表》及《广州A园长巡园服务反馈表》均对广州A公司所派老师提供的服务表示满意。除提供上门服务外，双方还经常以电子邮件的形式进行工作联系。后双方在合同履行中发生纠纷，引起诉讼。

法院审理

原审认为，原、被告签订的《合作办园合同书》及《合作办园补充协议书》，系双方当事人的真实意思表示，合同内容未违反相关法律规定，合同合法有效。原、被告均应按合同履行义务。合同签订后，至2009年9月28日前，原告按照合同约定履行了义务，但在2010年度仅派员提供了上门服务一次，未完全履行合同义务，原告的行为构成违约。因原告先行违约，被告从2010年9月25日开始未支付服务费的行为，是行使合同履行抗辩权，被告的行为不能认定为单方面终止合同。对原告要求被告支付赔偿金30万元的诉讼请求，法院不予支持。遂判决：一、解除原告广州A科教技术开发有限公司与被告B幼稚园签订的《合作办园合同书》。二、被告B幼稚园从判决生效后5日内停止使用原告广州A科教技术开发有限公司的“香港A国际教育集团”品牌及相关名称、形象标识。三、被告B幼稚园于判决生效后5日内支付原告广州A科教技术开发有限公司品牌输出与技术服务费4200元。四、驳回原告广州A科教技术开发有限公司的其他诉讼请求。

宣判后，广州A公司不服，向二审法院提起上诉。二审法院认为，对于上门服务存在的争议，应当根据双方签订的《合作办园合同书》中所确定的权利义务，综合予以认定。该合同没有明确如何安排上门服务的履行先后顺序。既可以由B幼稚园先提出，广州A公司给予安排，也可以是广州A公司通知B幼稚园提供上门服务。本案中，广州A公司没有提供证据证明在其安排上门服务后，B幼稚园予以拒绝，B幼稚园亦没有提供证据证明广州A公司对其提出上门服务的要求后，广州A公司未予安排，在合同没有明确上门服务履行的先后顺序的情况下，导致广州A公司未能达到合同约定的上门服务次数，既不能归咎于广州A公司，也不能归咎于B幼稚园。本案中，在双方对上门服务的具体人员、时间等有待进一步协商的情况下，B幼稚园在2010年9月拒付品牌输出与技术服务费，甚至在广州A公司于2010年10月派程捷园长进行上门服务后，仍然拒付品牌输出与技术服务费的行为，已构成违约。退一步讲，即便因广州A公司未实际派员进行上门服务，但因该费用除上门服务费外，亦包含品牌费等其他费用，B幼稚园只能在相应范围内行使抗辩权，其拒付全部品牌与技术服务费的行为超出了行使抗辩权的范围，亦构成违约。

在B幼稚园拒付品牌输出与技术服务费的行为已构成违约的情况下，其应当承担不履行合同义务给广州A公司造成的损失，包括合同履行后可以获得的利益。根据合同约定，2010年11月至双方合同履行期满的2014年3月，共计41个月，参照2100元/月的标准计算，广州A公司可以预计的收入约为86100元。因广州A公司尚须承担因提供上门服务的师资及单程旅费等实际成本，其可以预见的利润不仅远低于双方合同中约定的30万元，也应低于双方正常履行合同所能产生的毛收入86100元。尽管双方合同后来签订的《合作办园补充协议书》约定了当益阳A幼儿园在入园人数达到180人时，按2500元/月支付，但考虑到幼儿园入园人数变化不确定，以及两者价格差距不大，因此对因价格浮动造成损失的影响有限。另外，考虑到2010年广州A公司仅实际提供1次上门服务，而B幼稚园在此情况下，仍按合同价格支付到了2010年8月的品牌输出与技术费用。综合以上情况，本院酌情认定按86100元的30%计算，即25830元为广州A公司因B幼稚园违约所造成的损失，对其超出部分，本院不予支持。

综上，广州A公司的部分上诉请求及理由成立。原判认定事实不清，应予改判。依照《中华人民共和国合同法》第一百一十三条第一款、第一百一十四条第二款、《中华人民共和国民事诉讼法》第一百五十三条第一款（三）项、《最高人民法院关于民事诉讼证据的若干规定》第二条之规定，判决如下：1. 维持湖南省益阳市赫山区人民法院（2011）益赫民二初字第67号民事判决。2. B幼稚园赔偿广州A科教技术开发有限公司经济损失25830元，限本判决生效后十日内付清。

案例评析

1. 本案是因特许人是否违反合同约定的指导义务引起的纠纷案例。一审法院以原告在2010年度仅派员提供了上门服务一次，违反了合同约定的上门服务三次的合同义务，构成违约，遂判决解除了原告广州A科教技术开发有限公司与被告B幼稚园签订的《合作办园合同书》。二审法院没有认定特许人违反合同约定的上门指导次数不构成违约，是因为合同没有明确上门服务履行的先后顺序，并非否认合同约定的特许人上门指导次数条款的效力。

2. 通过本案，建议广大特许人一定在合同中明确约定特许人对被特许人进行指导的内容和方式；二是合同应当约定灵活多样的指导方式，如现场指导、通过电话、传真、电子邮件、内部网站、电视电话会议等方式进行指导，以方便自己对被特许人指导义务的履行，尽可能降低违约的法律风险。

三、防范对策

（一）特许人应正确认识履行指导义务对整个商业特许经营体系的重要意义。特许人要维护商业特许经营体系的统一性和高质量，就应当让被特许人真正掌握与特许人一样的经营方法与技巧。而大多数被特许人都是外行，要想完全掌握商业特许经营体系的精髓，没有特许人的指导是很难做到的。因此，特许人对被特许人提供日常指导不仅能够帮助被特许人实现经营的成功，同时也是为了保持整个商业特许经营体系的统一性和健康发展。

（二）特许人应认识到对被特许人进行经营指导是自己当然的义务。被特许人之所以交纳商业特许经营费用，加盟商业特许经营体系，其目的就是通过特许人的授权，使用特许人的经营资源，通过特许人的培训、指导，真正熟练掌握特许人经营资源的使用方法和技巧进行经营。特许人对被特许人的经营指导是被特许人交纳商业特许经营费用的对价。因此，只要被特许人加盟了商业特许经营体系，履行了交费的合同义务，就有权利要求特许人对其进行经营指导。

（三）特许人要在合同中约定多种多样的指导方式，以便自己在对被特许人进行指导时更加灵活，可以减少违约的法律风险。特许人对被特许人的指导则包括许多方面，如现场指导、提供咨询和建议、提供信息、提供相应的支持和帮助等。这些指导可能是经营方面的，也可能是管理方面的，还可能是政策和法律方面的。总之，特许人有义务为被特许人提供力所能及的支持和帮助。日常指导可以在被特许人的经营地点进行，也可以通过电话、传真、电子邮件、内部网站、电视电话会议等方式进行，还可以通过定期的年度会议或季度会议等方式进行。

（四）若合同中没有约定指导的具体内容，被特许人以特许人违反指导义务提起诉讼时，特许人可以从以下角度进行抗辩。虽然有些商业特许经营合同对经营指导内容没有具体约定，但经营指导义务内容也不是漫无边际的，特许人向被特许人提供经营指导是建立成熟经营模式基础上的，即对被特许人如何运用成熟经营模式进行指导，经营指导内容以成熟经营模式为界限，被特许人要求特许人提供的经营指导义务不能超出特许人所拥有的成熟经营模式这一范围，特许人没有义务对被特许人任何方面都给予指导。

风险点二十六 特许人在设备、产品供应方面的法律风险

一、风险提示

根据我国《商业特许经营管理条例》对商业特许经营所下的定义可以看出，构成商业特许经营权的主要是注册商标、企业标志、专利、专有技术等知识产权，设备和产品一般情况下不属于特许权的主要部分。但设备和产品对特许体系来说又是非常重要的，特别是在销售产品的商业特许经营体系中，尤其是在销售只有特许人才能提供的包含专有技术或独具特色的产品的商业特许经营体系中，特许人或其指定的供应商往往是被特许人进货的唯一渠道，特许人能否保证提供足够数量和质量的产品对被特许人能否正常经营至关重要。因此，特许人或其指定供应商向被特许人及时提供充足的货物供应就成了特许人的重要义务。特许人是否承担产品供应的义务应根据商业特许经营体系的经营范围和具体要求而定，不是每个特许人共同具有的义务。因此，产品供应义务是特许人的一项选择义务。

商业特许经营中的设备和产品问题涉及被特许人的重大利益，在世界各国的商业特许经营法律中，为避免特许人利用强势地位强行向被特许人推销产品，损害被特许人的利益，一般会对产品供应做出一定的限制。比如规定除专卖商品以及为保证商业特许经营品质必须由特许人或者特许人指定的供应商提供的货物外，特许人不得强行要求被特许人接受其货物供应，但可以规定货物应当达到的质量标准，或提供若干供应商由被特许人选择。我国《商业特许经营管理条例》和《商业特许经营信息披露管理办法》对商业特

许经营中的设备和产品进行了规范。《商业特许经营管理条例》第十五条规定，商业特许经营的产品或者服务的质量、标准应当符合法律、行政法规和国家有关规定的要求；第十一条规定，商业特许经营合同应当包括产品或者服务的质量、标准要求和保证措施的内容；第二十一条信息披露中规定特许人应当向被特许人披露向被特许人提供产品、服务、设备的价格和条件。《商业特许经营信息披露管理办法》更是详细规定：特许人应当向被特许人披露1. 被特许人是否必须从特许人（或其关联方）处购买产品、服务或设备及相关的价格、条件等；2. 被特许人是否必须从特许人指定（或批准）的供货商处购买产品、服务或设备；3. 被特许人是否可以选择其他供货商以及供货商应具备的条件；4. 由特许人的关联方向被特许人提供产品和服务的，特许人应当向被特许人披露该关联方的基本情况。

特许人在设备和产品供应方面存在的法律风险主要表现为：一是特许人欺骗加盟商，实际提供的设备和产品与先前宣传和承诺的不同，构成违约，被判承担法律责任；二是特许人违反合同约定，不能及时向加盟商供货，被判承担违约责任；三特许人是向加盟商提供的产品，质量不合格，被判承担法律责任；四是被特许人不按照合同约定进货，损害特许人利益；五是特许人通过向被特许人销售设备和物品牟取暴利，不利于特许体系的长期健康运行，也不利于特许人和被特许人之间建立健康互信的关系。

二、真实案例

案例26　特许人交付设备不符合合同约定，被判解除商业特许经营合同

——郑A诉威海B食品有限公司商业特许经营合同纠纷案

案情简介

2009年4月7日，B食品公司（甲方）与郑A（乙方）签订了一份加盟协议，双方约定：甲方提供生产禅食产品的全套设备，包括粉碎机一台

(全新韩国进口的设备),碾磨机一台(全新韩国进口的设备),机器保修期一年,在保修期内,机器出现故障时由甲方在一个工作日内派员维修,因违规操作引起的费用由乙方负担;甲方提供统一培训、统一供货、统一食品包装及统一的企业宣传品;乙方自已联系经营超市,甲方提供所需要的材料,正式开业之日起乙方负责卖场经营活动,一切责任(除原材料质量问题由甲方负责外)由乙方负责;开业前甲方负责在乙方提出安装要求之日起三个工作日内安装调试完毕,并试运行正常,达到产品销售标准;乙方以4万元人民币从甲方购买全新韩国进口设备一套(包括:粉碎机一台,碾磨机一台),乙方要求主零部件为韩国生产的,如发现不属实按违约协议来处理;如甲方违约协议或有解除或相当于解除协议的意思表示,应全额退还乙方的总投资款,并赔偿乙方全部损失。合同还约定了其他相关内容。

后因合同履行发生纠纷,郑A向法院起诉称:2009年4月7日,我与B食品公司签订了一份《加盟协议》,约定我以4万元从B食品公司购买全新韩国进口设备,主零部件为韩国生产。合同签订后,我交付了机器款,B食品公司向我提供了机器。同年5月,我开始在北京市朝阳区的统杰某宝(北京)超市有限公司阳光店(简称某宝超市)开始经营。但在经营过程中,机器经常出现故障,但B食品公司却不能按时进行维修,且经常拖延交付我订购的原材料,严重影响了我的正常经营。尤其,近日在拆装机器过程中发现B食品公司向我提供的机器虽然外壳标有韩文,但内部却是中国生产的电动机。此外,为扩大生产规模,我还曾于2009年5月13日与B食品公司另行签订了一份《加盟协议》,以4万元的价格另行订购了一台机器,但B食品公司一直不予交付机器,为此,我于同年12月25日发函要求解除合同、退还机器款,但其至今未予答复。综上,B食品公司的上述行为构成了根本违约,故起诉至法院,请求确认双方分别于2009年4月7日、5月13日签订的《加盟协议》于2009年12月24日解除,B食品公司返还机器款8万元并双倍返还定金16000元。

B食品公司答辩称：首先，我公司与郑A之间不存在合同关系，涉案两份合同是我公司代理商金某私自签署的，我公司对此并不知情，就此正在准备向公安机关报案。其次，郑A并未向我公司交纳过加盟费，我公司只是收取过金贞淑交纳的款项，故郑A并不是我公司的加盟商，不是本案适格主体。综上，我公司不同意郑A的诉讼请求，请求法院予以驳回。

法院审理

法院认为：郑A与B食品公司签订的涉案两份加盟协议，属双方真实意思表示，内容亦不违反法律、行政法规的强制性规定，故属于合法有效的合同。对于B食品公司提出涉案合同系其代理商私自签订、与其无关的辩称，因涉案合同上显示有B食品公司的合同专用章和金某的签名，B食品公司亦认可金某系其北京地区的代理商、持有其合同专用章，且不申请对上述合同专用章的真实性进行鉴定，同时也无相应证据进行佐证，故对其上述辩称，本院不予支持。

根据双方合同约定，B食品公司向郑A提供的机器设备为韩国进口，且主零部件为韩国生产。现郑A提供的证据显示B食品公司所提供机器设备的电机为中国生产，B食品公司虽不认可却未提供相应证据，且未举证证明其向郑A提供了2009年5月13日加盟协议约定的机器设备。同时，在郑A于2009年12月24日向其发出解除两份合同的律师函后，B食品公司也未采取任何补救措施。故B食品公司的上述行为构成了根本违约，郑A有权要求解除涉案两份合同。合同解除后，B食品公司应将收取的合同款项退还给郑A。

对于郑A要求B食品公司双倍返还定金16000元的诉讼请求，本院认为，根据我国《担保法》及其司法解释的规定，当事人可以约定一方向对方给付定金作为债权的担保，债务人履行债务后，定金应当抵作价款或者收回；收受定金的一方不履行约定的债务的，应当双倍返还定金；因当事人一方迟延履行或者其他违约行为，致使合同目的不能实现，可以适用定金罚则。本案中，双方在涉案两份合同中均约定郑A在签约时向B食品公司交付3万元定金，而B食品公司就涉案两份合同均存在违约行为，故应承担双倍返还定金的责任。但根据我国《担保法》同时还规定，当事人约定的定金数额不得超过主合同标的额的20%，否则超过的部分不予支持。现郑A作为交付定金一方，要求B食品公司按照合同总金额的20%在返还合同全部款项的基础上，每份合同另行返还8000元定金的诉讼请求，于法有据，本院予以支持。

综上，依据《中华人民共和国合同法》第九十四条第（四）项、第九十七条，《中华人民共和国担保法》第八十九条、最高人民法院《关于适用〈中华人民共和国担保法〉若干问题的解释》第一百二十条第一款之规定，判决如下：1. 解除原告郑A与被告威海B食品有限公司于二〇〇九年四月七日签订的加盟协议；2. 解除原告郑A与被告威海B食品有限公司于二〇〇九年五月十三日签订的加盟协议；3. 被告威海B食品有限公司于本判决生效之日起十日内返还原告郑A合同款八万元；4. 被告威海B食品有限公司于本判决生效之日起十日内返还原告郑A定金一万六千元。

案例评析

1. 商业特许经营实践中，特许人为维护其统一的品牌形象或保持其产品质量，往往在购买设备、加工原料及产品方面对加盟商进行严格限制，要求加盟商必须从特许总部或总部指定的供货商处购买，不允许加盟商私自从市场上自由购买。特许人对被特许人的这种限制有利于维护特许体系的统一性，有利于普通消费者获得优质商品及服务。如果特许人不进行这种规范和限制，其拥有商业价值的知识产权权益将遭到破坏，商业特许经营这种经营方式将失去生存的空间。因此，特许人是可以要求被特许人从特许人处购买设备与产品的。但特许人向被特许人提供的设备与产品一定要符合合同的约定。

2. 本案中，根据合同约定，B 食品公司向郑 A 提供的机器设备为韩国进口，且主零部件为韩国生产。但郑 A 提供的证据显示 B 食品公司所提供机器设备的电机为中国生产，构成了违约，导致法院作出了解除郑 A 与威海 B 食品有限签订的加盟协议；威海 B 食品有限公司返还郑 A 合同款八万元返还郑 A 定金一万六千元的判决。

三、防范对策

（一）特许人不要在合同中约定过多的设备和产品的供应义务。实践当中，为维持其统一品牌形象或保持其产品质量，特许人往往对加盟商购买设备、加工原料及产品进行严格限制，要求加盟商必须从特许总部或者总部指定的供货商处购买，不允许加盟商私自从市场上自由购买。特许人对被特许人的这种限制一方面有利于维护特许体系的统一性，有利于普通消费者获得优质商品及服务，但也加重了特许人的供货义务。如果特许人不能履行此义务，就有可能要承担相应的违约责任。因此，特许人应根据自己商业持许经营体系的实际情况，在商业特许经营合同中适当约定自己的设备和产品的供应义务。

（二）商业特许经营中，设备和物品包括专用设备物品和通用设备物品两种类型。专用设备和物品是指由制造商按照特许人特定的要求（种类、规格、品牌等）制造的设备与物品。[①] 这类物品根据特许人的特别要求专门定制，一般市场上购买不到，只有通过特许人以转让或租用的形式提供给被特许人。特许人可以把这一类的设备与产品供应约定为自己的合同义务。通用设备和物品一般是指除了专用设备和物品之外，可以在一般市场上购买到的设备和物品。这些设备和物品可以由特许人统一采购，然后提供给被特许人，也可以由被特许人按照特许人明确规定的品种、型号、规格和质量标准自行采购。

① 肖朝阳主编：《如何签订特许经营合同》，中信出版社 2004 年版，第 43 页。

（三）特许人在约定设备与产品供应条款时，一定要结合自己的实际情况，适当约定自己的供应义务，千万不能超越自己的能力进行约定。实践中不少特许企业因没有能力履行合同中约定的供货义务，被判承担相应的法律责任。

（四）特许人在履行设备与产品的供应义务时，一定要实事求是，不能弄虚作假，提供的设备、产品一定要符合合同的约定，符合国家标准、行业标准或通常标准。特许人千万不能提供不合格的设备和产品，提供“三无”产品。否则就要承担相应的法律责任。

风险点二十七 特许人违反广告、促销义务的法律风险

一、风险提示

宣传推广对于整个商业特许经营体系的发展具有重要的作用。特许人在宣传推广方面给予被特许人的支持主要表现在以下两个方面：一、特许人负责制定宣传推广计划，承担全国范围的宣传推广义务。二是特许人在宣传推广方面为被特许人提供相应的支持。比如特许人制作统一的宣传模板，制作标准图片和胶片，提供给被特许人并由被特许人按照统一要求进行广告宣传。

我国《商业特许经营管理条例》第十七条规定，特许人向被特许人收取的推广、宣传费用，应当按照合同约定的用途使用。推广、宣传费用的使用情况应当及时向被特许人披露。需要注意的是，《商业特许经营管理条例》并没有规定特许人必须进行宣传推广，但如果特许人向被特许人收取了宣传、推广费用，就必须按照合同约定进行宣传和推广，并且应当向被特许人披露费用的使用情况。

特许人在宣传推广方面存在的法律风险主要表现为：一是特许人收取了被特许人的广告宣传费，或者合同中明确约定了特许人的广告宣传义务，而特许人没有履行义务，被判承担相应的法律责任；二是特许人没有按照《商业特许经营管理条例》的规定管理和使用被特许人交纳的广告基金，引发商业特许经营纠纷。

二、真实案例

案例27　特许人未履行合同约定的宣传推广义务，被判承担相应法律责任。

——赵A诉北京B工程技术有限公司商业特许经营合同纠纷案

案情简介

2009年9月3日，赵A（乙方）与B公司（甲方）签订《区域代理协议书》，其中约定，乙方向甲方交纳区域代理费用后，即取得本协议约定区域范围内的代理经营资格。乙方应自觉维护总部利益，服从甲方统一规划和管理，切实强化店铺的建设，业务上接受甲方的督察和指导。保护甲方所拥有的知识产权，统一品牌形象，提高品牌信誉，使消费者得到真正满意的服务和商品。乙方的代理经营区域范围是河北省石家庄市。乙方代理经营期限：2009年9月3日起至2012年9月2日止。甲方的经营技术资产包括：A、品牌字号及形象标示；B、运营和促销方案；C、形象识别CIS系统；D、企业文化及荣誉；E、统一的广告资源和广告效应；F、营运手册和教育培训系统；G、店堂装修和场地布置方案等。以上经营技术资产，乙方只能分享使用，不能转给他人使用和用作其他用途。其中第四条约定甲方的权利和义务为：1. 负责国内市场开发、推广及品牌形象宣传。2. 为乙方免费提供相关的经营技术资产。3. 负责产品的开发与供应。4. 为乙方免费提供新产品的技术培训。5. 甲方有权对乙方和乙方发展的经营店的经营管理情况进行监督和检查，并可随时对其经营状况、商品价格等情况进行检查指导。6. 为提起品牌形象和增加乙方效益，甲方应进行不定期广告宣传。第五条约定乙方的权利与义务为：1. 享有区域产品垄断经营权。2. 价格自治权。3. 自办专营分店权。4. 区域招商权。5. 分享广告权：甲方将为乙方提供统一的广告策划，协助乙方创建强大的招商平台。广告包括：平面广告、网络广告、电视广告。6. 乙方发展合作经营店和购机客户时，由甲方统一签订协议书。7. 乙方负责乙方和乙方发展的经营店，每月底须向甲方提供各营运店的销售及运作情况，以利于甲方全面掌握，并督促代理区域内的经营效益提升和经营店的发展。8. 乙方享有甲方的经营技术资产的使用权。9. 乙方在协议签署时，一次性向甲方支付产品代理费 46000 元等。同日，赵 A 向 B 公司交付了 46000 元。

协议签订后，B 公司未履行合同约定的任何义务。

以上事实，有原告提交的区域代理协议书、收据、开庭笔录等证据材料在案佐证。

法院审理

法院认为，赵 A 所称其最初只是要购买 B 公司一台福禄寿带馅面条机，但在 B 公司工作人员的蒙蔽、欺骗下签订了协议书，原被告均未能对其诉讼理由以及抗辩理由提供相应证据予以证明，故本院对双方上述诉辩理由不予采信。赵 A 由购买一台面条机到转变为 B 公司的区域代理商，虽然并不排除受到 B 公司工作人员宣传与诱导等因素影响，但是行使最终签约权的就是赵 A 本人，签约行为的完成应是赵 A 当时真实意思的体现。而 B 公司作为从事食品工艺技术，研究与销售机械设备等经营的企业法人，要向赵 A 销售二台面条机却与其签订区域代理协议书，显然违背正常市场交易习惯，故 B 公司与赵 A 签约行为，亦应是其授权赵 A 成为其区域代理商的真实意思体现。所以，赵 A 与 B 公司签订的区域代理协议系双方真实意思表示，应属有效。根据区域代理协议书的约定，B 公司将其品牌字号、形象标识、营运和促销方案、形象识别 CIS 系统、广告资源、营运、教育培训系统等经营资源授权赵 A 使用，并提供指导协助和技术支持，符合我国《商业特许经营管理条例》第三条所规定的商业特许经营行为的法律特征，该合同性质属于商业特许经营合同。

协议签订后，赵 A 已依约向 B 公司支付了代理费，B 公司亦应依约履行国内市场的开发、推广及品牌形象宣传、为赵 A 提供相关的经营技术资产、为赵 A 提供新产品的技术培训、并为提升品牌形象和增加赵 A 效益而进行不定期广告宣传等义务，现 B 公司既未提交证据证明自己履行上述义务，亦无证据证明其具备履行上述义务的能力。由于 B 公司在该份协议中描述的自身企业能力与其协议履行中的客观表现严重不符，B 公司的上述行为构成虚假宣传。依照我国《中华人民共和国合同法》第五十四条之规定，赵 A 以欺诈为由主张撤销合同，本院予以支持。

综上所述，依照《中华人民共和国合同法》第五十四条、第九十七条之规定，本院判决如下：1. 解除原告赵 A 与被告北京 B 工程技术有限公司签订的《区域代理协议书》。2. 被告北京 B 工程技术有限公司于本判决生效后十日内返还原告赵 A 代理费四万六千元。

案例评析

1.《商业特许经营管理条例》等法律法规没有规定特许人的强制宣传、推广义务，如果特许人不愿意或内有能力进行推广、宣传，就不要在合同约定自己的推广、宣传义务。但如果合同约定了特许人的宣传、推广义务，特别是在被特许人交纳了宣传、推广费的情形下，特许人应当按照合同的约定履行广告宣传、推广义务，否则构成违约，应当对被特许人承担违约责任。

2. 本案中，《区域代理协议书》签订后，赵 A 已依约向 B 公司支付了代理费，但 B 公司没有依约履行国内市场的开发、推广及品牌形象宣传，没有为赵 A 提供新产品的技术培训，没有为提升品牌形象和增加赵 A 效益而进行不定期广告宣传等，违反了协议的约定，应当承担相应的法律责任。因此法院判决解除原告赵 A 与被告北京 B 工程技术有限公司签订的《区域代理协议书》；被告北京 B 工程技术有限公司返还原告赵 A 代理费四万六千元是正确的。

三、防范对策

（一）特许人应当正确认识广告宣传对整个商业特许经营体系发展的重要作用。广告选择在商业特许经营中占有非常重要的地位，广告宣传是迅速扩大品牌知名度、招募更多加盟，扩展商业特许经营体系的重要途径，因此，特许人应当积极进行宣传推广。

（二）特许人要在合同中合理约定自己的广告宣传义务。特许人对于在哪些媒体上进行宣传，如何进行宣传，广告宣传费是多少等问题要做到心中有数，不能脱离自己商业特许经营体系的实际情况，约定不可能实现的广告宣传推广义务，否则就会构成对被特许人的违约，承担相应的违约责任。

（三）只要特许人在合同中约定了自己的宣传推广义务或者特许人在合同中作了承诺，就一定要按照合同的约定或自己的承诺来履行宣传、推广的义务。

（四）特许人一定要按照我国《商业特许经营管理条例》的规定，按照合同约定的用途使用向被特许人收取的推广、宣传费用；及时向被特许人披露推广、宣传费用的使用情况，避免引起误会和不必要的纠纷。

风险点二十八　特许人违反商圈保护义务的法律风险

一、风险提示

"商圈保护"一般是指在单店加盟商经营地点的一定地域范围内，特许人不能同时开设另一家使用相同品牌、经营同类产品并与加盟商相竞争的另一家加盟店或直营店。特许人为被特许人提供一定的商圈保护，有利于防止特许体系内部的恶性竞争，平衡商业特许经营合同双方的利益，有利于商业特许经营体系的健康发展。

《商业特许经营管理条例》虽然没有强制要求特许人必须为被特许人提供商圈保护，但在实践中，很多特许企业为了整个特许体系的良性发展，都会给予加盟商一定的商圈保护。特许人在被特许人商圈保护方面的法律风险主要表现为：一是商圈保护条款约定不明确，特许双方因对合同约定的商圈保护的地域范围的理解不同而产生的纠纷；二是特许人违反了合同约定的商圈保护义务，被法院判决承担相应的法律责任。

二、真实案例

案例28　特许人违反商圈保护义务被判赔偿损失。

——孙A诉北京B国际化妆品有限公司商业特许经营合同纠纷案

案情简介

2010年9月5日，B公司（甲方）与孙A（乙方）签订了《万千诱惑产品总代理合同》。该合同主要约定以下内容：1. 根据乙方自愿申请，甲方许可乙方成为山东省济宁市的独家总代理，依法享有开设专卖店及开拓本区域其他渠道的权利，销售甲方提供的“万千诱惑”洗发护发美发产品，销售许可期与合同期限一致，自2010年9月5日起至2013年9月4日止；4. 合同有效期内，在乙方守约的情况下，甲方如果在乙方所在区域另设代理商，甲方将被视为违约，乙方有权解除合同，甲方应返还乙方保证金；5. 双方约定合同标的共计160000元，包括合同保证金30000元及投资平台130000元，除保证金外乙方的首批投资甲方按代理级别精品店、标准店配货数量发货，乙方二次及后续进货，甲方按商品标明零售价的3.8折供货乙方。该合同显示B公司地址为北京市朝阳区八里庄。合同签订后，孙A向B公司交纳了全部合同款项160000元。合同还对“万千诱惑”品牌的相关产品、商标标识、价格的制定、修改和发布产品包装设计的所有权，甲方对乙方长期提供免费的咨询、指导等内容进行了约定。

2011年4月23日，案外人华明某与B公司签署了一份《万千诱惑产品总代理合同》，约定B公司许可华明同成为山东省济宁市的独家总代理，享有开设专卖店及开拓本区域其他渠道的权益，销售B公司提供的“万千诱惑”洗发护发美发产品，合同标的包括保证金40000元、投资平台250000元以及品牌使用金每年3000元，合同期限为2011年4月23日至2014年4月22日。该合同约定的其他条款基本同孙A与B签署的上述《万千诱惑产品总代理合同》。该合同签订后，华明同支付了B公司全部合同款项。

2011年10月17日，案外人任某与天某色公司签订了《万千诱惑产品总代理合同》，约定天然某公司许可任某成为山东省济宁市的独家总代理，依法享有开设专卖店及开拓本区域其他渠道的权益，销售天某色公司提供的“万千诱惑”洗发护发美发产品，合同期限自2011年10月17日至2014年10月16日止，双方约定合同标的为122000元，包括保证金2000元、品牌使用金2000元和投资平台100000元。该合同显示天某色公司的地址为北京市朝阳区八里庄。合同签订后，任某支付了全部合同款项。至2013年3月5日，任某共计销售了市值68912.5元的产品。

2012年2月8日，孙A以任某、天某色公司侵犯其总代理权为由将后两者以及第三人B公司诉至山东省济宁市任城区人民法院。该法院查明，天某色公司与B公司设立之初发起人中均有“余某飞”，两公司办公地址一致，属于关联公司，经营管理信息相通。

诉讼中，孙A表示其主张的经济损失136386.75元为将华明某销售的290000元产品与任某销售的68912.5原产品相加后，按照合同中约定的3.8折计算所得。

法院审理

法院认为，孙A与B公司签署的《万千诱惑产品总代理合同》体现了双方的真实意思表示，符合商业特许经营合同的特征，其内容亦不违反法律、法规的相关规定，属于合法有效的商业特许经营合同。双方均应依约全面履行合同义务。

根据孙A与B公司签署的涉案《万千诱惑产品总代理合同》约定，孙A交纳相应合同款项后，B公司授权孙A为“万千诱惑”产品山东省济宁市地区的独家总代理。但在该授权关系存续期间，B公司却又另行将该地区涉案产品的独家总代理权授予给了案外人华明同。同时根据本案查明的事实，B公司与天然色公司为关联公司，两者经营管理信息相通，B公司亦应知天然色公司在后又将“万千诱惑”产品山东省济宁市地区的独家总代理权授予任丽霞的事实，但B公司并未予以制止或者向孙A予以披露。B公司的上述行为会从根本上影响孙A独家代理权的实现，已经构成违约，孙A可以要求其承担赔偿损失的违约责任。

对于赔偿损失的数额，孙A主张的数额并不具备事实和法律依据，理由有二：第一，孙A主张华明某销售了全部290000元的万千诱惑产品，但并未就此提供证据证明，因此相关损失数额不能以此为基数计算；第二，虽然华明某和任某在济宁地区销售了万千诱惑产品，挤占了孙A同区域的相关市场份额，但是由于经营盈利与否与自身的经营状况密切相关，华明某和任某销售的产品数量并不等同于孙 A 的产品销售损失，即孙 A 所谓的销售数量下滑并不能完全归结于华明某及任某的销售行为。综上，孙 A 主张的经济损失数额过高，本院将综合考量涉案产品的经营特点、孙 A 被许可经营的范围、同类产品的价格、任某产品的销售数量及时间等因素后酌情确定孙 A 的经济损失为 20000 元。

鉴于涉案《万千诱惑产品总代理合同》亦约定了合同有效期内，B 公司如果在授权区域另设代理商将被视为违约，孙 A 有权解除合同并要求 B 公司返还合同保证金。故在 B 公司存在上述违约行为的情况下，孙 A 要求 B 公司返还合同保证金 30000 元的诉讼请求，符合合同约定，本院予以支持。

B 公司经本院传票传唤未到庭应诉，不影响本院在查明案件事实的基础上依法裁判。

综上，依据《中华人民共和国合同法》第六十条、第一百零七条，《中华人民共和国民事诉讼法》第一百四十四条之规定，缺席判决如下：1. 被告北京 B 国际化妆品有限公司于本判决生效之日起十日内赔偿原告孙 A 经济损失二万元；2. 被告北京 B 国际化妆品有限公司于本判决生效之日起十日内返还原告孙 A 合同保证金三万元；3. 驳回原告孙 A 的其他诉讼请求。

案例评析

1. 实践中，对商圈保护条款的理解常常涉及违约责任的认定，因此，如何正确理解合同条款、即合同解释对解决纠纷就显得十分重要。由于商圈保护条款实质是双方在订约时约定的对被特许人经营活动的保护条款，它可使被特许人在保护区域内的经营活动所遭受的同类业务竞争降到最低，这也成为特许人吸引投资人的一个很重要的参考条件。

2. 本案中，孙 A 之所以与 B 公司签订《万千诱惑产品总代理合同》，就是想独占山东省济宁市的市场。B 公司在《万千诱惑产品总代理合同》上签字的行为就表明其在合同中为自己设定了保护孙 A 商圈的义务，承认孙 A

获得在山东省济宁市独家代理万千诱惑产品的权利。B公司应当严格履行合同义务，但在该授权关系存续期间，B公司却又通过其关联公司天然色公司另行将该地区涉案产品的独家总代理权授予给了案外人华明某。B公司的上述行为从根本上影响了孙A独家代理权的实现，构成了违约。因此，法院判决北京B国际化妆品有限公司赔偿原告孙A经济损失二万元；返还原告孙A合同保证金三万元的判决是正确的。

三、防范对策

（一）特许人要合理设定被特许人的商圈范围。商圈范围的规划，牵扯到许多复杂的环节与技术，例如，在评估时所需考虑的条件就包括：该区域的商业性质、客源分析、消费习性、同业的竞争、交通流量以及环境的限制等因素。一般较具规模的特许人，都会透过实地的调查，换算出顾客所来自的区域与各区域客流量两者的比率，再将该门市80%的顾客所来自的区域划定为该店铺的商圈范围。

（二）特许人在合同中约定的被特许人的商圈保护范围要明确、具体，且不可含有歧义。商圈保护设定方式通常有：圆心加半径、按行政划区划分、在地图上标明、买断地域发展权、指定卖场等等。但无论采用哪一种设定方式，其确定的区域范围要清楚、且易被为双方理解接受，避免可能发生理解上的歧义。

（三）特许人应严格遵守合同约定的商圈保护义务。商圈的大小取决于行业和企业。行业不同，客观上要求不同大小的商圈，企业不同，其发展战略规划的不同，商圈的大小也不同，因此，商圈保护的大小主要取决于不同企业的不同发展规划。是否需要对被特许人进行一定的商圈保护，法律没有强制规定，但如果特许人在合同中约定了给被特许人一定的商圈保护，保护被特许人的商圈就成为特许人的合同义务。特许人就要严格按照合同约定来履行合同义务。否则，就要承担相应的违约责任。

风险点二十九　被特许人破坏统一商业特许经营体系的法律风险

一、风险提示

商业特许经营作为连锁经营的一种，其突出的特点就是体系内所有的门店都使用同一个品牌，从内部企业文化、经营管理制度、运营模式到外在的店面设计、品牌形象、装修装饰等都高度统一。品牌的美誉度与体系的统一性是特许企业的生命线。

虽然特许双方同是特许体系的重要成员，在某种意义上具有共同的利益，但二者毕竟是两个独立的市场主体，利益并非完全一致。比如，特许人重视品牌的长期发展，被特许人重视短期利益；特许人希望多收取商业特许经营费用，被特许人则希望商业特许经营费用交的越少越好。被特许人为了自己短期利益的最大化，往往采取损害特许品牌形象的做法进行经营。另外，被特许人的经验、技能与特许人之间的差距客观上也会导致被特许人的加盟店与特许人的直营店之间在各方面出现差异。因此，在商业特许经营过程中，特许人建立起来的统一的商业特许经营体系面临着被加盟商损害的法律风险。

被特许人破坏商业特许经营体系统一性的行为主要体现在：1. 被特许人违反特许体系的管理制度，违反合同约定，进行店铺装修、装饰，店铺外观与特许体系中的其他店铺出现差异；2. 被特许人违反特许体系的管理制度，违反合同约定，在店内经营其它品牌产品或者自制产品；陈列、摆放与商业特许经营无关或非特许人提供的商品；3. 被特许人不遵守特许人的价格体系，擅自调整所销售产品或服务的价格；4. 被特许人违反特许体系的管理制度，所售产品或服务出现质量问题，与体系内的其他店铺的产品质量或服务出现差异，影响了整个商业特许经营体系的统一性。

二、真实案例

案例29　被特许人违约陈列非商业特许经营商品，破坏特许体系的统一性。

——上海C公司与卢A、浦B特许经营纠纷案

案情简介

2008年5月2日，C公司作为甲方，浦B、卢A作为乙方，就乙方加入甲方开展馨某露品牌、特某维（私人）某中心/会所商业特许经营连锁加盟的相关事宜，签订了1份商业特许经营合同书。约定甲方拥有馨某露品牌、特某维（私人）某中心/会所商业特许经营体系，甲方授予乙方开立上述品牌和中心会所及商业特许经营权，乙方加盟店的营业地址为辽宁省沈阳市于洪长江北街9某号5门，乙方在签订合同的同时向甲方交纳合同保证金，直接特许加盟连锁店须一次性交纳人民币10万元，合同终止，乙方无任何违规行为，保证金三个月后退回乙方，乙方在获得商业特许经营权和签订商业特许经营合同书的同时，应向甲方交纳品牌使用加盟金，加盟金为10万元，由于乙方违约，经营其它品牌或变相、变通经营其它品牌产品及经营非甲方许可的经营项目，甲方有权终止合同，并有权要求乙方赔偿四方品牌损害金，每个品牌损害金50万元，乙方店内不得陈列、摆放与经营无关或非甲方提供的商品，如乙方陈列或销售其他商品，乙方承担50万元违约金，签订合同有效期为五年，自2008年5月2日起至2013年5月1日。合同还对信息披露及商业秘密保护、开业运营、培训、销售、知识产权的授予与使用等事项专门作了约定。合同签订后，C公司给予卢A、浦B加盟金及保证金只须各交纳5万元的优惠。之后，经卢A申请，延长优惠政策三个月。2010

年4月21日，卢A向C公司写下保证书，保证店内不留存外来产品。C公司内部记录有顾客投诉卢A店内产品调换不是馨某露以及闭店事项，检查店内有维嘉斯产品等内容。中国商标网显示，馨某露商标专用权人为沈阳丹菲某中心，圣某莱商标专用权人为上海特某维护肤品股份有限公司。

法院审理

一审法院认为，C公司的第三项诉讼请求是要求卢A、浦B因违反合同约定，经营了其他品牌的产品而应承担的品牌损害金30万元，为此C公司提供了多份证据以证明这一违约行为，C公司提供的证据，可以证明卢A、浦B确有销售合同约定以外产品的违约行为。卢A、浦B应对自己的这一违约行为单独承担违约责任。根据合同约定，卢A、浦B应当承担该违约行为的品牌损害金50万元。合同的这一约定实为违约金约定，违约金约定过分高于守约方损失的，违约方可以提出减免。在本案中，双方对C公司的违约损失均未提供证据加以证明。结合本案的具体情况来看，首先，卢A、浦B虽有违约行为，但仅就C公司内部的投诉记录以及检查情况分析，卢A、浦B的违约数量及程度是相当轻微的，无证据证明卢A、浦B的违约存在相当的恶意，由此对C公司造成的品牌损害应是轻微的；其次，C公司未就卢A、浦B的这一违约行为对其造成的损失作出具体的描述，难以确定卢A、浦B的违约行为是如何对C公司许可使用的品牌造成了伤害；最后，C公司也未提供证据证明馨某露和圣某莱品牌的价值，继而来证明一旦上述品牌受到损害，其损害金额如何确定。综合以上因素，卢A、浦B应当承担的违约金，不宜过高。诉讼中，C公司虽在约定金额的基础上，对该项请求已作了调整，但幅度不足以体现与损失之间的关联，应再作大幅度调整，确认为5万元。鉴于浦B和卢A为系争合同的同一相对方，双方应当对外共同承担责任。

一审法院依照《中华人民共和国合同法》第九十三条第一款、第一百一十四条第二款，《中华人民共和国民法通则》第一百三十五条，《中华人民共和国民事诉讼法》第一百二十八条之规定，作出如下判决：一、确认C公司与浦B、卢A于2008年5月2日签订的商业特许经营合同书自判决生效之日起解除；二、浦B、卢A应于判决生效之日起十日内共同支付C公司违约金5万元；三、驳回C公司的其余诉讼请求。

原审法院判决后，C公司、卢A不服，均上诉，二审法院经审理后驳回上诉，维持了原判。

案例评析

1. 商业特许经营体系的统一性是商业特许经营的本质特征，也是商业特许经营体系的生命线，维护商业特许经营体系的统一性是被特许人的重要合同义务。

2. 本案中，商业特许经营合同中明确约定了被特许人维护商业特许经营体系统一性的义务及其违反的法律责任，即“由于乙方违约，经营其它品牌或变相、变通经营其它品牌产品及经营非甲方许可的经营项目，甲方有权终止合同，并有权要求乙方赔偿四方品牌损害金，每个品牌损害金50万元，乙方店内不得陈列、摆放与经营无关或非甲方提供的商品，如乙方陈列或销售其他商品，乙方承担50万元违约金。”本条款中关于“被特许人不得经营非甲方许可的经营项目，不得经营其他品牌，不得在店内陈列、摆放与经营无关或非甲方提供的商品”的规定，其目的就是为了维护商业特许经营体系的统一性。

3. 本案中，被特许人违反合同约定，经营了与商业特许经营项目无关的产品，其行为严重损害了C公司商业特许经营体系的统一性，导致被法院判决承担一定的法律责任。

三、防范对策

（一）特许人应注意被特许人的素质风险。商业特许经营是一套“被验证了成功”的体系，这套成功的体系拥有着其不为人知的适应市场需求的产品、专有技术或管理方式。要获得企业的机密信息，必须购买特许权成为加盟商，而成熟的特许人在选择被特许人时通常都制定有严格的标准，例如潜在的被特许人要对商业特许经营富有极大的热情、服从特许体系、有相应的从事商业特许经营的经济实力、能保守特许人的商业秘密等。但总有一些不具备条件的潜在被特许人为获得从事商业特许经营的资格，对特许人隐瞒其真实情况或提供虚假信息欺骗特许人。这样的被特许人无法保障特许体系的统一性。另外还有一些潜在的“被特许人”以加盟为名，在掌握了特许人的商业机密后，终止与特许人的合同关系，在特许人的核心技术或管理模式上稍加变动，自立门户，成为新的特许人，与特许人进行竞争。因此，特许人应当制定符合自身实际情况的选择被特许人的标准，避免被特许人的素质风险。

（二）商业特许经营合同是商业特许经营领域的“宪法”，特许双方的权利义务都以合同载体，商业特许经营纠纷的处理一般情况下也是以合同约定为依据。因此，特许人应当在合同中详细约定被特许人使用商业特许经营资源的规范，并约定严格的违约责任。例如，合同中约定，被特许人应当严格按照特许人要求进行店面的装修装饰，按照特许人的要求使用特许人的商标等品牌标识，按照特许体系的统一要求陈列、摆放商品，遵守特许体系统一的产品质量和价格体系，等等。

（三）为了维护特许品牌的良好形象和特许体系的高度统一性，特许人应加强对被特许人的督导。督导权是特许人不可缺少的一项权利，也是商业特许经营这种经营模式明显区别于其他诸多经营模式的一个重要特征，其目的在于督促加盟商执行特许人的营运规范，保持商业特许经营体系的统一性。特许人对被特许人的督导权持续性地体现在特许关系存在的全过程当中，深入到被特许人经营的各个层面，并通过各种手段和途径得以实现。督导的内容一般包含经营、管理两个方面。经营是指业务层面的内容，包括产品定价、服务质量等；管理是指被特许人进行人、财、物等方面的管理情况，如人力资源管理、财务管理等。

（四）特许人一旦发现被特许人有损害商业特许经营体系统一性的行为，要及时要求被特许人进行整改；必要时，通过法律手段来维护商业特许经营体系的统一性。

风险点三十　被特许人擅自处分商业特许经营权的法律风险

一、风险提示

商业特许经营实践中，经常会出现被特许人擅自处分商业特许经营权的情形，包括特许人未经特许人许可擅自关闭店铺，停止经营；未经特许人许可，擅自把商业特许经营权转让给第三人。被特许人擅自转让商业特许经营权的另一种表现为：商业特许经营合同一般情况下都是由特许人与自然人之间签订的，合同签订以后，自然人被特许人在履行合同中会设立经营实体，如有限责任公司、合伙企业等，实际使用特许人授权其使用的经营资源，进行经营。

被特许人擅自处分商业特许经营的行为会损害商业特许经营品牌的声誉和特许人的利益。因此，特许人应当高度重视被特许人擅自处分商业特许经营权的行为。

二、真实案例

案例30　被特许人擅自转让商业特许经营权

——向A与重庆B投资控股（集团）有限公司商业特许经营合同纠纷上诉案

案情简介

B控股公司成立于1994年，原名重庆B饮食文化（集团）有限公司，2003年6月8日变更为现名。2003年1月8日，原告（甲方）与被告（乙方）签订《重庆B火锅连锁店特许加盟合同书》，约定双方同意由特许人（甲方）指导、受许人（乙方）经营重庆B特色火锅，由特许人授权受许人使用重庆“B”火锅品牌标识及文字等无形资产和专有经营秘诀、管理模式，受许人完全同意并接受上述授权，并同意全额投资加盟店，愿意独自承担加盟店的投资风险，承诺维护并提升重庆B火锅形象。其有关双方权利义务的约定具体包括：1. 乙方全额投资位于湖南省长沙市天心区劳动路368号智邦家园A栋，面积为2000平方米，名称为“重庆B长沙分店”、悬挂招牌为“重庆B湘渝食府”的加盟店，同意接受甲方的指导并经营管理该加盟店。乙方擅自对经甲方同意确定的加盟店地点、面积、商号等作更改，甲方有权要求乙方按约履行并支付违约金10万元；2. 乙方保证在任何情况下都不将甲方的经营制度、火锅专有秘诀与资讯及相关的商标、图形或其他营业象征性标志转交第三人使用，或者告知第三人，否则甲方有权要求乙方立即停止侵权并支付违约金20万元；3. 非经甲方的同意，乙方不得将本加盟店整体或部分转让给他人，否则甲方有权终止本合同并要求乙方支付违约金20万元。

合同签订后，被告于2003年2月26日注册成立了长沙市天心区湘渝重庆B食府（个体工商户），作为B控股公司加盟店。注册资料显示，经营地址为长沙市劳动西路388号。后被告未经原告同意，将加盟店转让给了第三人德友公司。

法院审理

关于被告是否将原告的经营制度、火锅专有秘诀与资讯及相关的商标、图形或其他营业象征性标志转交第三人使用的问题，法院认为，被告将加盟店的产权转让给德友公司，后者以此成立分公司，加盟店的经营并未产生变化，很显然，这种整体转让包括经营制度、火锅专有秘诀与资讯及相关的商标、图形或其他营业象征性标志转交。原告据此要求被告承担违约金20万元。特许加盟合同确实将擅自转让加盟店和擅自将原告的经营制度、火锅专有秘诀与资讯及相关的商标、图形或其他营业象征性标志转交第三人使用视为两种违约行为，并分别规定了违约责任，但就本案而言，被告的行为属于整体转让行为的组成部分，或者说包含在整体转让行为中。尽管被告同时违反了两条约定，但实施的行为实质上只有一个（即整体转让行为），故被告只应承担其中较重的违约责任。鉴于涉案合同约定的两种违约责任是相同的，在已支持擅自整体转让加盟店的违约金的前提下，对原告以被告擅自移交相关资料和标识为由要求被告重复承担违约金的诉讼请求不予支持。一审法院遂判决向 A 立即向 B 控股公司支付权利金 38166. 67 元及违约金 23 万元。二、驳回 B 控股公司的其他诉讼请求。案件受理费 13250 元，财产保全费 5000 元，合计 18250 元，由原告和被告各负担 9125 元。

向 A 不服一审判决，向二审法院提起上诉，请求撤销一审判决，驳回 B 控股公司的诉讼请求。二审法院经审理认为一审判决认定事实清楚，适用法律正确，遂判决驳回上诉，维持原判。

案例评析

1. 商业特许经营合同是知识产权含量极高的经济合同，特许人将商业特许经营权授予不特定人使用时，是有选择性的。特许人所选择的被特许人的素质直接决定了整个商业特许经营体系的质量。因此，特许人一般会在合同中明确约定，未经特许人许可，被特许人不得擅自转让商业特许经营权，否则应当承担违约责任。

2. 本案中，B 控股公司在《重庆 B 火锅连锁店特许加盟合同书》明确约定了“非经甲方（B 控股公司）的同意，乙方（向 A）不得将本加盟店整体或部分转让给他人，否则甲方有权终止本合同并要求乙方支付违约金 20 万元。”的内容。后来，被特许人向 A 未经 B 控股公司同意，将加盟店转让给了第三人德友公司。向 A 的行为严重违反了合同的约定，损害了 B 控股公司的利益。因此，法院判决向 A 向 B 控股公司支付权利金 38166. 67 元及违约金 23 万元是正确的。

三、防范对策

（一）虽然被特许人是独立的市场主体，对是否继续经营还是关闭店铺、停止经营有自主决定权，但由于其是商业特许经营体系的一部分，擅自关店停业会影响特许品牌的声誉，因此，特许人可以在商业特许经营合同中约定，合同未到期前，被特许人不愿继续进行经营的，应当事先告知特许人，特许人可以对加盟店进行回购，或者协助被特许人把店铺转让给第三人经营。被特许人未告知特许人，擅自关店、停止经营的，要对特许人承担违约责任。

（二）商业特许经营合同中，应当明确约定，未经特许人事先同意，被特许人无权擅自转让商业特许经营权。经特许人同意，被特许人可以转让商业特许经营权的，特许人在同等条件下享有优先受让权；被特许人把商业特许经营权转让给第三人的，需要经过特许人同意。

（三）商业特许经营合同中应明确约定，以自然人身份加盟商业特许经营体系的被特许人，若通过设立的公司或合伙企业实际使用商业特许经营资源进行经营的，特许人应当和被特许人在合同中约定商业特许经营权转让或者以商业特许经营权作为合作的条件。没有约定的，被特许人在转让或合作前应当征得特许人同意，并重新达成三方协议，否则应视为被特许人违约或侵权。

风险点三十一　特许人承担第三者责任的法律风险

一、风险提示

商业特许经营中的第三者责任，是指被特许人在商业特许经营中与第三人发生纠纷时，由谁承担民事责任的问题，重点是指特许人应否对被特许人在经营中与第三人发生的纠纷承担相应法律责任。

根据民法原理，被特许人作为独立的经营者，对外经营所产生的责任理应由自己独立承担，但商业特许经营的特殊性就在于特许体系对外是以一个统一的整体形象出现的，作为拥有统一的店面装饰外观、统一的标识、统一的经营模式和管理方法的体系，会让消费者产生一种认识：即自己是在与一个大型连锁企业交易。正是由于消费者的这种认识，增加了商业特许经营的市场信任度和消费者认同度，这也是商业特许经营模式能带来规模效益的重要因素。因此，虽然从特许体系的内部而言，特许人与被特许人都是独立的经营者，有独立的法律地位，但从外部第三者的角度观察，特许人与被特许人之间是混同的，特许人与各个被特许人共同经营所形成的特许体系才是该第三者认为的交易对象，也才是该第三者认为的责任人。实践中，不少消费者与被特许人产生纠纷后，往往以特许人为被告提起诉讼，要求特许人承担法律责任。

特许人在商业特许经营中为被特许人承担第三者责任的情形主要包括商业特许经营资源瑕疵引起的第三者责任，特许人对被特许人过度控制引起的第三者责任以及商业特许经营业务混同引起的第三者责任。

二、真实案例

案例31 特许人因业务混同，承担了第三者责任后，向被特许人进行追偿案

——上海A洗衣管理有限公司诉周B商业特许经营合同纠纷案

案情简介

2004年9月1日，原告（甲方）与欧明辉、孙晓霞（乙方）签订《特许加盟合同》，约定：乙方加盟A洗衣商业特许经营体系，经营地址为上海市长宁区富贵东道308号，经营期限自2004年9月1日起至2007年8月31日止。合同中约定："……8. 乙方因故歇业，变更经营应提前三十天书面报甲方审批，在接受甲方对商标商号予以清理及对IC卡、资产予以清算后方可获得批准；9. 乙方在合同期内，经甲方同意发售的各类洗衣IC卡及洗衣券，在本合同终止或被甲方取消加盟资格后，仍需承担跨店使用的结算义务……"。合同第十七条合同终止、退出及转让约定"（二）退出：1. 乙方因单方原因需提前退出加盟的，应提前一个月向甲方提交书面申请，经甲方同意后方可退出；2. 乙方单方退出的，需向甲方结清权益金及其他款项，归还甲方相应财物，对该店带有'A'商标、商号、标识、标志等物品予以清理拆除，对洗衣IC卡、洗衣券等资产予以清算，对门店使用的由甲方提供的A洗衣软件，由甲方派员到门店予以清理删除，加盟金和品牌保证金均作为违约金不予退还；……"。此外，合同还对商业特许经营费用、双方权利义务、违约责任等条款作了约定。

2005年4月22日，欧明辉（甲方）、被告（乙方）与原告（丙方）签订《加盟合同转让协议》，约定将上述特许加盟合同剩余履行时间的所有合同权利和义务转让给乙方，同时特别约定：1. ……乙方享有品牌保证金数额为人民币3万元；……。

2005年4月28日，原、被告签订《A洗衣IC会员卡销售服务管理实施细

则》，约定被告可以向客户发售A洗衣IC会员卡，该会员卡跨店费用结算价按洗衣牌价的45%执行。各加盟商（店）可以委托A总部对IC会员卡跨店消费结算，结算日为每月二十日至二十五日，各加盟商（店）之间也可自行结算。

2007年7月14日，由被告经营的A洗衣新古北店关闭歇业。2007年8月27日，原告向被告发出《关于解除A特许加盟合同的通知书》，通知书载明“2007年7月14日，你在未经A公司同意（在未履行相关清理、清算手续）的情况下擅自关门歇业，并且自2007年7月起拒绝履行你店所发售的A洗衣IC卡的跨店消费结算义务，造成广大消费者和其他加盟商的投诉，目前A公司为保证消费者和其他加盟商的合法权益，暂时代为你店承担自2007年7月起A洗衣IC卡跨店消费的相应结算义务。鉴于你店的行为明显违反了《A特许加盟合同》第八条第8款、第9款、第十七条第（一）项第2条第1款之约定及《A洗衣IC会员卡销售服务管理实施细则》第十四条之规定，严重扰乱了A商业特许经营体系，损害了A公司及其他加盟商和消费者的合法权益，属严重违约行为。A公司作出以下决定：一、自即日起与你解除《A特许加盟合同》以及《加盟合同转让协议》，你店不得再以A洗衣新古北店的名义对外经营；……三、你应立即向A公司支付你店所发售的A洗衣IC卡（2007年7月）跨店消费结算款8466.07元，并按每日千分之三的标准支付相应滞纳金，同时按你店发售的所有A洗衣IC卡的未兑现额（按洗衣牌价）的45%向A公司支付结算保证金供日后每月的你店发售的A洗衣IC卡跨店消费结算使用；四、品牌保证金人民币叁万元整作为违约金全额扣除；……”。

自2007年7月1日至2008年7月31日，被告发售的各类A洗衣IC卡在A洗衣商业特许经营体系内的23家门店跨店消费合计149016.30元。由原告先行与上述门店进行了按月结算，各门店将上述债权转让给原告并已通知了被告，被告共应支付原告结算款72661.99元。被告对上述结算款的数额予以确认。

法院审理

法院认为，原告与欧明辉、孙晓霞签订《特许加盟合同》，约定原告将商业特许经营权授予欧明辉、孙晓霞开设A洗衣新古北店。被告与欧明辉和原告签订《加盟合同转让协议》，约定欧明辉经原告同意将《特许加盟合同》剩余期限的权利义务全部转让给被告。上述合同均系各方当事人的真实意思表示，依法有效。被告受让原合同后，依法享有原合同项下的权利，也应按约履行原合同义务。按照《特许加盟合同》及《A洗衣IC会员卡销售服务管理实施细则》的约定，被告有在店内发售各类A洗衣IC会员卡的权利，并应承担上述会员卡在A商业特许经营体系门店跨店消费使用后的结算义务。被告在合同约定的商业特许经营期限内拒绝承担上述结算义务，原告为保障其商业特许经营体系的品牌形象代被告履行了上述结算义务。现原告主张被告支付上述结算款，于法有据。据此，依照《中华人民共和国合同法》第八条、第一百零七条之规定，判决如下：被告周B于本判决生效之日起十日内支付原告上海A洗衣管理有限公司结算款人民币72661.99元。

案例评析

本文中所称的“第三人“是指与被特许人产生法律关系的不特定的普通公众，不包括被特许人的供货人、贷款人、担保人等与其有特殊关系的人。[①]特许经营实务中，特许人被判为第三者承担法律责任的情形主要表现为会员卡的发行。

1. 会员卡制度作为一种促销方式以其能够刺激消费、迅速回笼资金、提高顾客的忠诚度等优点在商业领域被广泛应用。会员卡一般分为两类，一类是积分卡，即消费者现金消费后，以一定标准的积分计入卡内，商家以积分折抵现金来刺激消费者消费；另一类是现金卡，即商家首先推出一定面值

① 卫永鹏：《商业特许经营法律实务》，法律出版社2014年5月第1版，第146页。

的只能在商家自己经营场所内消费的卡，由消费者以等额资金或者一定的优惠价格购买该卡，然后消费者用该卡在商家经营场所内消费。

2. 在商业特许经营体系中，由于特许人与被特许人之间是独立的民事主体，即特许人的直营门店与被特许人的门店虽然看上去是统一的装修，统一的标志，并且提供的是统一的产品或者服务，但门店财产以及经营收入的所有人是不同的，经营过程中对外承担的法律责任主体也是不同的。因此，在商业特许经营体系中采用会员卡制度也带来了许多新的法律问题，有些问题对特许人来说甚至构成了法律风险，可能会给特许人造成巨大的经济损失和商誉影响。比如被特许人到期或中途停止经营，其销售出去的会员卡尚未消费完毕，由于被特许人没有向消费者返还剩余卡金，而导致特许人承担相应的法律责任；消费者持卡消费与被特许人发生纠纷，特许人承担连带保证法律责任，等等。

3. 会员卡制度从法律性质的角度看，是商家与消费者形成的一种合同关系，在商业特许经营领域，由于特许人与被特许人均为独立的民事主体，在不同的情况下，其合同主体及法律责任承担的方式也有所不同，下面我们根据不同情况具体加以分析：

第一种情况，由特许人统一制作，特许人及被特许人分别在自己的门店销售会员卡。如果该卡只能在售出店使用，那么其法律责任由卡的售出店自行承担，即如果是特许人的直营店，由特许人承担法律责任，如果是被特许人的店，由被特许人承担法律责任，但在售卡过程中应当向消费者明示。如果该卡在商业特许经营体系中各个门店都可以使用，除售卡店承担法律责任外，特许人应当承担连带责任。因为商业特许经营体系是由特许人建立并控制，尤其是会员卡在不同的被特许人门店之间可以消费的情况下，必须由特许人的协调、管理和担保，否则不能实现。

第二种情况，由特许人统一制作，统一销售的会员卡。此种情况除消费者在被特许人门店消费过程中产生纠纷承担法律责任外，一概由特许人承担法律责任。

第三种情况，由被特许人自行制作，自行销售的会员卡。这种情况下，一般由被特许人自行承担。但值得注意的是，被特许人往往以特许人加盟店的名义销售会员卡，被特许人一旦停止经营，而没有退还会员卡的剩余卡金，那么持有会员卡的消费者往往会找到特许人，即使特许人不承担法律责任，也会对特许人的商业信誉造成负面影响。另外，有些不法之徒也在以会员卡作为诈骗钱财，或者进行违法传销的手段，一旦被特许人利用会员卡从事了违法经营，在公安机关案件查处过程中必然会牵涉到特许人，也必然会影响到特许人的正常经营。因此，特许人应当严格限制或者禁止被特许人自行制作和销售会员卡的行为。

4. 本案中，合同明确约定，乙方因故歇业，变更经营应提前三十天书面报甲方审批，在接受甲方对商标商号予以清理及对 IC 卡、资产予以清算后方可获得批准；乙方在合同期内，经甲方同意发售的各类洗衣 IC 卡及洗衣券，在本合同终止或被甲方取消加盟资格后，仍需承担跨店使用的结算义务……”。因此，被特许人应当承担其所发行的洗衣 IC 卡的最终结算义务。特许人为了维护自己特许品牌的声誉，先主动承担了第三者责任，然后再向被特许人进行追偿的行为受到了司法的保护。

5. 那么，如何才能在商业特许经营体系中规范地采用会员卡制度，有效防范特许人的法律风险呢？首先必须系统设计有关会员卡的法律制度，即在商业特许经营体系中销售会员卡所形成的法律关系及法律责任承担必须要明确。其次，要将会员卡制度作为商业特许经营合同的条款写入商业特许经营合同，只有这样才能对被特许人形成有效的约束。第三，会员卡制度中要明确约定被特许人终止经营时，其所售出的会员卡剩余卡金如何处理。在实务操作中，由特许人统一制作，统一销售会员卡，由被特许人根据会员销售向特许人进行结算的模式是在商业特许经营体系中特许人能够有效防范会员卡法律风险的一种形式，但其也有管理成本比较高，被特许人支持态度不积极等弊端。

总之，由于每个商业特许经营体系的具体情况不同，其所采用的会员卡制度也会有千差万别，特许人应当根据自己的情况采取有效措施，在充分利用会员卡制度这一促销优势的同时，有效规避其中的法律风险。

三、防范对策

（一）特许人要了解商业特许经营中第三方责任归则应考虑的因素。商业特许经营中，第三方责任归责需要考虑以下因素：1. 要区分被特许人对第三人违约或侵权责任的发生是单纯因为自己经营失误或没有严格依照特许人要求的质量标准、营业范围、营业规则等引起的；还是因为特许人为控制被特许人而向被特许人提供的各种经营规则的瑕疵引起的。如果是前者，则特许人不承担责任；如果是后者，则特许人就要承担相应的责任。2. 要考察特许人对被特许人的控制程度以及提供的帮助在被特许人的经营中的重要性。如果被特许人完全是在特许人的控制之下经营，或特许人对被特许人提供的帮助对其经营至关重要，特许人应承担更重的责任，相反，则特许人的责任应减轻。3. 应区分特许人与被特许人各自对责任发生的过错程度。4. 还应区分被特许人的资历水平，如果被特许人的实力雄厚，则特许人的责任较轻。上述四项是一个综合评价体系，不能单独予以衡量和适用。[①]

（二）实践中，特许人为了避免承担第三者责任，应做到以下几点：1. 特许人向被特许人提供的经营资源没有瑕疵，确保被特许人对第三者产生的责任不是由于特许人的经营资源的瑕疵引起的。2. 特许人应当在商业特许经营合同中明确约定特许双方是两个独立的经营主体，各自对自己的经营行为负责。双方之间不是代理关系，任何一方无权代理另一方从事民事行为，并约定严格的违约责任。特许人在实际经营中要对被特许人进行督导，

① 韩强：“特许经营的责任分担和风险防范”，载《法学》2002 年第 6 期。

防止被特许人以特许人代理人的身份进行活动。3. 特许人应当要求被代理人在其经营的店铺的显著位置，明确告知消费者自己加盟店的身份。4. 特许人对被特许人的控制要有一个限度，即除去正当的经济理由外（如维护产品的质量标准，保护商标权及商业特许经营制度的信誉等），若这种控制很严、很广泛，特许人往往要承担一定的法律责任。

第八章
商业特许经营合同解除及终止后的法律风险

本章导读

根据我国《合同法》，合同的解除包括协商解除，约定解除和法定解除三种方式。约定解除是合同当事人事先约定解除合同的条件，当条件成就时，一方享有解除合同的权利。法定解除是在合同法第94条列出的情形出现时，当事人依法享有的解除合同的权利。第九十四条规定，有下列情形之一的，当事人可以解除合同：(一) 因不可抗力致使不能实现合同目的；(二) 在履行期限届满之前，当事人一方明确表示或者以自己的行为表明不履行主要债务；(三) 当事人一方迟延履行主要债务，经催告后在合理期限内仍未履行；(四) 当事人一方迟延履行债务或者有其他违约行为致使不能实现合同目的；(五) 法律规定的其他情形。《合同法》在合同解除方面的规定，体现了合同双方当事人的平等地位，除了法律规定的情形外，任何一方不得擅自解除合同。而我国《商业特许经营管理条例》却打破了这一规则，第十二条规定，特许人和被特许人应当在商业特许经营合同中约定，被特许人在商业特许经营合同订立后一定期限内，可以单方解除合同。这种解除权只能由被特许人一方享有，作为合同另一方的特许人，只有对期限进行约定的权利和义务，但任何时候都不能行使这种解除权。（3）这种解除权是一种需约定的法定解除权，但被特许人的这种任意解除权，从条文上分析，既非完全法定，也非完全约定。条文中“应当”二字意味着，这是《条例》对商业特许经营合同的强制性规定，当事人必须在合同中约定特许人的这种权利，只是在行使期限上留有余地。

由于《合同法》关于合同解除的规则具有普遍适用性，本章只介绍商业特许经营中所特有的被特许人单方解除权方面的法律风险。

商业特许经营合同的继续性特征，决定了商业特许经营合同解除或终止之后，特许双方之间的权利义务不会立即消失。特许双方应当共同履行好合同终止后的附随义务，主要包括：1. 被特许人立即停止使用特许人的经营资源，返还或销毁与经营资源有关的授权书、特许使用证明、特许商业标志、技术资料、牌匾等文件或材料。2. 双方结清商业特许经营费用、货款及其他一切与商业特许经营有关的费用；处理好加盟商向客户发放的储值卡问题。3. 处理好被特许人与商业特许经营有关的设备和剩余产品。4. 要求被特许人对商业特许经营资源承担保密义务。5. 返还被特许人的保证金等其他应当返还的款项等。

特许人在商业特许经营合同解除或终止方面的法律风险主要表现为：1. 被特许人在商业特许经营合同解除或终止后，继续使用特许人的经营资源进行经营，构成对特许人知识产权的侵权；2. 被特许人在进行工商注册时，把特许人的商标、字号等一些企业标志注册在了企业名称中，摘不了牌；3. 被特许人泄露特许人的商业秘密；4. 被特许人拖欠特许人商业特许经营费用、货款及其他费用；5. 特许人拒绝返还被特许人保证金，被判承担违约责任等。

风险点三十二　商业特许经营合同解除方面的法律风险

一、风险提示

我国《商业特许经营管理条例》第十二条规定，特许人和被特许人应当在商业特许经营合同中约定，被特许人在商业特许经营合同订立后一定期限内，可以单方解除合同。

该规定赋予被特许人在一定期限内解除商业特许经营合同的权利，有的称为单方解除权，是因为其仅赋予被特许人解除权；有的称为任意解除权，是因为在一定期限内被特许人可以无理由行使该解除权；因其目的是为了保护被特许人，以缓冲被特许人的投资冲动，理论上将这一规定称为“冷静期”条款。

法律赋予了被特许人任意解除权，这无疑以“牺牲”交易安全为代价，从形式上来看，似乎违反了公平原则，但商业特许经营活动不同于一般的买卖或服务合同，在商业特许经营合同签订之前，由于合同双方在谈判实力、经验方面的差别，或者由于被特许人受到某些误导，可能导致被特许人一时冲动而决定签约，从而没有反映被特许人的真实意图。因此，本条借鉴国外商业特许经营立法经验，明确规定商业特许经营合同中必须约定一个“冷静期”条款，以缓冲被特许人的投资冲动，并赋予其在对特许人有了进一步了解后可以反悔的权利，以便更好的保护自己的利益。在商业特许经营市场比较发达、成熟的欧美、日本等国家均有此类规定，比如《澳大利亚商业特许经营行为准则》第 13 条规定：被特许人有权在签订商业特许经营合同的 7 天之内解除合同。马来西亚《商业特许经营法》第十八条第（4）项规定，商业特许经营合同应包括冷静期，期限长度应由合同双方决定且不应少于7个工作日，在此期间内受许人有权终止商业特许经营合同。美国法律规定，商业特许经营人必须在签约前10天向被授权人交付一套包括23个方面详尽说明的披露文件，这10天被称为“10天冷静期”。但是，我国《商业特许经营管理条例》并没有对“一定期限”作出具体规定，而是将此交由当事人自由约定，这充分体现了法律尊重当事人自主民事意思表示的立法精神。

被特许人依法行使任意解除权，一般会产生两个方面的法律后果，一是商业特许经营合同解除；二是商业特许经营费用返还。商业特许经营费用主要包括加盟费、特许权使用费和保证金。

特许人在“冷静期”条款方面存在的法律风险主要表现为：特许人担心被特许人行使单方解约权，对自己不利，因此，往往不愿在合同中约定这一条款。事实上，即使特许双方在商业特许经营合同中没有约定这样一个条款，也不能剥夺被特许人的这一权利，法院会根据商业特许经营合同订立和履行的实际情况，自由裁量被特许人行使这一权利的期限。实践中有的法院给予了被特许人很长的期限，有的达到半年、一年甚至二年，这样反而对特许人更加不利。

二、真实案例

案例32　合同未约定“冷静期”条款，法院裁量4个月后被特许人仍可以行使单方解约权

——北京A贸易有限公司与杜B特许经营合同纠纷上诉案

案情简介

2010年11月21日，杜B作为乙方与作为甲方的A公司签订合同，双方约定：第二条授权：1. 甲方授权乙方在黑龙江省黑河市销售快乐宝贝屋服装服饰产品。未经甲方书面许可，乙方不得在其它地址从事相关销售活

动，且不得开展互联网销售活动。2. 经销权的许可期限与本合同的有效期限一致。第三条甲方的权利和义务：1. 同意乙方按照规定统一销售甲方提供的快乐宝贝屋服装服饰产品。2. 甲方有权对乙方的经营情况进行监督和检查。可随时对乙方的经营情况、货品销售库存、销售价格等情况进行检查指导。3. 甲方负责产品的供应，负责全国市场开发、推广及品牌形象的宣传。5. 甲方为乙方免费提供授权资料。8. 为乙方免费提供经营所需相关部分赠品及促销礼品：《营销手册》、贵宾卡、宣传海报、购物手提袋、POP吊旗、易拉宝、衣架、售货单等，如有变化另行通知。第四条乙方的权利和义务：4. 乙方在确定店址后，严格执行甲方《营销手册》的相关规定，接受甲方监督及指导，正式开业后10天内需将店面五张照片或图片发到总部备案。7. 乙方有权获得甲方授权规定区域内的经营权，并有同等条件下升级为所在区域总经销的优先权。合同还对其他条款进行了约定。

2010年11月22日，杜B向A公司交纳保证金20000元。2010年12月7日，A公司给杜B发送首批铺货服装，随货所附销售单显示："杜B首批扶持清单共计20000元，多赠2072元。"杜B收到货后，发现该批服装与A公司在签订合同时向其展示的服装在价格、质量等方面存在很大差异，遂向A公司主张解除合同、退还保证金，双方协商未果，遂引起诉讼。

法院审理

原审法院经审理认为：杜B与A公司签订的合同符合商业特许经营合同的构成要件，属于商业特许经营合同。

关于杜B是否有权单方提出解除合同，原审法院认为，《商业特许经营管理条例》第十二条规定："特许人和被特许人应当在商业特许经营合同中约定，被特许人在商业特许经营合同订立后一定期限内，可以单方解除合同。"该条款的立法本意是赋予被特许人一种"悔约权"，即被特许人在约定或者合理期限内可以单方解除合同。本案中，双方虽然未约定单方解除权，但结合本案实际案情，杜 B 在收到首批铺货后即向 A 公司提出解除合同，此时距离合同签订之日仅半月有余，杜 B 未实际经营快乐宝贝屋服装服饰专卖店，亦未销售 A 公司提供的服装，其并未开始利用特许人 A 公司的经营资源，其提出解除合同属在合理期限之内，故杜 B 有权单方提出解除合同。综上，杜 B 要求解除合同的诉讼请求有事实和法律依据，原审法院予以支持。

合同解除后，尚未履行的，终止履行；已经履行的，根据本案合同性质和履行情况，当事人可以要求恢复原状，故 A 公司应将 20000 元保证金全额返还给杜 B。关于服装货物等相关合同标的物的处理，经原审法院释明，当事人明确表示不要求在本案一并处理，故原审判决虽已确认合同解除，但相关合同标的物的处理由当事人另行协商或另案起诉。

关于 A 公司是否应赔偿杜 B 的经济损失，原审法院认为，双方所签订合同的性质为商业特许经营合同，作为被特许人的杜 B 在商业特许经营合同订立后之合理期限内行使单方解除权，双方对合同解除均无过错，且其亦未能举证证明 A 公司在履行合同过程中存在过错，故 A 公司不应赔偿杜 B 的经济损失。

综上所述，依据《中华人民共和国合同法》第九十七条，《商业特许经营管理条例》第三条、第十二条，《中华人民共和国民事诉讼法》第六十四条之规定，原审法院判决如下：一、杜 B 与北京 A 贸易有限公司于二〇一〇年十一月二十一日签订的《产品销售合同书》自原审判决生效之日起解除；二、北京 A 贸易有限公司于原审判决书生效之日起十日内返还杜 B 保证金二万元；三、驳回杜 B 的其他诉讼请求。

上诉人 A 公司不服原审判决，向本院提起上诉。二审法院经审理认为

原审判决程序合法，认定事实清楚，适用法律正确，驳回上诉，维持原判。

案例评析

1. 综合《商业特许经营管理条例》通篇尤其是第十二条的立法倾向、

立法背景以及文字表述可知，第十二条的立法本义就是要确定被特许人享有一定期限的悔约权。“悔约权”本身是法定的，只不过是将“一定期限”的约定权赋予了双方当事人。因为“悔约权”本身是法定的，即使商业特许经营合同中没有约定，也不能剥夺被特许人的这一权利，司法实践也表明了这一点。如《北京市高级人民法院关于审理商业特许经营合同纠纷案件适用法律若干问题的指导意见》第十八条规定，特许人和被特许人在商业特许经营合同中约定或者通过其他形式约定被特许人在商业特许经营合同订立后一定期限内可以单方解除合同的，从其约定。特许人和被特许人未约定被特许人在商业特许经营合同订立后一定期限内可以单方解除合同的，被特许人在商业特许经营合同订立后的合理期限内仍可以单方解除合同，但被特许人已经实际利用经营资源的除外。

2. 本案中，商业特许经营合同没有约定被特许人行使单方解约权的“期限”，法院自由裁量商业特许经营合同生效后 4 个月，被特许人仍然可以行使这一权利。笔者认为，这个案例反映了两个问题：一是《商业特许经营管理条例》第十二条规定的被特许人的悔约权是法定的，即使合同中没有约定，甚至约定被特许人不得行使单方解约权，都不能剥夺被特许人的这一权利。二是当法院行使自由裁量权时，判决被特许人可以行使单方解除合同的期限远远长于国际惯例。因此，特许人主动在合同中参照国际惯例约定被特许人一定期限的“冷静期”条款，对自己是最有利的。

三、防范对策

（一）特许人一定要认识《商业特许经营管理条例》所规定的被特许人的这一权利的内涵和特点。被特许人的任意解除权，是指在商业特许经营合同中，仅由被特许人依法享有的、在约定期限内根据自己的意愿对生效合同做出单方解除的权利。其主要有以下几个特点：1. “冷静期”条款只存在于商业特许经营合同中，是由商业特许经营法律关系的特点决定的。这种“冷静期”无论是在合同法规定的有名合同，还是其他无名合同，均是绝无仅有的。2. 被特许人只能在约定期限内行使。立法者设立该项权利的行使期限，也算是对被特许人的这种权利的一种限制。很显然，任意解除权不能由被特许人完全任意行使，否则就完全否定了合同法的公平原则，对整个商业特许经营行业也是毁灭性打击。当然，对被特许人而言，“权利不用，过期作废”。

（二）特许人对合同中约定被特许人的“冷静期”条款应当有一个正确的态度。1. 认识“冷静期”条款的法定性。被特许人享有单方解除合同的权利，是一项法定权利，不因合同中没有约定，就可以剥夺其权利，甚至在合同中明确约定被特许人不能行使任意解除权也是无效的。2. 认识“冷静期”条款对特许人的积极意义。大多数特许人不愿意在商业特许经营合同中约定被特许人的这一单方解约权的原因，往往是出于维护自己权益的需要。但结果恰恰相反，反而在合同中约定这一条款，对特许人来说才是最有利的。因为，按照国际惯例，如果特许人在商业特许经营合同中约定了被特许人几天、十几天的冷静期，过了这个期限，商业特许经营合同的效力就固定下来了。如果合同里没有这一约定的话，法官行使自由裁量权，这个时间就是不固定的，并且一般要远远长于这个期限。

（三）国际上规定被特许人冷静期期限的惯例一般为7—10天，特许人可以参考国际惯例在商业特许经营合同中约定被特许人单方解约权的期限。

（四）特许人为了维护自己的合法权益，可以在合同中约定，因为被特许人行使任意解除权给特许人造成损失的，如考察费、协助选址费、装修设计费等，有权要求被特许人进行赔偿。

风险点三十三　特许合同终止后被特许人继续使用商业特许经营资源给特许人带来的法律风险

一、风险提示

商业特许经营合同终止后，被特许人继续使用商业特许经营资源给特许人带来的法律风险主要表现为两个方面：一是商业特许经营合同中没有禁止合同终止后被特许人继续使用商业特许经营资源的条款，没有约定被特许人继续使用商业特许经营资源的违约责任。当出现被特许人在商业特许经营合同终止后继续使用特许人的知识产权时，特许人无法追究其违约责任，也无法利用商业特许经营合同中通常对特许人较为有利的诉讼或仲裁条款获得救济。二是即使商业特许经营合同对被特许人在合同终止后必须停止使用特许人的知识产权有详尽的约定，由于特许人对整个特许体系的巡视力度不够，导致特许人在发现这一情况时，距商业特许经营合同终止日已经超过两年。如果依据商业特许经营合同条款提起违约之诉，将由于超过诉讼时效而难以获得法律保护，虽然特许人可以追究被特许人的侵权法律责任，但侵权之诉比违约之诉通常需要付出更多的诉讼成本。

二、真实案例

案例33　商业特许经营合同终止，被特许人继续使用商业特许经营资源，构成侵权。

——尤A与北京B洗衣服务有限公司侵犯商标专用权及不正当竞争纠纷上诉案

案情简介

B公司成立于1997年7月31日，系一家以商业特许经营方式从事洗衣服务；研究、开发洗衣设备和洗涤用品等的外商投资企业。1999 年 2 月 14 日，B 公司经国家商标局核准注册取得第 1247972 号“B”中文商标，核定服务项目为第 37 类“洗烫衣服；机械安装；保养和修理等”，注册有效期至 2014 年 4 月 20 日。1998 年 4 月 28 日，B 公司自北京圣洁洗涤有限公司处受让取得第 1145928 号“FORNET”英文及图商标，核定服务项目为第 37 类“洗衣、洗烫衣物，干洗等”，注册有效期至 2018 年 1 月 20 日。多年来，B 公司在其加盟店装潢中均全面持续使用上述商标。同时，为促进 B 品牌的推广，B 公司于近年来在全国范围内广泛开设加盟店，在干洗服务领域市场占有率不断扩大，并连续多年获得“中国特许奖”、“中国优秀特许品牌奖”等多个奖项，而且通过各种载体开展形式多样的宣传活动，包括在电视、报纸、杂志等主流媒体以及居民小区、展会等处投放各类广告，以及出资赞助北京电视台“七一晚会”等主题活动，使得 B 品牌逐步为广大消费者所认知，在洗衣服务市场及相关公众中具有较高的知名度和影响力。

尤 A 系苏州市相城区蠡口 B 洗衣店业主。2003 年 9 月 8 日，B 公司与尤 A 签订《B 洗衣商业特许经营合同》一份，许可其加入 B 洗衣商业特许经营系统，合同有效期为三年，自 2003 年 9 月 8 日到 2006 年 9 月 7 日止。双方在合同中对各自权利义务作出了明确约定。其中还特别约定了“乙方经甲方同意将‘FORNET’或‘B’作为加盟店企业名称中的字号使用的，本合同终止或提前解除后 30 日内，乙方应立即停止使用上述字号，并向工商行政管理部门申请撤销或变更企业名称。申请变更的，变更后的企业名称中不得包含‘FORNET’或‘B’字样，否则，乙方应向甲方支付违约金 50 万元”。同日，双方还签署了商标许可使用合同和财务管理合同各一份作为上述商业特许经营合同的附件。2009 年 10 月 9 日，经 B 公司申请，江苏省苏州市苏州公证处公证员到位于苏州市相城区蠡口万里路的“蠡口 B 洗衣店”中，以普通消费者的身份洗衣并取得取衣卡一张，送衣付款单一张及收款收据一张，其中，取衣卡正中位置上排显著标注“蠡口 B 洗衣店”，下排标注

“取衣卡”；送衣付款单公司名称处标注为“苏州市蠡口B洗衣店”，下部标注“蠡口B敬告顾客”等字样；收款收据上由“苏州市相城区蠡口B洗衣店”盖章。同时，依据公证时拍摄的店堂内外实景照片显示，店门口悬挂招牌上以蓝底白字标注“蠡口B”，下排较小字体标注“PRESSING 洗衣”；店堂外墙壁上悬挂有两块铜牌，其中下块铜牌上方标注“中国十大优秀特许品牌”，中间以较大字体显著标注“FORNET? B”字样；店门玻璃上标注了“法国高质洗衣”“专业干洗、水洗皮衣清洗、护理精工织补”以及宣传标语“一切为了干净”。店堂内悬挂“蠡口B服务准则”匾牌。苏州市苏州公证处对上述洗衣及拍照过程予以公证，并出具了（2009）苏证民内字第292×号公证书。

B公司目前在苏州市区共有加盟店三家，分别为“苏州市B洗涤服务有限公司”、“苏州B洗涤服务有限公司体育中心分公司”和“苏州市平江区福润洗涤服务部”。其中，依据2007年7月19日B公司与苏州市平江区福润洗涤服务部签订的《B商业特许经营合同》，加盟B公司的加盟费为人民币7万元，商标许可使用费在2009年6月30日前为每年2万元，2009年7月1日后为每年3万元。

B公司就本案诉讼向上海德载中怡律师事务所支付律师费12000元，并支付公证费2020元，总计14020元。

法院审理

在关于尤A的相关行为是否构成商标侵权问题上，法院认为B公司依法核准注册取得第1247972号“B”文字商标及第1145928号“FORNET”英文及图商标，其在核定服务项目上所享有的商标专用权依法受法律保护。依据《中华人民共和国商标法》第五十二条第（一）项及《最高人民法院关于审理商标民事纠纷案件适用法律若干问题的解释》第一条第（一）项的规定，未经商标注册人许可，在同一种商品或者类似商品上使用与其注册商标相同或者类似的商标以及将与他人注册商标相同或者相近似的文字作为企业的字号在相同或者类似商品上突出使用，容易使相关公众产生误认的，均属于侵犯注册商标专用权的行为。本案中，尤A在与B公司的商业特许经营关系终止后，仍然将标注有B公司注册商标“FORNET? B”的铜牌悬挂于其店堂门外，该行为已属于在相同服务上使用与他人注册商标相同的商标，侵犯了B公司对该两商标所享有的专用权。同时，尽管尤A注册有“苏州市相城区蠡口B洗衣店”字号，但是其在店面招牌、取衣卡等相关服务标志上仅标注“蠡口B”或“蠡口B洗衣店”，其中“蠡口”属于地理区划，“洗衣店”属于行业名称，而“B”才是字号的识别要素，故该标注实际已构成将与他人注册商标相同的文字作为企业字号在相同服务上突出使用的行为，在目前“B”及“FORNET”注册商标在市场上享有一定知名度的情况下，客观上容易引起相关消费者对其与B公司的服务存在某种关联的错误认识，从而造成混淆或者误认。综合上述因素，尤A在店堂外悬挂“FORNET? B”标志以及在店面招牌、取衣卡等相关服务标志上对其“B”字号的使用行为分别侵害了B公司“FORNET”及“B”注册商标专用权，应当依法承担停止侵权并赔偿损失的民事责任。

法院判决：一、尤A立即停止侵犯B公司“B”及“FORNET”注册商标专用权的行为；二、尤A于判决生效后三十日内到工商登记机关办理企业名称变更登记手续，变更后的企业名称中不得含有“B”字样；三、尤A于判决生效后十日内赔偿B公司经济损失人民币8万元；四、尤A于判决生效后十日内赔偿B公司为本案诉讼支出的合理费用14020元；五、驳回B公司其他诉讼请求。

尤A不服一审判决，提出上诉，二审法院经审理认为一审判决认定事实清楚，适用法律正确，维持了原判。

案例评析

1. 商业特许经营体系是以商业特许经营合同为纽带把特许人和众多的被特许人连接在一起的。被特许人要想进入商业特许经营体系，必须与商业特许经营签订商业特许经营合同，向特许人缴纳商业特许经营费用，获得特许人的授权。特许人的授权是被特许人使用特许人经营资源的合法依据。如果合同到期没有续约，被特许人仍然使用特许人的经营资源，就失去了合法基础。因此，商业特许经营合同解除或终止之后，被特许人应立即停止使用特许人的经营资源进行经营。《北京市高级人民法院关于审理商业特许经营合同纠纷案件适用法律若干问题的指导意见》第二十一条规定，商业特许经营合同未成立、未生效、无效、解除或撤销的，除当事人另有约定外，被特许人应停止使用特许人许可其使用的相关经营资源，特许人亦可请求被特许人返还或销毁与经营资源有关的授权书、特许使用证明、特许商业标志、技术资料、牌匾等文件或材料。被特许人不能返还上述文件或材料的，应当赔偿特许人因此受到的损失，但属于被特许人从事商业特许经营业务过程中正常消耗的材料的，可不予返还且不承担损害赔偿责任。《上海市高级人民法院：关于审理商业特许经营合同纠纷案件若干问题的解答》在回答"十、在商业特许经营合同因无效、被撤销及解除等原因终止后，涉及到包括商业秘密在内的具有知识产权性质的经营资源，应如何处理?"时也认为商业特许经营合同被判无效、被撤销或解除后，被特许人应停止使用特许人的知识产权，返还特许人具有知识产权属性的物品。

2. 本案中，尤A在与B公司的商业特许经营关系终止后，仍然将标注有B公司注册商标"FORNET? B"的铜牌悬挂于其店堂门外，该行为属于在相同服务上使用与他人注册商标相同的商标的行为，侵犯了B公司对该两商标所享有的专用权。因此，法院判决尤A承担相应的侵权法律责任是正确的。

三、防范对策

（一）特许人在招商时，不能不设任何门槛，来者不拒，只要缴纳加盟费，就允许其加盟；特许人应当重视被特许人的素质，尽可能招收一些讲诚信、法制意识强的投资者加入特许体系。

（二）特许人在指导被特许人进行工商注册时，一定要注意避免被特许人把特许人的商标、商号等企业标志注册为其企业名称的一部分。如果特许人许可被特许人使用特许人的商标或企业名称作为加盟店的字号，则应在合同中明确约定在合同终止后多长时间，被特许人必须到工商管理部门进行字号变更，不得继续使用原来的字号。

（三）为了防范原被特许人在商业特许经营合同终止或解除后仍使用特许人的注册商标、商号、专利、著作权或其他标志，或申请注册与特许人相似类别的商品商标或服务商标，导致特许人受侵害，特许人应在商业特许经营合同中明确约定合同终止后多长时间（例如 30 日），被特许人必须在加盟店内停止使用所有含有特许人知识产权标识的物品，并且拆除、返还店铺招牌等所有相关标识。为了避免争议，建议合同中应约定特许人的知识产权标识包括哪些方面（例如商标和其 Logo）。同时除了概述性条款外，尽量列举被特许人加盟店内可能含有特许人知识产权的物品的种类，并且规定严格的违约责任。

（四）特许人应在合同中明确约定商业特许经营合同解除或终止后的无形资产的回收条款。商业特许经营合同终止后，为防范原被特许人未经特许人同意继续使用特许人的注册商标、商号或者其他标志，或将特许人的注册商标申请注册为相似类别的商品或者服务商标，或将与特许人注册商标相同或近似的文字申请登记为企业名称中的商号，或将与特许人的注册商标、商号或门店装潢相同或近似的标志用于相同或类似的商品或服务中，导致特许人的权利受侵害，特许人应在合同中明确约定合同到期或解除后，受许人必须立即停止使用特许人品牌，拆除、返还店铺招牌等所有专有标识，并且规定相应的违约责任以保护特许人利益。

（五）在商业特许经营合同终止后，特许人务必要跟进调查原被特许人合同终止后义务的履行情况，尽可能到原加盟店进行实地确认原加盟店是否停止使用特许人的知识产权。至于原被特许人加盟店的字号是否完成变更，则到当地工商部门调取工商基本档案即可获知。从我国目前的实践看，绝大多数地区，工商基本档案的调取不需要律师执业证，特许企业的员工即可完成这一工作。

（六）特许人在商业特许经营体系内应当建立完善的门店巡查制度并切实贯彻实施。这无论是对加盟店运营的日常监督，还是确认商业特许经营合同终止后原被特许人对合同终止后义务的履行，都有非常重要的保障作用。

风险点三十四 商业特许经营合同终止后剩余产品或物品处理中的法律风险

一、风险提示

商业特许经营合同解除后，被特许人还剩有没有销售出去的产品或没有用完的与商业特许经营业务有关的物品，是商业特许经营中的常见现象。那么这些产品或物品应当如何处理呢？

根据我国《商业特许经营管理条例》对商业特许经营所下的定义可以看出，构成商业特许经营权的主要是注册商标、企业标志、专利、专有技术等知识产权，设备和产品一般情况下不属于特许权的主要部分。但设备和产品对特许体系来说又是非常重要的，它们除了担负着特许权的物质载体外，某些有竞争力的具有专利或专有技术的机器、设备，垄断产品更是构成了特许体系的重要组成部分。在商业特许经营中，设备和物品包括专用设备物品和通用设备物品两种类型。专用设备和物品是指由制造商按照特许人特定的要求（种类、规格、品牌等）制造的设备与物品。[①] 这类物品根据特许人的特别要求专门定制，一般市场上购买不到，只有通过特许人以转让或租用的形式提供给被特许人。通用设备和物品一般是指除了专用设备和物品之外，可以在一般市场上购买到的设备和物品。这些设备和物品可以由特许人统一采购，然后提供给被特许人，也可以由被特许人按照特许人明确规定的品种、型号、规格和质量标准自行采购。

特许人在商业特许经营合同终止后剩余产品或物品处理中的法律风险

① 肖朝阳主编：《如何签订特许经营合同》，中信出版社2004年版，第43页。

主要表现为：一是特许人拒绝被特许人返还剩余产品或物品引起的法律纠纷；二是因特许双方对被特许人返还剩余产品或物品的价格分歧引起的法律纠纷。

二、真实案例

案例34 特许人违反合同约定的退还货款义务，被判承担法律责任

——冯A诉北京B环保科技发展有限公司商业特许经营合同纠纷案

案情简介

被告北京B环保科技发展有限公司成立于2007年2月，其经营范围为环保方面的技术开发、咨询、服务等。2007年10月9日，原告（受让方）与被告（授权方）签订《代理合同书》一份，合同约定有效期自2007年10月9日起至2008年10月8日止。其中合同第一条区域代理权第1款规定：1. 乙方（原告）以向甲方（被告）首次进货额达人民币叁万贰千元整的方式，获得河南省郑州市地区范围内“B”品牌代理权，开展室内环境监测治理工作及销售业务。同日，双方还签订《补充协议》一份，《补充协议》第1条约定：乙方在经营半年后，如经营不善，甲方有权帮乙方转让或退货（设备3—6折，药剂不拆封七折收回）。原告于签订合同当日，按照合同约定向被告交付首次进货设备以及药剂价值人民币32000元。

2008年5月20日，原、被告签订《B代理合同解除协议》。该解除协议约定：现因乙方原因不能继续代理甲方品牌，经乙方申请，甲方同意针对乙方从甲方处购买的所有产品和设备帮助乙方转让或退货，经双方协商，现就相关事宜达成以下协议：一、合同解除与转让：1. 自甲方批准乙方申请之日起，代理合同解除，乙方不再享有甲方授予的区域代理权，但合同的补充协议继续有效；4. 甲方同意按签约合同补充协议第一条约定的条件协助乙方处理合同的善后事宜。在约定的转让期内，甲方应积极主动实施转让运

作，同时需要乙方配合之处要及时通知乙方，乙方应积极配合甲方，在不侵犯双方合法利益的情况下，进行转让；5. 在双方约定的2008年8月10日之前，甲方没能按照以上约定实施转让成功，转入退货程序。二、退货：1. 退货过程中，甲方在2008年8月10日至11日向乙方提交招回以上约定的产品和设备的书面信函，如果过期没有提交书面信函，乙方视同甲方已经同意按照甲方的营业地址，进行退货；3. 以上约定的产品和设备到达甲方提交的书面信函指定地点或甲方的营业地址后5日内，甲方应及时检验，同时乙方应协助甲方完成设备和产品的检验；4. 药剂的检验标准按照合同约定实施，设备的检验标准按照甲方提供的正规检验标准文件执行，如甲方没有相关检验标准文件而又不能公平公正的出具检验结果，乙方可以请求第三方检验，相关检验费用由甲方承担。三、其他约定：2. 退货验收成功，甲方应在2日内向乙方支付退货现金，如不能按照约定支付退货现金，甲方应向乙方按照应支付款项日5%的标准支付违约滞纳金。

解除协议签订后，原告于2008年6月8日将价值14830元的设备、价值17186元的药剂退还给被告。2008年6月26日被告签收了以上产品。2008年8月31日，被告以设备3折、药剂7折折扣支付原告退货款16000元。

法院审理

法院经审理认为，原、被告签订的《代理合同书》、《补充协议》、《B代理合同解除协议》系双方真实意思表示，内容不违反法律规定，为有效合同。从《B代理合同解除协议》中的约定，本院可以认定，原、被告协商原告从被告处购买的所有产品首先采取转让方式解决，即在2008年8月10日之前，将原告的代理权转让第三人，如被告实施转让未成功，转入退货程序。

关于退货程序，解除合同中约定：被告在2008年8月10日至11日向原告提交招回以上约定的产品和设备的书面信函，被告收到以上约定的产品和设备后5日内检验，退货验收成功，应在2日内向原告支付退货现金，如不能按照约定支付退货现金，甲方应向乙方按照应支付款项日 5% 的标准支付违约。根据上述约定，被告应该在 2008 年 8 月 18 日前支付原告退货款，被告未在上述约定的期间内支付原告退货款，应当承担合同中约定的违约责任。故此，对原告要求被告承担违约责任的诉讼请求，本院予以支持。但原告计算数额有误，本院不予全部支持。原告以设备 3 折、药剂 7 折价格从被告处领取了退货款 16000 元，其现以受被告要挟，被迫领取的退货款为由，要求被告按设备 6 折、药剂 7 折价格退货，因原告未能提供相关证据，故本院不采信，其要求被告立即支付货款 4928.20 元之诉讼请求，本院不予支持。综上所述，根据《中华人民共和国合同法》第四十四条第一款、第六十条第一款、第一百零七条之规定，判决如下：一、被告北京 B 环保科技发展有限公司于本判决生效后十日内赔偿原告冯 A 人民币九千六百元；二、驳回原告冯 A 其他诉讼请求。

案例评析

1. 本案中，特许双方通过《补充协议》、《B 代理合同解除协议》对商业特许经营合同解除之后，被特许人剩余产品的退货价格、程序作了明确的约定。如《补充协议》第 1 条约定：乙方在经营半年后，如经营不善，甲方有权帮乙方转让或退货（设备 3—6 折，药剂不拆封七折收回）。2008 年 5 月 20 日，原、被告签订《B 代理合同解除协议》中约定：退货过程中，甲方在 2008 年 8 月 10 日至 11 日向乙方提交招回以上约定的产品和设备的书面信函，如果过期没有提交书面信函，乙方视同甲方已经同意按照甲方的营业地址，进行退货；以上约定的产品和设备到达甲方提交的书面信函指定地点或甲方的营业地址后 5 日内，甲方应及时检验，同时乙方应协助甲方完成设备和产品的检验；药剂的检验标准按照合同约定实施，设备的检验标准按照甲方提供的正规检验标准文件执行，如甲方没有相关检验标准文件而又不能公平公正的出具检验结果，乙方可以请求第三方检验，相关检验费用由甲方承担；退货验收成功，甲方应在 2 日内向乙方支付退货现金，如不能按照约定支付退货现金，甲方应向乙方按照应支付款项日 5% 的标准支付违约滞纳金。

2. 本案中，特许人没有根据协议约定在在 2008 年 8 月 18 日前支付原告退货款，应当承担合同中约定的违约责任。因此，法院判决特许人北京 B 环保科技发展有限公司赔偿被特许人冯 A 人民币九千六百元是正确的。

三、防范对策

（一）特许双方应当在商业特许经营合同中明确约定商业特许经营合同解除或终止后，被特许人剩余产品的处理方式。

（二）商业特许经营中，设备和物品包括专用设备物品和通用设备物品两种类型。对于专用设备和物品，可以约定商业特许经营合同终止或解除后，被特许人剩余设备和物品由特许人按照一定的价格进行回收。而对于一般市场上可以购买到的通用设备和物品，既可以约定由特许人回收，也可以约定由被特许人自行处理。

（三）实践当中，为维持其统一品牌形象或保持其产品质量，特许人往往对加盟商购买设备、加工原料及产品进行严格限制，要求加盟商必须从特许总部或者总部指定的供货商处购买，不允许加盟商私自从市场上自由购买。对于从总部或总部指定的供货商处购买的设备、物品及产品，应当约定为商业特许经营合同终止后，被特许人剩余的设备、物品及产品由特许人按照一定的价格进行回收。我国司法实践也采纳了这一观点。例如，《北京市高级人民法院关于审理商业特许经营合同纠纷案件适用法律若干问题的指导意见》第二十二条规定，特许营合同未成立、未生效、无效、解除或撤销的，除属于从事商业特许经营业务过程中的正常消耗外，特许人向被特许人提供的产品或者设备应当返还或折价返还。

第九章 商业特许经营费用方面的法律风险

本章导读

商业特许经营费用是一个广义的概念，是指被特许人为获得商业特许经营权所支付的各种费用以及与商业特许经营相关的其他费用，一般包括加盟费、特许权使用费、保证金、广告基金等。[①] 从经营模式角度，商业特许经营费用是商业特许经营模式的特征之一，我国《商业特许经营管理条例》第三条给商业特许经营所下的下定义中，把被特许人向特许人支付商业特许经营费用作为了商业特许经营模式的重要构成部分；从特许人角度，收取商业特许经营费用是特许人采取这种模式发展企业的主要目的之一；从被特许人角度，交纳商业特许经营费用是被特许人获得特许授权、使用商

① 特许经营法律实务，孙连会编著，中国人民大学出版社，2013 年 11 月第 1 版，第 106 页。

业特许经营资源的对价；从合同角度，商业特许经营费用是商业特许经营合同中的重要条款，收取商业特许经营费用是特许人的主要合同权利，而交纳特许费用则是被特许人的主要合同义务。

商业特许经营费用是商业特许经营体系中非常重要的内容，它直接关系到特许双方的根本利益。因此，《商业特许经营管理条例》及相关法律文件对商业特许经营费用的收取进行了一定的规范。《商业特许经营管理条例》第十一条第二款规定，商业特许经营合同的主要内容应包括商业特许经营费用的种类、金额及其支付方式。第十六条规定，特许人要求被特许人在订立商业特许经营合同前支付费用的，应当以书面形式向被特许人说明该部分费用的用途以及退还的条件、方式。第十七条第一款规定，特许人向被特许人收取的推广、宣传费用，应当按照合同约定的用途使用。推广、宣传费用的使用情况应当及时向被特许人披露。第二十一条规定，特许人应当在订立商业特许经营合同之日前至少30日，以书面形式向被特许人进行信息披露，包括商业特许经营费用的种类、金额和支付方式（包括是否收取保证金以及保证金的返还条件和返还方式）；第二十六条规定，特许人违反本条例第十六条规定的，由商务主管部门责令改正，可以处1万元以下的罚款；情节严重的，处1万元以上5万元以下的罚款，并予以公告。

《商业特许经营信息披露管理办法》第五条涉及商业特许经营费用方面的信息披露主要体现在本条的（三）商业特许经营费用的基本情况和（七）商业特许经营网点投资预算情况。商业特许经营费用的基本情况包括3个要点：1. 特许人及代第三方收取费用的种类、金额、标准和支付方式，不能披露的，应当说明原因，收费标准不统一的，应当披露最高和最低标准，并说明原因。2. 保证金的收取、返还条件、返还时间和返还方式。3. 要求被特许人在订立商业特许经营合同前支付费用的，该部分费用的用途以及退还的条件、方式。商业特许经营网点投资预算情况包括2个要点：1. 投资预算可以包括下列费用：加盟费；培训费；房地产和装修费用；设备、办公用品、家具等购置费；初始库存；水、电、气费；为取得执照和其他政府批准所需的费用；启动周转资金；2. 上述费用的资料来源和估算依据。

特许人在商业特许经营费用方面的法律风险主要表现在商业特许经营费用约定不明确，特许人要求被特许人在订立商业特许经营合同前支付费用的，没有以书面形式向被特许人说明该部分费用的用途以及退还的条件、方式，被特许人拖欠商业特许经营费用以及特许人拒绝返还被特许人保证金被判承担责任等方面。

风险点三十五　加盟费方面的法律风险

一、风险提示

加盟费，又称商业特许经营初始费，也有的叫加盟金，是指特许人将商业特许经营权授予被特许人时所收取的一次性费用，它体现了特许人所拥有的品牌、专利、经营技术诀窍、经营模式、商誉等无形资产的价值。加盟费的数额没有法律的明确规定，就目前国内外的情况看，大致有三种情况：一种是免除加盟金的，第二种是特许人只收取数量很少的象征性的费用；第三种情况是特许人收取数额较大的加盟金。

不同国家或地区之间，同一个国家或地区内的不同行业间，同一行业中的不同企业间，同一企业在不同时期、不同地点收取的加盟金数额都不相同，同一企业的加盟金数额也会随着企业的发展而变化。实务中，加盟费的实际名称也五花八门，如“代理费”、“合作金”、“品牌使用费” 等。

关于加盟费的缴纳时间，法律上并没有严格的规定，通常是在双方签订了正式的商业特许经营合同之后的一个约定时间内，并在商业特许经营合同上予以说明，但因为签订了合同就意味着特许人就要开展帮助和指导被特许人进行市场调研、选址、装修、培训等一系列工作，特许人通常要求被特许人在较短的时间内一次性交齐。

特许人在加盟费方面的法律风险主要表现为商业特许经营合同中加盟费条款的约定不明确，特别是在商业特许经营合同无效，被撤销或提前解除时，特许人是否应当向被特许人返还加盟费以及如何返还的约定不明确而产生纠纷。

二、真实案例

案例35　商业特许经营合同提前解除，加盟费不予退还。

——上海A公司茶楼有限公司诉唐B等解除商业特许经营合同案

案情简介

2003年9月，上海A茶楼有限公司（以下简称A公司）与唐B订立特许加盟合同，约定：A公司向唐B授予“A茶楼”商业特许经营权、传授加盟店知识、培训员工、保证其指定的供应单位的供货价格不高于市场正常价格等，期限为5年，唐B应支付加盟费15万元（无论何种情况均不退还），特许保证金10万元（非定金性质，在唐B违约等情况下A公司有权没收），并按月支付特许使用费、特许广告费等。合同还约定如一方违约另一方可解除合同，违约金为30万元，唐B以该特许加盟合同参与设立的公司对唐B的上述义务承担连带责任。合同签订后，唐B缴纳了加盟费15万元及保证金3万元。唐B与他人共同出资设立了上海海通餐饮有限公司三林分公司（以下简称海通餐饮公司），由海通餐饮公司作为经营“A茶楼”加盟店的载体。之后，A公司履行了合同约定的各项义务，但因唐B长期拖欠特许使用费和特许广告费等，A公司经多次催讨未果，遂提起诉讼。

原告A公司诉称：特许加盟合同系双方真实意思表示，属合法有效。A公司已按约履行了义务，而唐B在海通餐饮公司开业后连续四个月未支付特许使用费、特许广告费等，显属违约，且符合合同约定的解除条件，故请求法院判令：解除特许加盟合同；唐B支付特许广告费、特许使用费4171.28元、违约金30万元、特许保证金3万元；唐B设立的海通餐饮公司承担连带责任。

被告唐B辩称及反诉称：不同意解除合同及承担违约责任；因A公司未履行员工培训、广告制作等合同义务，故延付相应款项；现要求继续履行特许加盟合同，并由A公司承担违约责任。同时，唐B认为特许加盟合同中违约金过高，请求法院予以调整。

海通餐饮公司辩称：同意唐B的答辩意见，并对承担连带责任没有异议。

法院审理

上海市静安区人民法院关于是否应当返还加盟费的审理认为：A公司已依约履行了相关义务，唐B拖欠相关费用的违约行为已构成合同解除条件，A公司有权解除合同，解除合同后应对该合同的后果一并进行处理。关于合同解除后的法律后果。（1）特许加盟费是否应当返还。合同约定，无论是哪一方违约，导致合同解除、终止，特许加盟费均不予归还。该条款明显加重了唐B的责任，免除了A公司的责任，有违公平原则。根据《合同法》之相关规定，A公司应返还唐B部分特许使用费。因A公司授权特许加盟费5年15万元，而唐B实际经营一年有余，法院最终判决A公司返还唐B特许加盟费12万元。

一审宣判后，A公司不服提出上诉。上诉称：特许加盟费不予退还既是合同约定，也是国际行业惯例，该条款应属有效条款。本案中，违约方系唐B，而非A公司，据此，请求撤销原审判决第三项、第六项，改判A公司收取的特许加盟费及特许保证金不予退还，唐B及海通餐饮公司应全额支付合同约定的违约金30万元等。

二审法院查明的事实与一审相同。上海市第二中级人民法院在加盟费是否应当返还的问题上认为：（1）特许加盟费是指被特许人为获得商业特许经营权而向特许人支付的一次性费用。本案系争特许加盟合同中关于特许加盟费不予退还的条款，符合商业特许经营加盟费的性质及行业惯例。在特许人没有违约或恶意解除合同行为的情况下，该条款应属有效。（2）特许加盟费实质是被特许人获取商业特许经营资格的对价。本案中，A公司履行了合同约定的授权唐B使用“A”注册商标、商号、经营技术资产及提供相关文件等义务后，加盟费的价值已经实现。（3）本案系争特许加盟合同系因唐B的违约行为而致解除，故唐B应承担相应的法律后果。综上，A公司关于本案系争特许加盟合同解除后不应退还特许加盟费的上诉请求，应予支持。二审法院没有支持唐和平返还加盟费的诉讼请求。

案例评析

1. 本案是一起典型的加盟费纠纷案件，纠纷产生的原因是特许双方对合同提前解除之后加盟费是否返还的认识不一致。这在当前的商业特许经营纠纷中是一个比较突出的问题，具有代表性。

2. 实践中，特许双方只是约定加盟费“一次性支付”，往往并不清楚加盟费的性质。有的把加盟费看作特许权使用费的一部分，有的把加盟费理解为合同保证金。因此，在商业特许经营合同提前解除时，特许双方对加盟费应否返还产生争议。

3. 本案中，特许双方实际上约定了加盟费的处理，即“无论何种情况均不退还”。唐B认为该条款属可撤销条款，一审法院也根据合同实际履行期限，判决A公司返还部分加盟费。笔者认为，对于订立合同时显失公平的条款，在当事人提出请求时，人民法院有权予以变更或者撤销。但此项权力的行使必须恰当，不得违背当事人的真实意思表示，同时须顾及合同性质与行业惯例等因素。本案中是因唐B违约导致合同解除，而A公司对于合同的解除没有任何过错，A公司按约收取加盟费并授予唐B商业特许经营权，向唐和平交付了加盟费的对价，有权不予退还加盟费。因此，二审法院予以改判是正确的。[①]

① 欧阳光、吴静、王龙刚：《公司特许经营法律事务》，法律出版社2007年7月第1版，第13页。

三、防范对策

（一）正确理解加盟费的性质。加盟费的性质非常重要，正确理解加盟费的性质，对于正确判加盟费是否应当返还以及如何返还，对于保护特许双方的合法权益具有重要意义。商业特许经营实质上是一种以特许权的授予为基础的合同关系，特许人将自己拥有的知识产权权利组合（包括商标、商号、专利、专有技术、经营模式等）以及其他相关权利组合（如商品配送系统、财务系统级服务系统）许可给被特许人使用，以实现优质资产资源共享。从加盟商角度，交纳加盟费，取得经营资格只是商业特许经营的第一步，加盟商还必须对业务进行实质性投资，才可能实现预期收益，达到加盟的目的。因此交纳加盟费是被特许人获得商业特许经营资格的一种对价。

（二）当出现加盟费纠纷时，特许人应当遵循下列思路解决：1. 法律对加盟费的收取和返还有明确规定时，按照法律规定处理。2. 当法律对加盟费没有明确规定时，根据法律对合同等一般问题的规定进行处理。如《合同法》关于合同无效、被撤销、变更及其法律后果的规定同样适用于商业特许经营合同。

（三）因为我国法律对加盟费问题没有明确，广大特许人在起草商业特许经营合同时，一定要详细、明确地约定有关各项商业特许经营费用的内容，包括但不限于加盟费的性质、加盟费的金额、加盟费的支付方式、支付时间以及在商业特许经营合同提前终止的情形下，加盟费是否返还以及如何返还等内容，以避免在合同履行中引起双方不必要的争议。

（四）合理确定加盟费的数额。如何确定加盟费的数额是一个非常复杂的话题。通常来讲，加盟费是由特许人单方报价，并由特许双方经过讨价还价而最终确定的一个数额。至于特许人如何决定加盟费的数额则有不同的标准。根据国际上一般的理论，确定加盟费需要考虑以下几个因素：1. 特许人在商业特许经营初期为受许人提供服务所发生的实际费用，如培训费用、建店寻址费用以及提供其他服务的费用等；2. 对受许人营业收入和利润的预期；3. 特许人对盈亏平衡和投资回报的预期；4. 商业特许经营体系的规模、商誉和盈利水平。考虑这些因素只是一个大的原则，特许人会不会全面考虑上述因素，各种因素所占比重如何，是否包括其他因素等，都是由特许人根据自身情况具体确定的。在实践中，特许人在确定加盟费时还必须考虑一个国家或地区的经济发展水平，以及加盟对象的综合素质和经济实力。此外，加盟费的最终数额还往往取决于特许双方的谈判实力和经验。特许人在不同时期、不同地区的发展策略也会影响加盟费数额的确定。总之，加盟费数额的确定是一个综合性的复杂问题，可以通过对成功特许体系的分析，归纳，得出关于加盟费实际数额的一个规律或收费区间，将此作为确定加盟费数额高低的一个参照。

（五）不要在商业特许经营合同中出现类似“在任何情况下加盟费都不予退还“的条款。商业特许经营合同一般都是特许人制定并提供的标准文本，是一种典型的格式合同。特许人关于“加盟费”在任何条件下不予退还的规定，因受到法律规定的诸多限制和涉嫌违反公平原则，在司法实践中被撤销、变更或被认定为无效的风险较大，并不能对特许人的利益给予更多的保护，其实际价值是有限的。《北京市高级人民法院关于审理商业特许经营合同纠纷案件适用法律若干问题的指导意见》第十九条规定，商业特许经营合同因特许人的原因未成立、未生效、无效、解除或撤销，或者因被特许人的原因终止履行，被特许人请求返还已经支付的商业特许经营费用的，应当综合考虑合同的订立和履行情况、实际经营期限、双方当事人的过错程度等因素合理确定返还的数额、比例或方式。这一规定实质上否定了“加盟费在任何条件下不退还”条款的效力。因此，笔者建议广大特许企业在起草商业特许经营合同有关费用条款时，尽可能详细、公平地约定商业特许经营费用、特别是加盟费在各种情形下是否返还以及如何返还的内容，不要只是笼统地约定“加盟费在任何情况下都不予退还”，以避免出现被人民法院否定其效力的法律后果。

（六）若合同中没有约定加盟费在合同提前解除时是否返还，特许人可以根据加盟费的性质及行业主张不予返还。既然加盟费是被特许人获得无形财产使用权以及享有商业特许经营资格所需要付出的对价，只要被特许人资格、权利已经被赋予且能够充分享有时，他所交纳的加盟费权益就已经“用尽”，根据行业惯例，加盟费可以不退。反之，如果被特许人交纳了加盟费，因为特许人的原因自始至终没有取得商业特许经营资格，未能使用商业特许经营资源进行经营，则可因加盟费对价享有不充分而行使返还请求权。

风险点三十六　特许权使用费方面的法律风险

一、风险提示

特许权使用费，又称权益金、管理费等，指的是被特许人在经营过程中按一定的标准或比例向特许人定期或不定期支付的费用。特许权使用费一般是指被特许人为特许人提供日常支持和服务而支付的持续性费用，其性质是服务费和支持费。特许权使用费收取的方式主要有三种：（1）按比例收取。通常按照被特许人总收入的一定比例收取，而不是按照被特许人纯利润或其他财务指标的比例收取。（2）按照固定数额收取。无论被特许人的总收入有多少，规定一个固定的特许权使用费的数额，有利于减少审核被特许人经营收入的麻烦，还可以避免被特许人的欺诈。该数额可能一成不变，也可以逐年按比例提高。（3）按比例和固定数额结合收取。通常的做法是规定一个最低数额，如果按比例计算的费用低于或等于这个最低数额，则按约定的最低数额收取，反之则按依比例计算的数额收取。在上述三种收费方式之外，还产生了许多变种，比如可以规定一个浮动收费比例，根据被特许人总收入的数额逐级增加或减少收费比例；规定一个最低收费数额，再加上总收入的一定比例；依据被特许人所销售的产品数量来确定特许权使用费。特许权使用费的收取时间一般是按月收取，也有按周、按季度收取的，但并不常见。

特许人在特许权使用费方面的法律风险主要表现为被特许人为了追求自身经济利益的最大化，经常拖欠特许人的特许权使用费。

二、真实案例

案例36　被特许人不交特许权使用费，特许人通过诉讼维护自己的合法权益

——上海A房地产经纪有限公司诉李B商业特许经营合同纠纷案

案情简介

原告拥有文字字母组合和图形两个服务注册商标。2009年5月8日，原、被告签订《单店加盟智恒房产特许授权合同》一份及其附件合同八份，约定原告授予被告在上海市行知路563号经营房地产中介机构为目的使用特定“智恒加盟系统”的非独占并不可再分许可的使用权，被告向原告支付加盟费8000元、保证金10000元、月特许权使用费1900元/月，合同期限为两年，自双方在合同上签字之日起开始计算。合同还对其他内容进行了约定。

合同签订后，被告向原告支付了加盟费8000元、保证金10000元以及至2010年6月的月特许权使用费，原告向被告提供了商标等经营资源的使用权。2010年7月起，被告再未向原告支付月特许权使用费。2010年11月12日，原告委托上海智恒国立房地产经纪有限公司向被告寄送一封《告知函》，催告被告于接函后三个工作日内支付拖欠费用。同年12月1日，原告向被告寄送一封《严重违约纠错函》，催告被告于12月3日前支付拖欠费用。同年12月9日，原告向被告寄送一封《解约通知函》，称被告收到纠错函后仍拒不履行付款义务，原告决定于2010年12月10日终止双方签订的加盟合同。该《解约通知函》于同年12月10日送达被告。

2009年7月9日，被告经营的房地产中介机构从上海市行知路563号搬迁至上海市行知路443号。被告自合同签订后至今，一直在其房地产中介经营中使用商标以及商标。

后双方在合同履行中发生纠纷，原告上海A房地产经纪有限公司向法院起诉，请求判决原、被告签订的《单店加盟智恒房产特许授权合同》及

《附件合同》自 2010 年 12 月 10 日起解除；被告向原告支付欠缴的各项费用。

被告李 B 辩称，被告并非无故不支付特许权使用费，是原告违约在先（没有为被告及其女友办理居住证，没有提供培训，没有配合原告办理支票变现，未向被告开具正式发票，没有提供客户法律服务），故被告自 2010 年 7 月起一直未支付特许权使用费。原告不能据此解除双方的合同，在上述问题不给予解决之前，被告拒绝支付每月的特许权使用费，拒绝停止以“智恒房产”名义继续经营。关于电话费和行政费，由于被告并未欠付，故不同意支付。由于被告并未违约，也不同意支付违约金。综上，被告请求法院驳回原告的全部诉讼请求。

法院审理

法院认为，原、被告签订的《单店加盟智恒房产特许授权合同》及其附件合同均合法有效，双方应按上述合同约定履行相应的权利义务。被告辩称其未按加盟合同约定支付月特许权使用费是由于原告违约，但被告所举的原告违约行为（没有为被告及其女友办理居住证，没有配合原告办理支票变现，未向被告开具正式发票，没有提供客户法律服务）并无合同依据和事实依据，本院对其辩称不予采信。被告又辩称其不支付月特许权使用费是由于原告未提供培训，本院认为，合同第 3 条第 3 款约定了被告应按实际培训情况另行支付培训费，因此月特许权使用费中不包含培训费用，被告无权以原告未提供培训作为其不支付月特许权使用费的抗辩，且合同已正常履行了一年多，被告均未就培训事宜向原告提出过主张，本院对其该项辩称也不予采信。现被告自 2010 年 7 月起拒不支付加盟合同约定的月特许权使用费，经原告两次提前书面通知纠正未果，原告有权依据加盟合同第 13 条第 4 款终止合同，故双方签订的《单店加盟智恒房产特许授权合同》及其附件合同的权利义务关系于 2010 年 12 月 10 日终止。被告应按 1900 元/月支付合同终止前所欠的月特许权使用费，共计 10133 元。根据加盟合同第 15 条第 1 款，被告还应向原告支付违约金 10000 元。

法院最终判决：1. 原告上海 A 房地产经纪有限公司与被告李 B 签订的《单店加盟智恒房产特许授权合同》及其附件合同权利义务于 2010 年 12 月 10 日终止；2. 被告李 B 于本判决生效之日起十日内支付原告上海 A 房地产经纪有限公司特许权使用费人民币 10133 元（被告已付的保证金人民币 10000 元冲抵后，被告尚需支付原告人民币 133 元）。

案例评析

1. 特许权使用费是被特许人在经营过程中按一定的标准或比例向特许人定期或不定期支付的费用。特许权使用费一般是指被特许人因特许人提供日常支持和服务而向其支付的持续性费用。特许权使用费的性质是服务费和支持费。若特许人根据合同约定，向被特许人提供了服务和支持的义务，被特许人作为对价就应当向特许人交纳特许权使用费。

2. 本案中，合同约定了月特许权使用费 1900 元/月，2010 年 7 月起，被特许人再未向原告上海 A 房地产经纪有限公司支付月特许权使用费，违反了合同的约定。因此，法院判决被告李 B 于本判决生效之日起十日内支付原告上海 A 房地产经纪有限公司特许权使用费人民币 10133 元是正确的。

三、防范对策

实践中出现被特许人拖欠特许人特许权使用费的情形是很普遍的，其理由是，有的认为特许权使用费的数额过高；有的认为特许人没有尽到指导、支持的义务。

为了防范不同情形下被特许人拖欠特许权使用费的风险，特许人要做到以下几点：

（一）合理确定商业特许经营费用的数额。根据《国际分商业特许经营指南》的介绍，特许人在国际商业特许经营中一般收取受许人收入的5%～6%作为特许权使用费，也有的收取受许人收入的3%～4%作为特许权使用费。有观点认为，根据目前国内的实际情况，这个比例的范围在1%～5%最为普遍。特许权使用费的比例会因行业不同而不同，但无论如何，特许人都应本着公平合理的原则来确定特许权使用费的数额。

（二）特许人应当认真履行对被特许人培训、支持的义务。有时被特许人不愿意向特许人缴纳特许权使用费，是因为特许人没有尽到培训和支持的义务，被特许人不满所造成的。因此，特许人只有真正对被特许人提供强大的支持，解决被特许人在运营中出现的困难，使被特许人能够进行良好的经营，才能让加盟商自愿向特许人交纳特许权使用费。

（三）最好采用固定收费和比例收费相结合的收费方式。如果采用按比例收费的方式，当特许双方发生纠纷时，被特许人往往拒绝提供营业收入记录或提供的营业收入数额显著偏低，且特许人难以举证。若特许双方在合同中约定按照固定收费和按比例收费相结合的方式，特许人在无法证明被特许人营业收入真实状况的前提下，可以退而求其次，要求被特许人按照固定收费交纳。固定收费与按比例收费相结合的方式可以使特许人的最低权益得到保障。

（四）按照加盟店的营业收入而不是利润来计算商业特许经营费用。如果特许人采取比率的方式来收取特许权使用费的话，那么最好按照加盟店的营业收入而非营业利润的百分比来收取，因为与掌握被特许人的营业利润相比，特许人更容易掌握被特许人的营业收入，有利于特许双方减少不必要的纠纷，因为加盟商经营成本的计算经常是特许双方发生争执的主要原因之一。另外还要注意，特许人所采取的权益金比率可以是一个变量。

（五）特许权使用费的具体内容和交纳办法在商业特许经营合同中予以详细地说明。我国《商业特许经营管理条例》对特许权使用费的收取没有规定，特许人应当在商业特许经营合同中详细地进行约定，在不违反法律的强制性规定，且没有其他导致合同无效的情形下，都是有效的，司法实践也证实了这一点。例如，《北京市高级人民法院关于审理商业特许经营合同纠纷案件适用法律若干问题的指导意见》第五条规定，当事人可以在商业特许经营合同中直接约定商业特许经营费用，也可以通过货款返点、盈利提成、培训费等形式约定商业特许经营费用。商业特许经营合同既约定被特许人向特许人一次性交付经营资源特许使用费，又约定被特许人按照其经营收入的一定比例等方式向特许人定期交付经营资源特许使用费的，从其约定。

（六）特许人要加强对被特许人和加盟店的督导，要求加盟店提供真实的财务报表，尽可能掌握加盟店的真实营业状况。若发现确属被特许人抱着不正当的目的拖欠特许人经营费用的情形，特许人要勇于拿起法律的武器来维护自己的合法权益。

风险点三十七 保证金方面的法律风险

一、风险提示

保证金是指合同一方或双方为保证合同的履行，而留存于对方或提存于第三人的金钱。实务中，保证金的名称运用混乱，有“定金”、“订金”、“押金”、“预付款”等各种名称。商业特许经营中，往往是特许人要求被特许人交纳一定的保证金，作为被特许人全面履行合同的质押担保。商业特许经营中的保证金实质上为一种动产质押，不具有定金性质，除非特许双方另有约定。当被特许人全面履行合同，没有违约的情形下，合同到期后特许人应把保证金返还给被特许人。合同中可以约定，若被特许人未能全面履行商业特许经营合同，特许人可以直接从保证金中扣除相应金额作为被特许人承担的违约责任。《北京市高级人民法院关于审理商业特许经营合同纠纷案件适用法律若干问题的指导意见》第二十条规定，商业特许经营合同已经履行完毕，或者虽未履行完毕但合同约定的返还条件成就的，特许人应当及时向被特许人返还押金、保证金，但该押金、保证金已经充抵商业特许经营费用或被特许人其他债务的除外。

因特许人原因致使合同未成立、无效、撤销或者解除的，或者被特许人对商业特许经营合同未成立、无效、撤销或者解除无过错的，特许人应当向被特许人返还押金、保证金。

特许人在保证金方面存在的法律风险主要表现在两个方面：一是商业特许经营合同约定的保证金的担保功能过于狭窄，不能充分体现保证金的功能，最大限度地维护特许人的利益；二是商业特许经营合同到期后，特许人违反合同约定，拒不向被特许人返还保证金，被法院判承担违约责任。

二、真实案例

案例 37　特许人被判返还被特许人保证金。

——王 A 诉北京 B 进出口有限公司商业特许经营合同纠纷案

案情简介

2007 年 10 月 23 日，原告王 A 与被告 B 进出口公司签订了一份《FANS（梵圣）品牌市级代理加盟合同》（简称市级代理加盟合同），根据市级代理加盟合同，B 进出口公司授权王 A 在 2007 年 10 月 23 日至 2010 年 10 月 22 日期间在河南省洛阳市成为 FANS（梵圣）品牌代理商，王 A 按照合同约定在洛阳市开设 FANS（梵圣）品牌专卖店，并向 B 进出口公司支付品牌保证金 1 万元。合同约定在授权期限内，若王 A 欠款不付或者有其他违约行为，B 进出口公司可以从保证金中直接扣除，若合同期满王 A 没有违反合同的相关规定则应退还保证金。2007 年 9 月 12 日，王 A 分两次向 B 进出口公司交纳了保证金 1 万元，为此，B 进出口公司开具了加盖财务专用章的收据两张。合同期满后，B 进出口公司一直未退还该保证金。

2007 年 11 月 15 日，原告王 A 与被告 B 进出口公司签订了一份《FANS（梵圣）品牌商场专卖店加盟合同》（简称专卖店加盟合同），根据专卖店加盟合同，B 进出口公司授权王 A 在 2007 年 11 月 15 日至 2010 年 11 月 14 日期间在河南省郑州市二七区民主路三号北京华联商厦二楼开设“FANS（梵圣）专卖店”，销售 B 进出口公司统一配送的 FANS（梵圣）产品。王 A 向 B 进出口公司支付品牌保证金 5 千元。合同约定，在授权期限内，若王 A 欠款不付或者有其他违约行为，B 进出口公司可以从保证金中直接扣除，扣除后保证金不退还。合同正式签订后王 A 如果在 15 个月内退出，保证金不予退还，如果在15个月至24个月内退出，保证金退50%，如果在24个月至30个月内退出，经B进出口公司确认后保证金全额退还。若合同期满王A没有违反合同的相关规定则应退还保证金。2007年11月15日，王A向B进出口公司交纳了保证金5000元，为此，B进出口公司开具了加盖公司公章的收据一张。合同期满后，B进出口公司一直未退还该保证金。

法院审理

法院认为，《FANS（梵圣）品牌市级代理加盟合同》和《FANS（梵圣）品牌商场专卖店加盟合同》是王A和B进出口公司的真实意思表示，均系合法有效的合同。在两份合同中，双方均约定了在合同期满王A没有违约情形的情况下B进出口公司应当退还保证金。现两份合同期限均已经届满，在没有证据表明原告王A存在违约行为的情况下，B进出口公司应当退还两笔保证金，共计15000元。但B进出口公司无正当理由至今未予以退还，其行为已经构成了违约，就此，B进出口公司应当承担退还王A支付的保证金15000元的民事责任。B进出口公司经合法传唤未到庭应诉，不影响本院依法作出判决。

综上，依据《中华人民共和国合同法》第一百零七条，《中华人民共和国民事诉讼法》第一百三十条之规定，缺席判决如下：被告北京B进出口有限公司于本判决生效之日起十日内退还原告王A保证金一万五千元。如果被告北京B进出口有限公司未按本判决指定的期间履行给付金钱义务，应当依照《中华人民共和国民事诉讼法》第二百二十九条之规定，加倍支付迟延履行期间的债务利息。

案例评析

1. 商业特许经营中，特许人要求被特许人交纳一定的保证金，作为被特许人全面履行合同的质押担保。当被特许人全面履行合同，没有违约的情形下，合同到期，特许人把全部保证金无息返还给被特许人；而一般情况下，只有当被特许人存在以下情形之一时，特许人才可以扣除保证金：（1）被特许人欠付特许人的各种费用时，通常是被特许人未支付特许权使用费、广告基金、产品销售款时。（2）被特许人应当对投诉的客户给予退款或者赔偿时，特许人可以从保证金中扣除相应款项直接向客户支付。（3）被特许人违反了商业特许经营合同的义务应当向特许人支付违约金或赔偿金时。

2. 本案中，特许人 B 进出口公司在没有证据证明被特许人王 A 存在上述可以扣取保证金的情形下，应当返还王 A15000 元的保证金。因此，法院的判决是正确的。

三、防范对策

（一）特许人应在合同中尽可能全面约定保证金的保证功能。商业特许经营实务中，有的特许人在合同中约定的保证金的担保面比较窄，不能最大限度地实现保证金的功能，比如，有的特许人仅是在合同中把保证金约定为品牌保证金，有的特许人仅是在合同中把保证金约定为履约保证金。品牌保证金指的是加盟商在签署商业特许经营合同时向特许人缴纳的费用，用于约束加盟商在商业特许经营关系持续期间不发生有损商业特许经营体系品牌的行为。合同期满后，若被特许未有违约情形，特许人应把保证金如数退还加被特许人。一般来说，保证金不计利息。履约保证金主要担保被特许人在合同履行中没有违约行为。把保证金单独约定为品牌保证金或履约保证金，在担保功能上都具有一定的局限性，没有最大限度体现保证金的价值功能。特许人约定的保证金功能至少应当涵盖上述两个方面。

（二）特许双方应在合同中详细约定保证金的返还条件和返还方式。我国《商业特许经营管理条例》第二十一条规定，特许人应当在订立商业特许经营合同之日前至少 30 日，以书面形式向被特许人进行信息披露，其中包括商业特许经营费用的种类、金额和支付方式（包括是否收取保证金以及保证金的返还条件和返还方式）。特许人应当把关于保证金应当披露的信息写进合同，变成合同条款。

（三）特许人应正确理解“保证金“、“订金”、“定金”和“预付款”等几个概念的区别与联系，避免误用。“保证金”、“订约金”和“押金”等虽然都具有担保功能，但如果没有明确约定为定金性质的，都不具有定金的功能，当事人主张定金权利的，人民法院不会支持。“订金”并非一个规范的法律概念，实际上它具有预付款的性质，与“预付款”一样是当事人的一种支付方式，并不具备担保性质，如被特许人不履行合同义务，并不表示他丧失了请求返还“订金”、“预付款”的权利。反之，若特许人不履行义务亦不需双倍返还“订金”或“预付款，也并不意味着违约方无需承担违约责任。“订金”与“预付款”虽然都可以是在订立商业特许经营合同前被特许人先给付特许人的费用，它们都具有预先给付、在合同履行后都可以抵作合同价款或收回的相同之处。

（四）特许人应把握可以约定扣留被特许人保证金的几种情形：1. 被特许人欠付特许人的各种费用时，通常是被特许人未支付特许权使用费、广告基金、产品销售款时。2. 被特许人应对投诉的客户给予退款或者赔偿时，特许人可以从保证金中扣除相应款项直接向客户支付。3. 被特许人违反了商业特许经营合同义务应当向特许人支付违约金或赔偿金时。

（五）当被特许人完全履行了合同并没有任何欠费和损害商业特许经营品牌的情形时，特许人应当按照合同约定的时间与方式向被特许人返还保证金。

风险点三十八　广告基金方面的法律风险

一、风险提示

市场推广及广告基金是指由特许人按照被特许人营业额或利润等的一定比例或某固定值而向被特许人（加盟商）定期或不定期收取的费用组成的基金。该基金主要用于商业特许经营体系（包括特许人和被特许人）的市场推广和对外广告宣传。基金数额可以基于被特许人总收入的百分比确定，也可以是固定费用，通常按周、月、季度或年来收取。统计数据显示，特许人基于营业收入收取市场推广及广告基金的比率大多在2%以下，少数在2% -5%之间。该基金不能作为特许人的收入，也不能用作被特许人履行商业特许经营合同的担保。该基金一般由特许人统一管理或特许人和被特许人双方共同管理。《商业特许经营管理条例》第十七条规定，特许人向被特许人收取的推广、宣传费用，应当按照合同约定的用途使用；推广、宣传费用的使用情况应当及时向被特许人披露。

特许人在向被特许人收取广告基金方面的法律风险主要是被特许人拖欠或拒绝交纳广告费，主要原因：一是特许人收取的广告费太高，且没有或很少投入品牌宣传；二是特许人对于广告费的使用不透明，被特许人认为特许人非法占有了广告费；三是特许人把被特许人交纳的广告费用于了招商宣传。

二、真实案例

案例38　被特许人拖欠特许人的广告分摊费

——北京市A咨询有限公司诉李B商业特许经营合同纠纷案

案情简介

2008年1月1日，A公司（作为甲方、特许人）与李B（作为乙方、受许人）签订了《A商业特许经营合同》，主要约定如下内容：一、商业特许经营权的授予。甲方授予乙方在淄博市的唯一商业特许经营权，甲方根据合同约定，将其商标（指甲方已经注册，取得商标注册证，并授予乙方使用的商标“ALOVE”文字及图或任何同该商标有关的其他标志或者一切营业象征）、专有课程、经营管理模式、服务体系等知识产权授予乙方使用。四、特许有关费用。乙方须在签订合同当日交纳120000元人民币加盟费，不论是合同期满还是中途解约或者其他理由，甲方都不退还加盟费，乙方合同期内增开加盟店时，加盟费可相应减少。合同还对乙方需向甲方交纳的品牌使用费和保证金、广告分担金等作了约定，其中广告分担金条款规定，为进一步宣传推广A品牌，双方约定在合同期第一年，甲方按照10000元标准向乙方收取广告分担金，用于全国性的品牌建设；第二年后乙方按照甲方标准另行交纳。

后双方因合同履行发生纠纷诉至法院。诉讼中，李B未就品牌建设费以及广告分担金的交纳情况向法庭提供任何证据。

2011年3月28日，A公司向李B寄送了《律师函》件，要求李B支付拖欠的保证金50000元、品牌使用费62640元以及2008至2010年度的广告分担金30000元。2012年3月8日，A公司分别向李B以及淄博曼妙婴幼儿教育咨询有限公司寄送了《解约通知》，通知李B鉴于其拖欠A公司保证金、品牌使用费以及广告分担金累计162640元，A公司决定解除双方之间的《A商业特许经营合同》，并要求李B支付拖欠的费用以及停止经营活动。

北京某婴公司为证明其依约履行了A品牌推广，向法庭提供了其与案外广告公司就在《父母世界》杂志、《父母必读》杂志、《妈咪宝贝（孕0－3岁版）》杂志、《母子健康》杂志上对“A”、“A早教机构”进行品牌推广的广告合同，以及2010年多期《爱婴专递》会员刊物、2012年6月期《妈咪宝贝（孕0－3岁版）》杂志、2012年11月版《好孕妈妈》杂志和2012年2月刊《母婴世界》杂志。上述杂志刊物中均有对A品牌的推广以及广告宣传内容。

以上事实，有《A 商业特许经营合同》、快递详情单、企业工商查询结果打印页、收据、广告发布合同、相关杂志、照片、公证书、统计表以及当事人陈述等在案佐证。

法院审理

法院认为，A 公司和李 B 签订的《A 商业特许经营合同》是双方真实意思表示，内容不违反法律、行政法规的强制性规定，属于合法有效的合同。双方均应按照合同约定履行自己的义务，否则应当承担相应的违约责任。

根据《A 商业特许经营合同》的约定，李 B 从事 A 加盟活动后，应当按照约定的时间和标准交纳品牌使用费，同时应当交纳广告分担金。

对于广告分担金，根据查明的事实可以确认 A 公司已经履行了相应的品牌推广义务，而李 B 亦未能举证证明其已经依约交纳了广告分担金，因此李 B 亦应当向 A 公司支付广告分担金。至于应当交纳的广告分担金金额，虽然合同中仅约定第一年为 10000 元标准，但同时还约定了第二年后亦应当按照 A 公司确定的标准予以交纳。现 A 公司按照第一年的标准予以主张至 2012 年度共计 50000 元的广告分担金，尚属合理，且不违反合同约定，本院予以支持。另外，法院还对李 B 的违约责任给予了认定。法院最后判决：1. 被告李 B 于本判决生效之日起十日内支付原告北京市 A 咨询有限公司品牌使用费六万二千六百四十元；2. 被告李 B 于本判决生效之日起十日内支付原告北京市 A 咨询有限公司广告分担金五万元；3. 被告李 B 于本判决生效之日起十日内支付原告北京市 A 咨询有限公司违约金五万元。

案例评析

1. 对于被特许人来说，选择知名品牌就等于选择了成功。因为一旦拥有了具有巨大市场影响力的品牌，就相当于拥有了广大的消费者，成为未来收益的保证。品牌的魅力在于它既凝聚了产品与服务所包含的有形价值，还可以表达、传递包含在识别元素中的无形价值，能引起积极的联想和广泛的社会认同，意义甚至超越有形价值。因此，商业特许经营体系的宣传、推广是非常必要的。商业特许经营体系的宣传、推广，品牌知名度的提高使包括被特许人在内的整个特许体系的成员都受益，因此被特许人应当向特许人交纳广告费。

2. 本案中，商业特许经营合同对被特许人如何交纳广告费做出了明确约定，广告分担金条款规定，为进一步宣传、推广 A 品牌，双方约定在合同期第一年，甲方按照 10000 元标准向乙方收取广告分担金，用于全国性的品牌建设。第二年后乙方按照甲方标准另行交纳。特许人北京爱婴公司依约履行了 A 品牌推广义务，被特许人李 B 也从特许人的宣传行为中获益，其应当向北京爱婴公司支付对价，即依约分摊广告费用。因此，法院判决被告李 B 支付原告北京市 A 咨询有限公司广告分担金五万元是正确的。

三、防范对策

为了防范被特许人拖欠广告基金，特许人可以采取以下措施：

（一）合理确定广告基金的收取数额。不同的行业、不同的特许企业甚至特许企业的不同发展阶段，广告费的支出数额都是不同的，特许人要本着需要、合理的原则确定广告费的数额。统计数据显示，特许人基于营业收入收取市场推广及广告基金时的比率大多在 2% 以下，少数在 2% －5% 之间。特许人可以参考上述数据来确定自己应当向被特许人收取的广告费数额。

（二）最大化利用广告基金的价值。被特许人分摊的推广、宣传费用，原则上用于商业特许经营体系（包括特许人和被特许人）的市场推广和对外广告宣传，而不得用于特许人的招商宣传。

（三）在合同中明确约定各种推广、宣传的方式方法以及每项推广宣传方式的费用支出比例。我国《商业特许经营管理条例》第十七条第一款明确规定，“特许人向被特许人收取的推广、宣传费用，应当按照合同约定的用途使用”。特许双方还应当在合同中对广告基金的筹集、管理、运用、审计、报告等各个方面做出全面规定，以充分保证广告基金发挥其功效。

（四）特许人收取的广告费不能作为特许人的收入。广告基金作为一种信托财产，不能与特许人的财产混为一谈，需要单设银行账户，单做报表，独立核算。基金管理者每年应委托独立的会计师事务所对基金的筹集和使用情况进行审计，并将审计报告及时通报给有关各方，接受各方的监督和质询。

（五）特许人应向被特许人进行广告费用支出情况的信息披露。《商业特许经营管理条例》第十七条规定，特许人向被特许人收取的推广、宣传费用，应当按照合同约定的用途使用。推广、宣传费用的使用情况应当及时向被特许人披露。规定特许人披露费用支出信息的一大优点是使以往由特许人暗箱操作的推广宣传分摊费用走向公开化，有利于被特许人的监督，并可避免、减少相关纠纷的发生。因此，特许人应当及时向被特许人披露广告费用的支出情况。

风险点三十九　商业特许经营其他费用方面的法律风险

一、风险提示

商业特许经营费用是商业特许经营体系中的重要内容，它直接关乎特许双方的根本利益。我国《商业特许经营管理条例》并未对商业特许经营费用进行定义，也未对具体的费用种类进行细分和定义。目前，我国商业特许经营费用的种类、数额和交纳方式允许特许双方在合同中约定。从广义上讲，商业特许经营费用除了加盟费、特许权使用费、保证金、广告基金等费用外，还会有一些其他形式的费用，如培训费、店铺装修设计及施工费、派遣人员工资、商业特许经营转让费、合同更新费、设备费、房屋租金、保险费、原料费、产品费、铺货货品保证金，等等。培训费是指特许人对被特许人进行培训收取的费用；商业特许经营转让费是指在商业特许经营合同未到期，被特许人将商业特许经营权转让给第三方时需要交纳的费用；设备、原料和产品费是指被特许人向特许人支付的由特许人代为购买或提供的设备、原料和产品的费用；铺货货品保证金是指加盟商在订购货物时向盟主交纳的非货物价款的费用。

需要注意的是，这些费用并不是商业特许经营这种模式所独有的费用，这些费用也并不是每个特许人都要收取的，这些费用的收取数额也并没有严格的计算方法，而只是一些行业惯例或纯粹就是特许人的主观决定。特许人在这些费用方面存在的法律风险主要是被特许人拖欠或拒交合同约定的这些费用。

二、真实案例

案例39　被特许人拖欠特许人派遣员工的工资

——北京A鱼头火锅有限公司诉赵B商业特许经营合同纠纷案

案情简介

A公司起诉称：我公司与赵B于2010年2月4日签订《加盟协议书》，约定赵B每月6日前将上月营业额的3%的权益金划拨到我公司指定账户，不得以任何理由推迟或推诿，否则视为违约。赵B至今未将2011年1月份的权益金9446.1元及2011年2月份的权益金13077.33元支付给我公司。另外，我公司为支持赵B经营将我公司的6名厨师董某、李晓某、陈勇某、李某、段述某、钟华某派遣给赵B使用，双方协商该6名厨师的工资由赵B支付。赵B于2011年3月15日将该6名厨师全部辞退，未支付该6名厨师从2011年3月1日至15日期间的工资，也未支付该6名厨师返回北京的路费。综上，赵B构成了违约，我公司请求法院解除双方的《加盟协议书》，并要求赵B向我公司支付2011年1、2月份的权益金共计22523.43元、违约金10万元、6名厨师各半月的工资共计5950元和返回北京的路费共计408元。

赵B答辩称：A公司提出的我未支付2011年1、2月份权益金的事实和数额均属实，但我始终未说不给A公司权益金；A公司主张的违约金数额过高，我请求法院予以调整；我同意A公司提出解除双方合同的请求，但A公司应当将我交付的10万元履约保证金退回；有2名厨师并不是A公司派遣给我的。A公司在未通知我的情况下，以培训菜谱的名义将厨师调回北京，之后就没有再回来，并不是我辞退的。所以A公司主张的厨师的工资和路费，我不同意支付。

法院审理

法院认为：A公司和赵B签订的《加盟协议书》是双方真实的意思表

示，内容不违反法律、行政法规，属合法有效的合同。双方均应依约履行合同，否则应当承担相应的法律责任。

依照合同约定，赵B应当每月向A公司支付权益金，但赵B至今没有向A公司支付2011年1月份、2月份的权益金共计22523.43元，违反了合同约定，A公司有权要求赵B继续支付该两个月的权益金。

赵B和A公司双方约定由赵B负担董某、李晓某、陈勇某、李某的工资，但赵B并未支付该4人2011年3月1日至15日的工资。现赵B以A公司将该4人调回为由拒不支付工资，但双方关于该4人从赵B处回到A公司的原因各执一词，却均无证据。该4人是A公司为履行双方合同派遣给赵B的，在合同履行过程中，赵B首先违反合同约定未支付2011年1月份、2月份的权益金，而根据双方合同约定，在赵B违约的情况下A公司有权利调回厨师，并不违反合同约定，故即使该4人是A公司调回的，赵B也应当继续向该4人支付工资。我国《合同法》规定，当事人约定由债务人向第三人履行债务的，债务人未向第三人履行债务或者履行债务不符合约定，应当向债权人承担违约责任。故赵B未支付A公司派遣的厨师董某、李晓某、陈勇某、李某的工资亦属于违反其与A公司的合同的行为，应当向A公司承担违约责任。因段述某、钟华某并非A公司派遣给赵B的厨师，故对于A公司主张的赵B应当支付该2人的工资的诉讼请求，本院不予支持。A公司并未对其主张的路费提供证据，故本院对此请求不予支持。

鉴于赵B违反了合同约定，其应当承担向A公司支付违约金的法律责任。对于赵B应当承担的违约金的具体数额，尽管双方合同约定一方违约应向另一方赔偿违约金10万元，但本案中赵B未支付的权益金共计仅22523.43元，未支付的工资共计仅4350元，在赵B提出该10万元违约金过高且提出了调整请求的情况下，本院将考虑到双方合同履行的情况、本案中赵B未支付权益金、工资的过错情况等因素，根据《最高人民法院关于适用若干问题的解释（二）》第二十九条的规定，对赵B应当承担的违约金予以调整。

最终法院判决：赵 B 于本判决生效之日起十日内支付北京 A 鱼头火锅有限公司厨师工资四千三百五十元。

案例评析

1. 交纳各项商业特许经营费用是被特许人使用特许人经营资源和获得特许人指导与服务的对价，也是被特许人应当履行的主要合同义务。在商业特许经营法律关系中，如果特许人向被特许人交付了经营资源，并提供了培训、支持和服务的情形下，被特许人就应当支付相应的对价。支付加盟费是取得特许权的对价；支付特许权使用费是获得特许人服务的对价；支付广告分摊费是获得广告收益的对价；支付特许人所派遣技术人员工资是取得劳动服务的对价；支付货款是取得货物的对价。

2. 本案中，特许人 A 公司派遣了董某、李晓某、陈勇某、李某、段述某、钟华某等六名厨师给赵 B 使用，并约定该 6 名厨师的工资由赵 B 支付。被派遣人员为赵 B 提供了劳动服务，作为对价，被特许人赵 B 应当支付上述六名厨师的人员工资。被特许人赵 B 没有向六名厨师支付劳动报酬的行为，损害了特许人 A 公司的正当利益。因此，法院判决赵 B 于本判决生效之日起十日内支付北京 A 鱼头火锅有限公司厨师工资四千三百五十元是正确的。

三、防范对策

（一）商业特许经营费用是商业特许经营体系中的重要内容，它直接关乎特许双方的根本利益。我国《商业特许经营管理条例》并未对商业特许经营费用进行定义，也未对具体的费用种类进行细分和定义。目前，我国商业特许经营费用的种类、数额和交纳方式允许特许双方在合同中约定。合同中如果对商业特许经营费用有明确约定的，出现纠纷诉讼时，法院一般会按照合同的约定处理。如《北京市高级人民法院关于审理商业特许经营合同纠纷案件适用法律若干问题的指导意见》第五条规定，当事人可以在商业特许经营合同中直接约定商业特许经营费用，也可以通过货款返点、盈利提成、培训费等形式约定商业特许经营费用。商业特许经营合同既约定被特许人向特许人一次性交付经营资源特许使用费，又约定被特许人按照其经营收入的一定比例等方式向特许人定期交付经营资源特许使用费的，从其约定。因此，特许人应当在商业特许经营合同中对各项商业特许经营费用收取的金额、收取方式及时间，合同未到期终止时，所收取费用是否返还以及如何返还等约定清楚，以免出现不必要的法律风险。

（二）特许双方在合同中约定的这些费用应当合理，特许人也应当让被特许人理解交纳这些费用的合理性。1. 培训费，指的是特许人对被特许人进行培训时需要收取的费用。特许人对于被特许人的培训分为两个阶段或类型。一是在签订合同后、开设单店前进行的培训，主要内容是全方位地使被特许人进入运营单店的角色之中。这时的培训通常是免费的，被特许人所要承担的无非就是自己的交通费和食宿费。另一类培训是在被特许人单店开业之后的正常营业过程中，特许人对被特许人进行的培训，主要内容是特许人开发的新的技术和知识、体系的新规定等，被特许人在承担交通费和食宿费之外，特许人可能会向他们收取一定的培训费。2. 商业特许经营转让费，指的是在商业特许经营合同未到期时，如果被特许人欲放弃该商业特许经营并将其转让出去，对需要交纳给特许人的费用。这是因为特许人需要花费额外的资源去培训一个新的合格被特许人。因此，原被特许人需要对特许人的额外花费做出补偿。值得注意的是，在有些国家和地区的商业特许经营法律法规中，商业特许经营未到期时不允许被特许人或特许人单方退出的，因此也就没有这个商业特许经营转让费了。3. 设备、原料和产品费，指的是被特许人向特许人支付的由特许人代为购买或提供设备、原料和产品的费用。设备、原料和产品是特许人自己专门定制的标准物，特许人集中采购会使这些物品的价格降低，能够保证整个体系的一致性，因此，特许人通常会指定各个单店使用统一的设备、原料和产品。如果特许人代为购买或提供的话，被特许人当然要向特许人支付一笔费用。4. 铺货货品保证金，指的是加盟商在订购货物时向特许人交纳的非货物价款的费用，一般来说，特许人可根据货物的实际数量和价值等因素确定铺货货品保证金的收取额度；合同期满，加盟商未有违约现象且货物款完全支付时，保证金应如数退还给。

风险点四十　特许人预收费用未说明的法律风险

一、风险提示

鉴于目前我国商业特许经营市场的不成熟和特许双方市场主体地位的强弱，特许人经常要求被特许人在签订商业特许经营合同之前交纳各种费用。为了保护广大被特许人的合法权益，我国《商业特许经营管理条例》规定了特许人的信息披露义务和说明义务。第十六条规定，特许人要求被特许人在订立商业特许经营合同前支付费用的，应当以书面形式向被特许人说明该部分费用的用途以及退还的条件、方式；第二十六条则规定，特许人违反本条例第十六条规定的，由商务主管部门责令改正，可以处1万元以下的罚款；情节严重的，处1万元以上5万元以下的罚款，并予以公告。《商业特许经营信息披露管理办法》第五条（三）商业特许经营费用的基本情况中，也有关于“保证金的收取、返还条件、返还时间和返还方式”的规定。实践中，经常有特许人在商业特许经营合同签订之前要求被特许人交纳各种费用的情形。如果特许人没有按照《商业特许经营管理条例》的规定，以书面形式向被特许人说明该部分费用的用途以及退还的条件、方式，则有可能要受到上述行政处罚。

二、真实案例

案例40　某快运服务中心违规收取特许费用案

案情简介

2010年某月，李某看到在某招商网站上看到了一则《快递公司诚招县市加盟》的广告，上有“诚招市区某某代理承包及各县被特许人，月收入万元以上，诚聘优秀业务人员及快递员，待遇优厚。”李某按照广告上的电话张某经营的XX市快运服务中心联系，某快运服务中心要求张某先交纳5000元费用但并未说明该费用的用途及退还条件、方式。2010年X月X日，双方签订区域承包合同书，并交纳加盟费、交纳网络使用费等共计8000元整。合同签订后，李某在菏泽某区开展快递业务，但业务并不像广告宣传的那么好。后来，李某查阅了我国《商业特许经营管理条例》的相关规定，认识到某快运服务中心未进行书面说明而收取的5000元费用的行为违反了《商业特许经营管理条例》第十六条“特许人要求被特许人在订立商业特许经营合同前支付费用的，应当以书面形式向被特许人说明该部分费用的用途以及退还的条件、方式”的规定；根据《商业特许经营管理条例》第二十六条的规定，某快运服务中心的行为应当由商务主管部门责令改正，可以处1万元以下的罚款；情节严重的，处1万元以上5万元以下的罚款，并予以公告。

了解了法律规定后，李某要求某快运服务中心给出该费用的用途与退还条件、方式的说明，而某快运服务中心拒绝了张某的要求，李某遂向XX市商务主管部门提出举报。

XX市商务主管部门根据调查核实的信息，确认某快运服务中心的行为违反了《商业特许经营管理条例》第十六的规定，遂依法对某快运服务中心作出责令改正，罚款6000元人民币的的处罚决定。

案例评析

1. 我国《商业特许经营管理条例》第十六条规定，特许人要求被特许人在订立商业特许经营合同前支付费用的，应当以书面形式向被特许人说明该部分费用的用途以及退还的条件、方式；《商业特许经营管理条例》第二十六条规定，如果特许人违反的话，由商务主管部门责令改正，可以处1万元以下的罚款；情节严重的，处1万元以上5万元以下的罚款，并予以公告。

2. 本案中，作为特许人的某快运服务中心在与李某签订商业特许经营合同前，预先收取了李某 5000 元费用，但并未说明该费用的用途及退还条件、方式，违反了《商业特许经营管理条例》第十六条的规定，按照《商业特许经营管理条例》第二十六条的规定，依法对某快运服务中心作出责令改正，罚款 6000 元人民币的的处罚决定是正确的。

三、防范对策

特许人为了避免因要求被特许人在订立商业特许经营合同前支付费用而产生的法律风险，应当做到以下几点：

（一）特许人应尽可能避免在订立商业特许经营合同前要求被特许人支付任何费用。

（二）特许人确实需要被特许人在订立商业特许经营合同前支付费用的，应当严格按照《商业特许经营管理条例》的规定，以书面形式向被特许人说明该部分费用的用途以及退还的条件、方式。

（三）特许人应当妥善保存自己履行了书面说明义务的证据。

第十章
商业特许经营纠纷诉讼中的法律风险

本章导读

商业特许经营纠纷包括商业特许经营合同纠纷和侵权及不正当竞争纠纷。自2008年4月1日起，人民法院把商业特许经营合同纠纷的审理由民事审判庭划归知识产权审判庭审理，商业特许经营合同纠纷成为知识产权纠纷的一部分。

商业特许经营合同纠纷产生的原因主要包括商业诚信度低，政府监管不到位，被特许人在对商业特许经营的认识存在诸多误区。我国现阶段商业特许经营纠纷案件的特点主要表现为：（1）当事人方面。绝大多数被特许人均为自然人，特许双方当事人实力悬殊。被特许人以外地人居多，社会构成复杂，多为低收入或无稳定职业者，且区域范围广泛，经营风险的防范意识相对薄弱。被特许人在诉讼地位上以原告身份居多，案件管辖相对于被特许人来说不符合诉讼经济原则。特许人多为中、小型企业，其中部分尚不具备成熟的特许经验和系统的指导支持体系，发展目标注重追求短期效益，长远规划不足。(2) 涉诉理由包括：特许人不履行合同或履行合同不符合约定，被特许人要求解除合同或要求特许人承担违约责任，返还保证金等；被特许人以特许人在推广宣传中存在欺诈为由，要求撤销合同；被特许人以特许人不具备《商业特许经营管理条例》规定的“两店一年”、“备案”等内容，要求人民法院确认合同无效；特许人以被特许人未依约按时按量进货，违反合同约定为由，要求解除合同；等等。该类合同纠纷虽然划归于知识产权合同纠纷领域，但现阶段涉诉原因并未体现知识产权特色，相关法律依据仍以《合同法》和《商业特许经营管理条例》为主。(3) 处理效果方面。

在上述案件统计范围内，大部分案件处理结果均支持了被特许人的合理诉求，主要是退还相应的保证金、货款等。但由于特许企业规模、发展现状，导致很多案件的执行到位率偏低，法律效果和社会效果不理想。[①]

特许人在商业特许经营纠纷诉讼中存在的法律风险主要表现为诉讼主体、案件管辖、诉讼证据以及对商业特许经营合同性质及目的的认定方面。

特许人需要特别注意商业特许经营纠纷诉讼对其更为不利的两点：一是根据《商业特许经营管理条例》的规定，特许人在与被特许人签订商业特许经营合同前要向其披露最近5年内与商业特许经营相关的诉讼和仲裁情况。如果特许人涉及的诉讼和仲裁太多的话，会影响加盟商对商业特许经营体系的看法。二是因为商业特许经营是一对多的关系，商业特许经营合同往往又是特许人提供的格式合同，一旦某一诉讼或仲裁做出了不利于特许人的裁决，很容易引起加盟商的连环诉讼。

---

① 北京市高级人民法院知识产权庭调研报告。

风险点四十一　商业特许经营诉讼主体方面的法律风险

一、风险提示

商业特许经营实践中，被特许人往往是以自然人的身份与特许人签订商业特许经营合同的，从法律关系上来说，这个在商业特许经营合同上签字的自然人是合同主体，享有合同规定的权利，履行合同规定的义务，承担违约责任，但商业特许经营合同签订之后，被特许人又往往自己或者与别人合伙设立企业来实际使用特许人的经营资源进行经营，这就造成了这样一个问题，在商业特许经营合同上签字的被特许人没有实际使用特许人的经营资源，而实际使用商业特许经营资源的人又没有在商业特许经营合同上签字。一些特许人为严格保护企业的经营资源，不仅在其与被特许人签订的商业特许经营合同中要求被特许人在合同有效期限内及期限届满后一定时期内不得从事与特许人授权其从事的业务相同、相似或相竞争的经营活动，而且将该义务延展至被特许人的股东、配偶、亲属等主体。根据合同的相对性原理，特许人通过商业特许经营合同赋予被特许人的股东、配偶、亲属、员工等的竞业禁止义务，并不直接对被特许人的股东、配偶、亲属、员工等产生法律效力；另外，在代理商业特许经营、分商业特许经营模式中，涉及的民事主体更多，以至于出现商业特许经营纠纷后，特许人往往不能在诉讼中找准诉讼主体，导致自己承担不利的法律后果。

二、真实案例

案例41　诉讼主体选择错误，导致特许人被判承担不利后果

——上海A贸易有限公司与上海B餐饮管理有限公司因商业特许经营合同纠纷案

案情简介

原审法院审理查明：一、B公司工商注册登记的情况。B公司于2006年12月13日登记成立，注册资本人民币10万元（以下币种同），经营范围为大型饭店、停车场收费，注册地址为上海市浦东新区川沙路552号，股东或发起人为上海宁仪物资有限公司和叶某。B公司办理工商注册登记时提交给工商机关的2006年11月16日的《股东会决议》明确：上海宁仪物资有限公司委派吴祖胜担任B公司的监事，任期3年；2006年11月16日的《章程》明确：B公司的住所地为上海市浦东新区川沙路538、546、552号；2006年10月28日的《房屋租赁协议》明确：B公司租赁上海市浦东新区川沙路538、546、552号房屋；2006年12月6日的《企业登记申请人承诺书》明确：承诺人签名中有“吴祖胜”字样。三、相关合同的情况。某公司（甲方）与吴祖胜（乙方）于2006年4月30日签订《上岛咖啡加盟合同书》，该合同的主要内容是：1. 甲方授权乙方在招牌及店内使用第1385773号“上岛+图形”商标，使用地址为上海市浦东新区曹路镇川沙路572号三楼，使用面积为500平方米，乙方不得将使用权转让或者转授权或者在其他地址使用；2. 甲方向乙方提供培训、物料等，甲方一次性收取乙方商标使用及专业服务费30万元，并每月收取乙方管理费3000元，于每月5日前付清。

法院审理

原审法院认为：涉案第1385773号、第3329632号注册商标的商标权人

为上岛咖啡公司，某公司经其授权，享有在上海市黄浦江以东等地区独占使用该商标的权利，并有权许可他人使用该商标开设“上岛”咖啡馆。因此，某公司有权与他人签订相关合同，许可他人有偿使用上述服务类商标经营上岛咖啡店。涉案《上岛咖啡加盟合同书》系商业特许经营合同，是作为特许人的某公司（甲方）与作为被特许人的乙方当事人的自愿、真实、一致的意思表示，其内容不违反法律规定，故属合法有效，对双方具有法律约束力。依据该合同，乙方应当在合同期限内每月支付某公司管理费 3000 元。某公司认为 B 公司拖欠 2009 年 2 至 4 月的管理费，但由于该合同记载的乙方当事人为吴祖胜，而 B 公司否认其系该合同的乙方当事人，也否认其系涉案上岛咖啡店的经营者，故本案纠纷的争议焦点是：B 公司是否是该合同的乙方当事人，是否在该合同约定的有效期限内（自 2006 年 4 月 30 日起至 2009 年 4 月 29 日止）实际经营了涉案咖啡店。

《最高人民法院关于民事诉讼证据的若干规定》规定，当事人对自己提出的诉讼请求所依据的事实或者反驳对方诉讼请求所依据的事实有责任提供证据加以证明；没有证据或者证据不足以证明当事人的事实主张的，由负有举证责任的当事人承担不利后果；在合同纠纷中，对代理权发生争议的，由主张有代理权的一方当事人承担举证责任。依据上述规定，由于涉案《上岛咖啡加盟合同书》未出现与 B 公司相关的任何信息，故对于某公司提出的吴祖胜是 B 公司的代表、B 公司是上述合同的乙方当事人的主张，应当由某公司承担举证证明的责任，如举证不能，则应当由某公司承担不利后果。

第一，由于某公司既未能举证证明吴祖胜是 B 公司授权签署上述合同的委托代理人，也未能举证证明吴祖胜签订上述合同的行为系代表 B 公司履行职务的行为，故某公司不能通过直接证据证明待证事实。

第二，某公司举证的 B 公司于 2009 年 2 月 25 日支付 39000 元管理费的银行结算凭证系间接证据，该证据不能证明 B 公司是基于履行上述合同义务的特定目的（支付2007年12月至2008年12月的管理费）而付款，更不能证明已经支付的其余管理费等费用也均由B公司支付。某公司自认除本案主张的合同期限内的最后3个月的管理费未收到外，其余款项均已收取，则某公司能够举证B公司其他几次付款的证据等相关证据以补强上述间接证据，但某公司对此未能举证，故作为孤证的银行结算凭证不能证明待证事实。B公司抗辩上述39000元系吴祖胜的借款，其系代吴祖胜向某公司付款，而吴祖胜当庭确认B公司的抗辩事实属实，故不能排除B公司是代吴祖胜向某公司付款的可能。因此，不能依据银行结算凭证认定B公司是上述合同的乙方当事人。

第三，依据某公司举证的公证书证据，涉案上岛咖啡店在2010年12月28日的经营活动中向消费者出具的发票上盖有“上海B餐饮管理有限公司发票专用章”。在B公司对涉案发票的真实性及由其盖章出具的事实无异议的前提下，在B公司没有举证证明涉案发票系被涉案咖啡店的实际经营者借用或者盗用的情况下，依据高度盖然性的证明标准，可以认定涉案咖啡店在某公司取证时由B公司经营。但是，上述认定是针对特定时间段的经营者的认定，不能由此认定或者推定涉案咖啡店自始就一直由B公司经营或者在2009年2月至4月期间由B公司经营。

综上所述，某公司不能证明B公司是与其存在合同关系的一方当事人，不能证明B公司在合同期限内经营了涉案咖啡店。据此，原审法院依照《中华人民共和国民事诉讼法》第六十四条第一款、《最高人民法院关于民事诉讼证据的若干规定》第二条、第五条第一款、第三款之规定，于二〇一一年六月二十日作出判决：驳回上海A贸易有限公司的诉讼请求。

判决后，某公司不服，向二审院提起上诉。二审法院经审理，认为一审事实认定清楚，适用法律得当，遂维持了原判。

案例评析

1. 合同相对性原则是合同法的核心原则，历来被看作合同法的基石。

合同的相对性包括合同主体相对性、合同内容相对性和合同责任相对性。所谓主体相对性，是指一般情况下合同关系只能发生在特定的主体之间，只有合同一方当事人能够基于合同向合同另一方当事人提出请求或提起诉讼，与合同无关的其他人无权向合同当事人提出请求或提前诉讼；同样，合同一方当事人只能基于合同向另一方当事人提出合同上的请求及诉讼，而不能向与其无合同关系的其他任何第三人提出。

2. 本案中，某公司（甲方）与吴祖胜（乙方）于 2006 年 4 月 30 日签订《上岛咖啡加盟合同书》，该合同的主要内容是：1. 甲方授权乙方在招牌及店内使用第 1385773 号“上岛 + 图形”商标，使用地址为上海市浦东新区曹路镇川沙路 572 号三楼，使用面积为 500 平方米，乙方不得将使用权转让或者在其它地址使用；2. 甲方向乙方提供培训、物料等，甲方一次性收取乙方商标使用及专业服务费 30 万元，并每月收取乙方管理费 3000 元，于每月 5 日前付清。

依据该合同，吴祖胜是商业特许经营合同的被特许人，是合同主体，某公司（甲方）却起诉 B 公司，而在福公司否人自己为合同乙方当事人的情形下，某公司（甲方）又拿不出福公司实际使用其经营资源的证据。其诉讼结果可想而知。

三、防范对策

（一）特许人要正确理解合同相对性的原则。合同的相对性原则是大陆法系和英美法系通用的一条基本原则，主要有三个方面的内容：（1）主体的相对性，即指合同关系只能发生在特定的主体之间，只有合同当事人一方能够向合同的另一方当事人基于合同提出请求或提起诉讼。（2）内容的相对性，即指除法律、合同另有规定以外，只有合同当事人才能享有合同规定的权利，并承担该合同规定的义务，当事人以外的任何第三人不能主张合同上的权利，更不负担合同中规定的义务。(3) 责任的相对性，即指违约责任只能在特定的合同关系当事人之间发生，合同关系以外的人不负违约责任，合同当事人也不对其承担违约责任。

（二）特许人在签订商业特许经营合同和对被特许人进行商业特许经营授权时，一定要把握好对方主体。(1) 若以自然人身份作为被特许人签约，组建公司进行实际经营的，特许人应当重新与被特许人、实际使用特许权的公司签订三方协议；或者要求被特许人承诺实际从事经营的公司完全承受被特许人的权利义务。(2) 特许人应特别要注意区域特许经营、分特许经营、代理特许经营和国际特许经营中被特许人主体地位的把握。(3) 特许人应特别注意多个自然人共同作为被特许人，以某公司分公司的名义作为被特许人时诉讼主体的确定。

风险点四十二　商业特许经营纠纷管辖方面的法律风险

一、风险提示

管辖权制度是民事诉讼体系中最重要的制度之一，包括级别管辖、地域管辖、协议管辖和指定管辖。协议管辖是指合同双方当事人可以在书面合同中协议选择被告住所地、合同履行地、合同签订地、原告住所地、标的物所在地人民法院管辖，但不得违反《民事诉讼法》对级别管辖和专属管辖的规定。协议管辖有效的条件包括：（1）双方需以书面形式约定；（2）只能就合同纠纷约定；（3）只能针对第一审法院的管辖进行约定；（4）协议管辖法院的范围只限于被告住所地、合同履行地、合同签订地、原告住所地、标的物所在地；（5）不得变更级别管辖和专属管辖；（6）根据《民诉意见》第24条，协议不明或协议选择了两个以上可选择的法院管辖的，协议无效。

若合同双方没有约定管辖或者约定不明确，适用《民事诉讼法》第二十三条的规定，原告可以选择被告住所地或者合同履行地。商业特许经营法律关系中，一般认为被特许人的加盟店所在地为合同履行地，如合同中没有约定管辖法院，被特许人可以向自己的加盟店所在地人民法院提起诉讼，从诉讼的成本和便利性方面来说，对特许人是极为不利的。因此，为了避免这种诉讼管辖方面对自己不利的法律风险，特许人应当在合同中明确约定对自己有利的管辖法院。

二、真实案例

案例42　仲裁条款约定不明确，法院具有管辖权

——杭州A服装有限公司与刘B商业特许经营合同纠纷上诉案

案情简介

上诉人（原审被告）：杭州A服装有限公司。

法定代表人：何某某。

被上诉人（原审原告）：刘B。

上诉人杭州A服装有限公司为与被上诉人刘B商业特许经营合同纠纷一案，不服杭州市余杭区人民法院（2012）杭余知初字第19×号民事裁定，向本院提起上诉。本院于2012年8月6日受理后，依法组成合议庭审理了本案，现已审理终结。

原审法院审查后认为：依据《中华人民共和国仲裁法》第十八条、《中华人民共和国民事诉讼法》第二十四条、第三十八条的规定，刘B与杭州A服装有限公司签订的区域代理合同约定“合同期间，双方如发生争议，应平等协商解决，协商无效，应到甲方所在地仲裁”，仅约定仲裁地点而未约定仲裁机构，该仲裁协议无效。原审法院作为合同纠纷的被告住所地法院，对本案具有管辖权。杭州A服装有限公司的管辖权异议不成立，遂裁定驳回杭州A服装有限公司对本案管辖权提出的异议。

杭州A服装有限公司上诉称：原审法院以未约定仲裁机构为由裁定驳回其管辖权异议属适用法律错误，因杭州A服装有限公司所在地只有一个仲裁机构；即使“上诉人所在地”区域不明确，也应先由当事人先行协商，协商不成的才能判定仲裁协议无效。故请求：1. 撤销原裁定，驳回刘B的诉讼请求；2. 将本案移送杭州仲裁委员会仲裁裁决；3. 本案诉讼费用由刘B承担。

法院审理

本院经审查认为：杭州A服装有限公司依据其与刘B签订的《区域代理合同》关于“合同期间，双方如发生争议，应平等协商解决，协商无效，应到甲方所在地仲裁”的约定，提出管辖权异议。但该条款未明确约定管辖的具体仲裁委员会，且未明确“甲方所在地”的范围。鉴于杭州A服装有限公司与刘B之间就仲裁机构的确定没有达成补充协议，根据《中华人民共和国仲裁法》第十八条之规定，双方关于仲裁的约定无效。本案系合同纠纷，依据《中华人民共和国民事诉讼法》第二十四条的规定，原审法院作为被告杭州A服装有限公司的住所地法院，对本案有管辖权，杭州A服装有限公司所提管辖权异议不能成立。至于杭州A服装有限公司另提出驳回刘B的诉讼请求、诉讼费用由刘B承担等上诉主张属于案件实体审理范畴，在本案程序审查阶段不予处理。综上，杭州A服装有限公司的上诉理由不能成立，其相关上诉请求本院不予支持。原审裁定正确，应予维持。据此，依照《中华人民共和国民事诉讼法》第一百五十四条之规定，裁定如下：

驳回上诉，维持原裁定。

本裁定为终审裁定。

案例评析

1. 管辖包括级别管辖、地域管辖、移送管辖和指定管辖。其中，级别管辖分为基层法院管辖、中级法院管辖、高级法院管辖和最高法院管辖；地域管辖分为一般地域管辖和特别规定。① 每个人民法院只能审理自己有管辖权的案件。

2. 法院的民事审判庭每年都要审理很多当事人提出管辖权异议的案件，而在这些案件中，当事人就双方所作的协议管辖或仲裁条款是否有效存在争

---

① 最高人民法院民事诉讼法司法解释起草小组办公室审定：《最新民事诉讼法及司法解释适用集成》，法律出版社2015年2月第1版，第13页。

议的又占相当比例。例如，原告向双方在合同中约定的管辖法院起诉后，被告却以协议管辖无效为由向法院提出管辖权异议，主张将案件移送其他法院审理；或是原告起诉后，被告以双方有协议管辖的约定或仲裁条款为由向法院提出管辖权异议，主张受诉法院没有管辖权，等等。

3. 本案属于约定仲裁和管辖权异议的一则案例。本案中，杭州A服装有限公司依据其与刘B签订的《区域代理合同》关于“合同期间，双方如发生争议，应平等协商解决，协商无效，应到甲方所在地仲裁”的约定，只约定了仲裁地区，而没有约定仲裁机构，属于约定无效的情形。约定无效，当事人可以根据《民事诉讼法》的规定向有管辖权的人民法院提起诉讼。因此，两审法院都驳回了杭州A服装有限公司提出的管辖权异议。

三、防范对策

（一）特许人要在商业特许经营合同中明确约定管辖。为了诉讼的便利或节省诉讼成本，特许人利用自己的强势地位，一般都会选择自己所在地法院管辖，或者选择自己所在地仲裁机构进行仲裁。

（二）特许人在合同中约定管辖时，要按照《民事诉讼法》的相关规定进行约定，一定要注意避免出现约定无效的情形，特别要注意避免出现以下情形：1. 选择的管辖法院超出了《诉讼法》所规定的被告住所地、合同履行地、合同签订地、原告住所地、标的物所在地的范围；2. 违反了《民诉法》对级别管辖和专属管辖的规定；3. 商业特许经营合同中同时约定了仲裁条款和法院管辖。

（三）若被特许人向没有管辖权的人民法院提起诉讼，法院受理的话，特许人应当及时向人民法院提出管辖权异议，变更管辖法院。

风险点四十三　商业特许经营诉讼证据方面的法律风险

一、风险提示

民事证据，是指在民事诉讼中能够证明案件真实情况的各种资料，包括书证、物证、视听资料、电子数据、证人证言、当事人陈述、鉴定意见和勘验笔录等八种类型。民事证据是民事诉讼中法院认定案件事实作出裁判的根据。根据《民事证据规定》第2条：当事人对自己提出的诉讼请求所依据的事实或者反驳对方诉讼请求所依据的事实有责任提供证据加以证明。没有证据或者证据不足以证明当事人的事实主张的，由负有举证责任的当事人承担不利后果。上述证据规则在任何民商事案件中都适用，当然商业特许经营合同纠纷也不例外。但因为在商业特许经营案件中，出现了较多举证责任倒置的情形，特许人负有较重的举证责任；加之特许人往往又不重视证据的收集与保存，致使很多商业特许经营纠纷案件中，特许人虽然履行了合同义务，但由于没有留下证据，而被法院判决承担违约责任。因此，在商业特许经营合同纠纷案件中，强调特许人保留各种证据具有更为重要的意义。

二、真实案例

案例43　特许人起诉加盟商没有按照合同约定进货，但因没有确切证据遭败诉。

——上海A贸易有限公司诉上海B餐饮管理有限公司商业特许经营合同纠纷案

案情简介

2005年6月1日，原告A公司作为甲方与被告B公司的法定代表人黄某作为乙方签订了《某岛咖啡加盟合同书》，约定：第1385773号“某岛+图形”在咖啡馆经营的第43类（原42类）商标的唯一合法持有者为上海某岛咖啡食品有限公司，甲方为上海浦东新区的唯一代理商；甲方授权乙方将“某岛+图形”的商标在乙方的招牌及店内使用，使用地址为上海市浦东新区××路××号一、二楼；为保证“某岛咖啡”之品质及形象，乙方在开业及以后的经营中，必须且只能向甲方购买使用的物品原料有：咖啡豆、奶精粉、奶精球、松饼粉、各类花果茶品、印有“某岛咖啡”商标的甲方公司的各种器具、餐具、设施及贵宾卡等；未经甲方同意，乙方不准通过其他渠道获取以上物料；同时甲方保证所供货品与市场上同类同质货品价格相当，甲方不能提供但乙方经营所需之货品，由乙方自行购买；如乙方擅自从其他渠道采购本合约所述之货品，一经查证，则每次向甲方支付违约金3万元。同日双方还签订了《补充合同书》，约定：双方协商确定加盟授权关系期限从乙方开业之日为起始日。同年9月7日黄运筹设立被告××公司。次月18日被告开始在××路××号经营“某岛咖啡”店。2006年3月后被告自原告处进货的情况为咖啡豆、食品1388元（2006年3月5日）、咖啡豆、器具1300元（2006年6月1日）、咖啡豆、器具1367元（2006年8月4日）、咖啡豆、食品、器具2085元（2007年1月8日）、咖啡豆、食品1547元（2007年2月2日）、咖啡豆、奶精球2016元（2007年3月5日）、咖啡豆、食品2284元（2007年4月6日）、咖啡豆、食品、纸品4109元（2007年5月10日）、咖啡豆、食品2536元（2007年7月5日）、咖啡豆、食品4887元（2007年8月6日）、咖啡豆、食品1791元（2007年9月5日）、咖啡豆、食品1299元（2007年10月15日）、咖啡豆、食品、纸品4648元（2007年12月10日）、咖啡豆、食品1832元（2008年1月10日）、咖啡豆、食品、印刷品1821元（2008年2月14日）、服装、花2077元（2008年4月9日）、器具、服装3005元（2008年5月6日）、咖啡豆、食品2209元（2008年10月13日）、咖啡豆、食品、器具2857元（2008年11月5

日）、咖啡豆 1541 元（2009 年 1 月 5 日）。期间被告正常经营。原、被告间合同到期后双方未续约。2010 年 7 月原告诉至法院。

法院审理

本院认为，原告法定代表人与被告签订的《某岛咖啡加盟合同书》、《补充合同书》系双方真实意思表示，合法有效，双方均应依约完全履行。本案的争议焦点是被告在合同履行期间是否存在擅自从其他渠道采购该合同所述之货品的行为，由此适用合同中相应的违约条款。本院认为，证明被告存有上述违约行为的举证责任，应由原告承担。原告现并无直接证据证明被告自他处进货，而仅向法庭提交了被告自原告处的进货单据等间接证据，并称依据进货情况显示 2008 年 2 月前被告按月进货，却在 2008 年 3 月至 9 月间从未进货，因此推定被告必然从他处进货，否则将无法正常经营。本院认为，首先，原、被告间合同中并未约定必须每月进货；其次，原告不能举证证明被告的存货情况，依此来认定被告在此期间不进货经营将难以维系；最后，被告辩称在 2008 年 3 月至 9 月间经营中使用的是库存货品以及需求有所减少，该辩称事实的发生存在可能性。更为关键的是，原告完全有能力在 2008 年 3 月被告暂不进货后到被告处实地查看被告是否存在使用非原告提供货品的情况，并取得相应的直接证据。但原告未取得直接证据，也未在当时即向被告主张权利，在事发两年后仅以前述间接证据这一孤证欲证明被告自他处进货，其证明力未达到高度盖然性标准，故本院难予认定被告在合同履行期间存在原告所诉违约行为。鉴于原告未能充分举证证明其主张，其应承担不利后果，故对原告诉请，应予驳回。综上，依照《最高人民法院关于民事诉讼证据的若干规定》第二条之规定，判决如下：驳回原告上海 A 贸易有限公司的诉讼请求。

案例评析

1. 根据《民事证据规定》第二条，当事人对自己提出的诉讼请求所依据的事实或者反驳对方诉讼请求所依据的事实有责任提供证据加以证明。没有证据或者证据不足以证明当事人的事实主张的，由负有举证责任的当事人承担不利后果。《中华人民共和国民事诉讼法》第六十三条规定，证据包括（一）当事人的陈述；（二）书证；（三）物证；（四）视听资料；（五）电子数据；（六）证人证言；（七）鉴定意见；（八）勘验笔录。证据必须查证属实，才能作为认定事实的根据。①

2. 本案中，虽然《某岛咖啡加盟合同书》中明确约定了未经甲方同意，乙方不准通过其他渠道获取以上物料。但原告并没有直接证据证明被告在合同履行期间存在擅自从其他渠道采购该合同所述之货品的行为，只是根据被告自 2008 年 3 月至 9 月间一直未从原告处进货，来推定被告必然从他处进货。这样的证据不能足以支持其观点。

3. 本案中，原告应当主动收集更为直接的证据，比如通过调查取得被告从第三方进行的订单、合同、发票等证明材料，来充分证明被告确实违反了合同约定才能够支持自己的诉讼请求。

三、防范对策

（一）特许人要有证据意识。不少特许人往往认为他们的企业不会出现法律纠纷，即使出现了法律纠纷也能通过其他途径解决。因此，他们平时并不注重法律风险的防范，当然也就谈不上重视证据的收集与保存，只有出现诉讼，特许人在法庭上出现举证不能时，才后悔平时没有保存好证据，不过为时已晚矣。因此，特许人平时要养成法律风险意识和收集证据的习惯。

（二）特许人要建立证据收集与保存制度，进行证据的管理。合同风

① 最高人民法院民事诉讼法司法解释起草小组办公室审定：《最新民事诉讼法及司法解释适用集成》，法律出版社 2015 年 2 月第 1 版，第 20 页。

险管理是一项非常重要的内容，是对合同主体之间权利义务的约定及履行情况的各种相关证据的管理，许多决定案件命运的证据根本无法通过事后搜集得到，但却可以通过完善的资料管理得以保存。在证据管理上，除了保留往来中形成的原始书证等证据外，还要对履行通知义务、协助义务等行为以及电脑或网络上的电子文档等证据进行保存，必要时进行证据的公证保存。

风险点四十四　商业特许经营合同性质方面的法律风险

一、风险提示

商业特许经营作为一种能快速扩张的经营模式，受到广大企业的青睐，他们希望通过商业特许经营这种商业模式快速敛财，发财致富。另一方面，由于我国商业特许经营市场还不成熟、不规范，经常出现占市场强势地位的特许人侵害被特许人权益的情形，为了保护广大被特许人的合法权益，我国《商业特许经营管理条例》对特许人进行了严格的约束，从主体资格到商业特许经营备案，从宣传招商到信息披露，从商业特许经营合同的订立到履行、解除和终止等各个方面都进行了严格的规范，并规定了相应的法律责任。

不少特许企业为规避商业特许经营的法律约束，往往否认其所签合同的性质为商业特许经营合同，甚至在合同中明确约定，本合同不属于商业特许经营合同。实践中，合同名称也五花八门，如“XX代理合同”、“XX经销合同”、“XX合作协议”、“XX委托加盟协议”，等等。

不少特许人根本不了解商业特许经营模式的内涵，对特许人应当履行哪些义务，承担什么样的法律责任并不清楚，盲目跟风，一旦现加盟纠纷，就千方百计否认自己与加盟商所签合同的商业特许经营性质。

特许人在商业特许经营合同性质方面的法律风险主要表现为：有的特许人认为只要合同名称不用“商业特许经营”、“连锁”、“连锁加盟”等字眼，或者在合同中注明本合同不是商业特许经营合同，就能规避商业特许经营相关法律法规的约束。这种认识是错误的。司法实践中，法院对商业特许经营合同性质的判断是根据合同的实质内容来做出的，与“合同的名称叫什么”无关，甚至特许人在商业特许经营合同中明确约定了“本合同不是商业特许经营合同“的条款，也不能否认商业特许经营合同的性质，当然也免除不了特许人的义务和责任。

二、真实案例

案例44　法院认定合同性质为商业特许经营合同，判决特许人承担不利法律后果

——周A诉北京B建材发展有限公司商业特许经营合同纠纷案

案情简介

周A起诉称：2011年7月28日，我与B公司签订《雅某丽代理合同》，约定我在四川省泸州地区经营开办雅某丽模块电视墙系列专卖店。该合同属于商业特许经营合同。合同签订后我依约交纳了代理费8万元及12万元的货款。但B公司作为特许人在签订合同前隐瞒了如下重要信息，未履行法定的信息披露义务：1. 特许人从事经营活动的基本情况，如特许人的注册资本、经营范围、特许人备案的情况以及现有的直营店的数量、地址和电话；2. 特许人拥有的经营资源的情况，如注册商标、企业标志、专利、专有技术、经营模式及其他经营资源情况；3. 为我持续提供服务的情况，如业务培训的具体内容、提供方式和实施计划，包括培训地点、方式和时间长度；4. 向我的经营活动进行指导、监督的方式和内容；5. 特许人商业特许经营网点投资预算情况；6. 在中国境内被特许人的有关情况及经营情况；7. 最近两年的经会计师事务所或审计事务所审计的特许人的财务会计报告摘要和审计报告摘要；8. 特许人最近5年内与商业特许经营相关的重大诉讼和仲裁情况；9. 未能将双方签订的商业特许经营合同向商务主管部门备案。B公司还进行了如下虚假宣传：1. 号称其盈利优势，无竞争，市场潜力空前，利

益巨大；2. 引进美国全套的生产线及工艺；3. 产品远销美国、日本、韩国、俄罗斯、新加坡、印尼等国家；4. 向我保证在一个区域内垄断经营；5. 承诺投入了巨资投入了广告；6. 过分夸大市场需求，号称市场需求达到百亿；7. 在其官网上张贴外观设计专利证书，使我误以为对方具有实用新型专利。在合同履行过程中，B 公司也未履行如下合同义务：1. 未能依约在全国范围内对雅某丽品牌进行宣传和推广；2. 未能向我提供经营指导、技术支持、业务培训等服务；3. 未能维护我在约定区域内独家代理权，擅自在我的区域内发展经销商，导致这些经销商发生冲突。综上，B 公司隐瞒重要信息、提供虚假信息、未履行合同义务，故我请求法院解除双方签订的《雅某丽代理合同》，要求 B 公司向我返还代理费 8 万元、货款 12 万元，同时我向 B 公司返还相应的货物。

B 公司答辩称：我公司与周 A 签订的合同属于销售代理合同，不属于商业特许经营合同，所以我公司不需要向周 A 履行信息披露义务；我公司未提供虚假信息，周 A 所诉虚假信息与我公司无关；我公司对雅特丽品牌在全国各电视台进行了广告宣传，同时合同并未约定我公司未履行该义务构成根本违约。双方合同未约定我公司有经营指导、技术支持、业务培训的义务。合同也未约定周 A 为独家代理商，而是约定我公司有权发展分销商，故我公司发展经销商并不违反合同约定。综上，我公司不同意周 A 的诉讼请求。

法院审理

法院在查明事实的基础上，认为尽管双方合同名为代理合同，但合同约定 B 公司将其拥有的“雅某丽”商号、CIS 系统、经营管理策略、营销模式许可给周 A 使用，周 A 要认同 B 公司的经营管理模式及产品定位，全面接受 B 公司的经营理念并服从管理，并维护“雅某丽”品牌形象，B 公司有权对周 A 的经营状况、执行价格情况等进行检查。周 A 除支付货款取得货物外，还要向 B 公司交纳代理费。该约定内容完全符合商业特许经营合同的基本特征，故双方签订的《雅某丽代理合同》属于商业特许经营合同。

《商业特许经营管理条例》规定，特许人应当在订立商业特许经营合同之日前至少 30 日，以书面形式向被特许人披露如下信息：特许人的名称、住所、法定代表人、注册资本额、经营范围以及从事商业特许经营活动的基本情况；特许人的注册商标、企业标志、专利、专有技术和经营模式的基本情况；为被特许人持续提供经营指导、技术支持、业务培训等服务的具体内容、提供方式和实施计划；对被特许人的经营活动进行指导、监督的具体办法；商业特许经营网点投资预算；在中国境内现有的被特许人的数量、分布地域以及经营状况评估；最近 2 年的经会计师事务所审计的财务会计报告摘要和审计报告摘要；最近 5 年与商业特许经营相关的诉讼和仲裁情况等等。特许人向被特许人提供的信息应当真实、准确、完整，不得隐瞒有关信息，或者提供虚假信息。特许人隐瞒有关信息或者提供虚假信息的，被特许人可以解除商业特许经营合同。根据上述规定，特许人在订立合同过程中隐瞒、提供或者夸大直接关系到商业特许经营实质内容的相关信息或经营资源，足以导致被特许人签订商业特许经营合同的，被特许人可以请求解除该商业特许经营合同。B 公司在与周 A 签订合同前，并未按照上述法律规定向周 A 披露其拥有的经营资源的情况、其直营店的情况、其现有的被特许人的情况、其对周 A 持续提供经营指导、技术支持和业务培训等的具体内容，这些信息均直接关系到商业特许经营实质内容，足以影响周 A 是否与 B 公司签订合同的意思表示。另外，B 公司也未按照合同约定向周 A 提供 CIS 系统、经营管理策略、营销模式。故周 A 有权要求解除双方的合同。但鉴于双方合同已经到期，故本院对周 A 提出的解除合同的该项诉讼请求，不再处理。

综上，法院最终判决：1. 被告北京 B 建材发展有限公司于本判决生效之日起十日内返还原告周 A 代理费一万元；2. 被告北京 B 建材发展有限公司于本判决生效之日起十日内返还原告周 A 货款九万零一百七十一元五角；

3. 原告周 A 于本判决生效之日起十日内返还被告北京 B 建材发展有限公司相应的货品（详见附件）；4. 驳回原告周 A 的其他诉讼请求。

案例评析

1.《商业特许经营管理条例》实施以后，不少特许人为了规避备案，经常在实际经营中以代理销售、授权使用、总经销等协议名称甚至明确不收取加盟费的方式掩盖商业特许经营的实质，也有个别合同当事人以对方当事人违反了《商业特许经营管理条例》的规定，未履行信息披露义务为由，请求法院判决解除合同，导致司法实践中，经常出现商业特许经营合同按照非商业特许经营合同处理，非商业特许经营合同按照商业特许经营合同对待的混乱情形。

2. 在审判实务中，存在着商业特许经营合同性质难以把握等问题，如有的商业特许经营合同名称为加盟合同、连锁经营合同、品牌专营合同；有的名称为项目合作协议、专柜经营协议、特约经销协议等等。司法机关的基本观点是，当合同内容与名称不一致时，应依据合同内容来确定合同的性质。例如《北京市高级人民法院关于审理商业特许经营合同纠纷案件适用法律若干问题的指导意见》第三条规定，商业特许经营合同性质的认定应当以双方当事人约定的合同内容为主要依据，合同名称及合同中有关“本合同不属于商业特许经营合同”等类似约定一般不影响对商业特许经营合同性质的认定。《上海市高级人民法院关于审理商业特许经营合同纠纷案件若干问题的解答》在回答“一、商业特许经营的法律特征是什么？如何认定商业特许经营合同?”时答道：商业特许经营的法律特征如下：一是特许人拥有注册商标、企业标志、专利、专有技术，以及在先使用并具有一定影响的未注册商标、商业秘密、商号等具有知识产权属性的经营资源；二是被特许人在特许人授权的特定经营模式下使用特许人的经营资源；三是被特许人应向特许人支付商业特许经营费。综上可以看出，人民法院在对合同性质的把握上采取的是实质性认定原则，即只要合同内容的约定符合商业特许经营的法律特征即认定其合同性质为商业特许经营合同，而并非以当事人所签合同的名称来认定。

3. 本案中，特许人B公司虽答辩称，其公司与周A签订的合同属于销售代理合同，不属于商业特许经营合同，不需要向周A履行信息披露义务。但合同约定B公司将其拥有的“雅某丽”商号、CIS系统、经营管理策略、营销模式许可给周A使用，周A要认同B公司的经营管理模式及产品定位，全面接受B公司的经营理念并服从管理，并维护“雅某丽”品牌形象，B公司有权对周A的经营状况、执行价格情况等进行检查。此约定完全符合特许人许可被特许人使用其拥有的经营资源、收取商业特许经营费以及被特许人遵循合同约定的统一经营模式进行经营的商业特许经营的基本特征。因此，法院认定其所称为的销售代理合同属于商业特许经营合同是正确的。

三、防范对策

（一）广大特许人要掌握商业特许经营合同性质的判断标准：

1. 认定商业特许经营合同的一般标准。根据《商业特许经营管理条例》规定，商业特许经营有三个要素：一是特许人以合同形式将自己拥有的注册商标、企业标志、专利、专有技术等经营资源许可被特许人使用；二是被特许人在统一的经营模式下开展经营；三是被特许人向特许人支付商业特许经营费用。认定合同性质应参考此三要素，这是判断商业特许经营合同性质的一般标准。

2. 商业特许经营费用是被特许人使用特许人经营资源的对价，也是认定商业特许经营合同性质的一个要件。当事人在商业特许经营合同中明确约定了商业特许经营费用的，通常可以直接根据该约定认定商业特许经营费用。但从调研情况来看，一些当事人在实际订立的合同中要求被特许人支付的费用名目繁多，包括商业特许经营费、特许代理费、加盟费、品牌使用费、品牌权益金、品牌保证金、经营保证金、权益保证金、参股保险金、定金、订金、押金、货款、盈利提成等。虽然名称不统一，但是在约定“商业特许经营费、特许代理费、加盟费、品牌使用费、品牌权益金、品牌保证金”等费用名目的情况下，一般还是可以将该约定费用与商业特许经营费用对应起来的。也有相当比例的商业特许经营合同并未约定带有上述字样的费用，而是仅约定了“保证金、保险金、定金、订金、押金、货款、盈利提成”等费用名目。在发生纠纷后，特许人经常提出的抗辩观点是，合同中未约定被特许人应支付的商业特许经营费用，故不同意返还商业特许经营费用，甚至以此否定商业特许经营合同的性质。但笔者认为，收取商业特许经营费用是特许人的权利，特许人可以行使权利，也可以放弃权利，但不能因为合同中未约定商业特许经营费用就否定其商业特许经营合同的性质。

（二）广大特许人要了解商业特许经营实践中，我国司法机关认定商业特许经营合同性质的标准。

司法实践中，人民法院关于商业特许经营合同性质的判断已经形成了统一的认定标准。如《北京市高院关于审理商业特许经营合同纠纷案件适用法律若干问题的指导意见》第一条规定，商业特许经营（简称商业特许经营）是指拥有注册商标、企业标志、专利等经营资源的企业（以下称特许人），以合同形式将其拥有的经营资源许可给其他经营者（以下称被特许人）使用，被特许人按照合同约定在统一的经营模式下开展经营，并向特许人支付商业特许经营费用的经营活动。商业特许经营的基本特征在于：（一）特许人拥有注册商标、企业标志、专利等经营资源；（二）被特许人根据特许人的授权在特定经营模式下使用特许人的经营资源；（三）被特许人按照约定向特许人支付商业特许经营费用。第三条规定，商业特许经营合同性质的认定应当以双方当事人约定的合同内容为主要依据，合同名称及合同中有关“本合同不属于商业特许经营合同”等类似约定一般不影响对商业特许经营合同性质的认定。合同的实际履行与合同中相应约定不一致的，该实际履行可以视为对合同相应约定的变更，并可与合同约定的其他内容一起作为认定商业特许经营合同性质的依据。

第四条规定，合同中约定一方以另一方的分支机构或者关联公司等名义进行注册并经营，当事人据此主张该合同不属于商业特许经营合同的，应结合合同约定及实际履行情况等因素综合认定该合同是否属于商业特许经营合同。

（三）为了进一步掌握商业特许经营合同性质的判断标准，要厘清商业特许经营合同与产品销售合同、知识产权许可使用合同的区别。

商业特许经营合同的基本法律特征在于特许人与被特许人之间主体身份的独立性、法律关系的契约性、经营模式的统一性和被特许人使用经营资源的许可性。从审判实践来看，需要将商业特许经营合同与产品销售合同、知识产权许可使用合同区分开。产品销售合同是制造商或者批发商将销售某种产品的权利授予某一销售商，由其在约定的期限和地域范围内销售特定商品的合同。知识产权许可使用合同是指知识产权的权利人或利害关系人授权他人使用其知识产权的合同，被许可人通常仅仅是取得按照约定的期限和地域使用他人知识产权的权利。产品销售合同或知识产权许可使用合同仅仅涉及特定产品销售或特定知识产权使用的许可，产品提供方仅对其产品质量负责，知识产权许可方仅担保其权利的有效性和完整性，此外并不享有更多的监督、管理、培训、技术支持等权利或义务。而商业特许经营合同虽然可能包含产品销售关系，但产品销售不是商业特许经营合同的全部，商业特许经营合同是由知识产权、经营模式以及特许双方的监督、管理、支持、服务等一系列关系和诸多要素构成的综合系统。如果合同双方只涉及商标或者专利的许可使用，不涉及统一经营模式等内容的，则应认定为知识产权许可使用合同；如果合同双方仅仅存在产品销售关系，不存在监督、管理等因素的，则应当认定为经销合同。

（四）商业特许经营作为一种先进的经营模式，并非适合任何企业和企业的任何发展阶段。市场主体一定要根据自己企业的实际情况来决定是否采用商业特许经营这种经营模式。如果市场主体认为自己不符合商业特许经营的条件，或者不愿意接受《商业特许经营管理条例》等法律法规的诸多约束，可以选择经销、代理、知识产权许可等其他经营模式。但如果市场主体一旦选择了商业特许经营模式，就要严格遵守《商业特许经营管理条例》等相关法律法规的规定，履行自己应当履行的各项义务。

风险点四十五　商业特许经营合同目的方面的法律风险

一、风险提示

合同目的，是指合同双方通过合同的订立和履行最终所期望得到的东西或者达到的状态。合同目的作为合同的一个组成部分，不仅有助于合同的完整性，更重要的是，在确定合同解除权成立与否的问题上，起着决定性的作用。我国《商业特许经营管理条例》第三条规定："本条例所称商业特许经营（以下简称特许经营），是指拥有注册商标、企业标志、专利、专有技术等经营资源的企业（以下称特许人），以合同形式将其拥有的经营资源许可其他经营者（以下称被特许人）使用，被特许人按照合同约定在统一的经营模式下开展经营，并向特许人支付商业特许经营费用的经营活动。"此定义明确说明被特许人加盟商业特许经营体系的目的是为了使用特许人的经营资源在统一的经营模式下开展经营。只要特许人完成了向被特许人的授权，被特许人能够使用特许人的经营资源进行经营，被特许人加盟特许体系的目的就已经实现。

实践当中，特许人在商业特许经营合同目的方面存在的法律风险主要表现为两个方面：一是特许人未按照商业特许经营合同的约定，对被特许人进行授权，或者授权被特许人使用的经营资源具有瑕疵，以至于被特许人不能使用商业特许经营资源进行经营，从而承担违约责任；二是被特许人曲解商业特许经营目的，以使用特许人的经营资源不能盈利为理由，诉请人民法院解除商业特许经营合同，判决特许人返还商业特许经营费用，赔偿损失。《中华人民共和国合同法》第九十四条明确规定："有下列情形之一，当事人可以解除合同：（一）因不可抗力致使不能实现合同目的；……（四）当事人迟延履行债务或者有其他违约行为致使不能实现合同目的”。在商业特许经营合同纠纷的司法实践中，被特许人经营失败之后，经常以合同目的不能实现为由诉请法院判决特许人返还商业特许经营费用和赔偿损失。如何理解商业特许经营合同的目的，直接影响法院的裁判，进而影响到特许双方的重大利益。

二、真实案例

案例45　特许人不履行赠送开业用品，致对方合同目的不能实现而被判解除合同

——A（北京）应用技术科学研究院与刘B商业特许经营合同纠纷上诉案

案情简介

2010年6月18日，A研究院（甲方）与刘B（乙方）签订《田园风情生态家俱生活馆加盟合同》。该合同约定：甲方授予乙方“田园风情生态家俱生活馆”专卖店或专柜专卖经营权，乙方有偿取得上述专卖经营权，并按照甲方的要求经营。签订合同后，乙方向甲方一次性支付权益保证金9800元及合同履约金30000元，共计39800元，甲方同时免费赠送乙方市场价值49800元的产品。甲方须向乙方提供开店所需的授权证书、证牌、店柜装修方案及合同指定的甲方免费赠送的专卖店形象经营用品和促销品。合同有效期内，甲方提供给乙方的商品按统一供货价价格体系结算，特供商品或促销活动商品价格另行制订。乙方连续2个月在甲方没有进货记录，又没有书面说明的，甲方有权单方提前解除合同。甲方无故解除或终止本合同，则全部返还乙方的权益保证金及合同履约金，同时赔偿乙方经济损失20万元整；乙方无故解除或终止合同，则自动放弃所交权益保证金及合同履约金，同时赔偿甲方经济损失20万元整。甲方需向乙方赠送的专卖店授权开业赠品包

括授权铜牌、授权证书、商业特许经营许可证、商标使用证、上岗证、资质证书、VI 视觉系统、门店装修光盘、培训宝典、营运宝典、宣传宝典、策划宝典、店员工作胸卡、海报、宣传广告页、广告气球、广告笔、广告雨伞、广告椅子、广告打火机、X 展架、挂历等。

双方在合同履行中，发生纠纷，诉至法院。诉讼中，A 研究院为证明其已向刘 B 发出了开业赠品，提交了一份北京鑫锋货物运输有限公司的运单第三联，该运单上显示日期为 2010 年 7 月 13 日，托运人为田园风情，收货人为刘 B，货物名称为工艺品 12 件、开业赠品一套。运单上除“开业赠品一套”字样外的其他内容均为影印形成，而“开业赠品一套”字样系直接书写在运单上。刘 B 否认其收到开业赠品。

法院审理

二审法院根据《合同法》第九十三条第一款的规定，当事人协商一致，可以解除合同。本案中，刘 B 以 A 研究院交付的产品在质量、型号方面存在问题以及未交付赠品等违反合同约定为由要求解除合同，并要求 A 研究院返还其已支付的款项，A 研究院则以刘 B 收到产品后一直未付款且在合同签订后连续两个月未进货为由主张解除合同，且认为合同解除后刘 B 已支付的款项不再退还。刘 B 和 A 研究院虽然均主张解除合同，但各自据以解除合同的依据不同，对合同解除的效果的认识亦存在较大差异，尚难认为双方已就解除合同达成一致的意思表示。因此，本案不属于当事人协商一致解除合同的情形。原审判决仅以刘 B 无意继续履行合同且 A 研究院已通知刘 B 解除合同为由即认定双方对解除合同一事达成合意，属于适用法律错误，本院予以纠正。

根据《合同法》第九十四条第（四）项的规定，当事人一方迟延履行债务或者有其他违约行为致使不能实现合同目的，对方当事人可以解除合同。本案中，刘 B 主张 A 研究院的违约行为包括：1. 发送的 11 件产品的质量不符合约定且型号与当初提供的产品宣传册及其定购的型号不符；2. 未按照约定提供授权铜牌、授权证书等赠品。刘 B 为证明 A 研究院发送的 11 件产品不符合约定仅提交了相关照片，从照片中难以看出产品是否存在质量问题以及是否与其当初定购的型号一致，该证据不能证明其主张。虽然 A 研究院认可 B002－6 产品发错了型号，但该件产品发错型号不影响合同目的的实现。因此，刘 B 以 A 研究院发送的 11 件产品不符合约定为由要求解除合同的主张缺乏事实依据，不能成立。依据合同的约定，A 研究院需向刘 B 赠送授权铜牌、授权证书、商业特许经营许可证、VI 视觉系统、门店装修光盘等赠品。A 研究院为证明其已经履行了该义务仅提交了一份运单，但运单上的“开业赠品一套”字样与其他字样显非同时形成，在没有其他证据佐证的情况下，不能证明该运单中运送的货物包括“开业赠品一套”。A 研究院未履行交付授权铜牌等赠品的合同义务，构成了违约。本案中田园风情生态家俱生活馆加盟合同属于商业特许经营合同，刘 B 签订该合同的目的是在 A 研究院的指导下使用其相关经营资源，在特定经营模式下开展特许业务。A 研究院应当给付刘 B 的赠品中包括的授权铜牌、授权证书、商业特许经营许可证、VI 视觉系统、门店装修光盘等与刘 B 使用相关经营资源的资质、店面的装修风格和运营模式等密切相关，系刘 B 利用 A 研究院的相关经营资源并按照其特定经营模式开展特许业务的必需品，故 A 研究院未履行交付授权铜牌等赠品的违约行为致使合同目的不能实现，刘 B 有权解除合同。故刘 B 据此要求解除双方签订的合同，应予准许。

综上所述，原审判决虽然适用法律错误，但裁判结果并无不当，本院在对其错误予以纠正的基础上予以维持。依照《中华人民共和国民事诉讼法》第一百五十三条第一款第（一）项之规定，驳回上诉，维持了原审法院的下列判决：1. 解除刘 B 与 A 研究院签订的《田园风情生态家俱生活馆加盟合同》；2. A 研究院退还刘 B 三万九千八百元，于判决生效之日起十日内付清；3. 刘 B 退还 A 研究院产品十一台（以刘 B 提供的实物照片为准），如有毁损，按照供货价折价赔偿（具体的折价标准见判决附表），退货发生的运费由刘B自行负担，于判决生效之日起十日内履行；4. 驳回刘B其他诉讼请求。

案例评析

1. 本案中，刘B要求人民法院判决解除合同的根据是《合同法》第九十四条第（四）项的规定，当事人一方迟延履行债务或者有其他违约行为致使不能实现合同目的，具体理由他提了两个：一是A研究院向其发出的产品存在质量问题；二是A研究院没有向其提供开业赠品。这两个理由到底哪个是导致刘B不能实现合同目的的原因呢？他与A研究院签订《田园风情生态家俱生活馆加盟合同》的根本目的是什么？这是刘B能否以对方违约，导致签订合同的根本目的不能实现要求解除合同的关键。

2. 本案中，法院认定产品质量问题与货物未调换问题与合同目的无关。商业特许经营合同毕竟不同于一般买卖合同，其重在商业特许经营权的授予和取得。当特许产品偶尔出现质量问题或者货物未调换问题时，可以通过更换、修理或其他救济途径予以解决，而不应片面地以合同目的不能实现为由解除合同。即便这些问题的出现是经常性的，被特许人取得商业特许经营权这一最重要的合同目的也已经实现。但此时，特许人可能构成合同欺诈或其他违法行为，被特许人享有合同撤销权或者依据其他法律法规进行救济的权利，而非合同解除权。

3. 本案中，法院是以特许人没有向被特许人提供经营资源，导致被特许人无法使用特许人经营资源进行经营，认定被特许人签订商业特许经营合同的根本目的没有实现而判决特许人承担法律责任的。法院在审理中认为，田园风情生态家俱生活馆加盟合同属于商业特许经营合同，刘B签订该合同的目的是在A研究院的指导下使用其相关经营资源，在特定经营模式下开展特许业务。A研究院应当给付刘B的赠品中包括授权铜牌、授权证书、商业特许经营许可证、VI 视觉系统、门店装修光盘等与刘 B 使用相关经营资源的资质、店面的装修风格和运营模式等密切相关，系刘 B 利用 A 研究院的相关经营资源并按照其特定经营模式开展特许业务的必需品，故 A 研究院未履行交付授权铜牌等赠品的违约行为致使合同目的不能实现，刘 B 有权解除合同。故刘 B 据此要求解除双方签订的合同，应予准许。

三、防范对策

作为特许人一定要搞清楚签订商业特许经营合同的目的，严格依合同履行自己向被特许人提供经营资源的义务，并在被特许人经营失利，以未实现合同目的为由要求法院判决解除合同时，能够运用正确的思路来进行抗辩。

（一）特许人应当严格履行自己的合同义务，依照合同约定及时将商业特许经营资源交付被特许人进行使用。商业特许经营法律关系中，被特许人之所以加盟商业特许经营体系，其根本目的是使用特许人的经营资源进行经营，因此，向被特许人交付经营资源是特许人的主要合同义务。特许人一定要严格履行这项合同义务。

（二）盈利只是被特许人加盟某个特许体系的动机，不能看做被特许人签订商业特许经营合同的根本目的。任何经营活动都是有市场风险的，经营成功与否取决于行业状况、地区消费水平、店铺地理位置、被特许人的经营能力和服务质量等多种因素，因此是否盈利不是商业特许特许经营中被特许人加盟特许人的根本目的。商业特许经营法律关系中，特许双方都是独立的市场主体，除非因特许人经营资源瑕疵、特许人对被特许人经营过度干预等情形外，被特许人应当独立承担法律责任。我国司法实践也采纳了这样的观点，如《北京市高级人民法院关于审理商业特许经营合同纠纷案件适用法律若干问题的指导意见》十三条规定，商业特许经营合同的一方当事人未按约定履行合同致使合同根本目的难以实现的，对方当事人可以根据《中华人民共和国合同法》第九十四条、九十六条等规定解除合同。商业特许经营合同的根本目的是指被特许人在特许人指导下使用特许人的相关经营资源，在特定经营模式下开展特许业务。除当事人另有约定外，被特许人是否盈利不属于商业特许经营合同的根本目的。

因此，特许人不要在商业特许经营合同中把被特许人盈利约定为商业特许经营合同订立的根本目的；同时也要防范被特许人以合同目的没有实现为由把经营失败的风险转嫁给自己。

（三）实践当中，不少特许人为了避免此类纠纷的发生和承担不利的法律后果，在商业特许经营合同中明确约定“特许人不保证被特许人一定盈利”的条款，是很明智的。

附录1：

商业特许经营管理条例

（2007年1月31日国务院第167次常务会议通过　2007年2月6日中华人民共和国国务院令第485号公布　自2007年5月1日起施行）

第一章　总　　则

第一条　为规范商业特许经营活动，促进商业特许经营健康、有序发展，维护市场秩序，制定本条例。

第二条　在中华人民共和国境内从事商业特许经营活动，应当遵守本条例。

第三条　本条例所称商业特许经营（以下简称特许经营），是指拥有注册商标、企业标志、专利、专有技术等经营资源的企业（以下称特许人），以合同形式将其拥有的经营资源许可其他经营者（以下称被特许人）使用，被特许人按照合同约定在统一的经营模式下开展经营，并向特许人支付特许经营费用的经营活动。

企业以外的其他单位和个人不得作为特许人从事特许经营活动。

第四条　从事特许经营活动，应当遵循自愿、公平、诚实信用的原则。

第五条　国务院商务主管部门依照本条例规定，负责对全国范围内的特许经营活动实施监督管理。省、自治区、直辖市人民政府商务主管部门和设区的市级人民政府商务主管部门依照本条例规定，负责对本行政区域内的特许经营活动实施监督管理。

第六条 任何单位或者个人对违反本条例规定的行为，有权向商务主管部门举报。商务主管部门接到举报后应当依法及时处理。

第二章 特许经营活动

第七条 特许人从事特许经营活动应当拥有成熟的经营模式，并具备为被特许人持续提供经营指导、技术支持和业务培训等服务的能力。

特许人从事特许经营活动应当拥有至少 2 个直营店，并且经营时间超过 1 年。

第八条 特许人应当自首次订立特许经营合同之日起 15 日内，依照本条例的规定向商务主管部门备案。在省、自治区、直辖市范围内从事特许经营活动的，应当向所在地省、自治区、直辖市人民政府商务主管部门备案；跨省、自治区、直辖市范围从事特许经营活动的，应当向国务院商务主管部门备案。

特许人向商务主管部门备案，应当提交下列文件、资料：

（一）营业执照复印件或者企业登记（注册）证书复印件；

（二）特许经营合同样本；

（三）特许经营操作手册；

（四）市场计划书；

（五）表明其符合本条例第七条规定的书面承诺及相关证明材料；

（六）国务院商务主管部门规定的其他文件、资料。

特许经营的产品或者服务，依法应当经批准方可经营的，特许人还应当提交有关批准文件。

第九条 商务主管部门应当自收到特许人提交的符合本条例第八条规定的文件、资料之日起 10 日内予以备案，并通知特许人。特许人提交的文件、资料不完备的，商务主管部门可以要求其在 7 日内补充提交文件、资料。

第十条　商务主管部门应当将备案的特许人名单在政府网站上公布，并及时更新。

第十一条　从事特许经营活动，特许人和被特许人应当采用书面形式订立特许经营合同。

特许经营合同应当包括下列主要内容：

（一）特许人、被特许人的基本情况；

（二）特许经营的内容、期限；

（三）特许经营费用的种类、金额及其支付方式；

（四）经营指导、技术支持以及业务培训等服务的具体内容和提供方式；

（五）产品或者服务的质量、标准要求和保证措施；

（六）产品或者服务的促销与广告宣传；

（七）特许经营中的消费者权益保护和赔偿责任的承担；

（八）特许经营合同的变更、解除和终止；

（九）违约责任；

（十）争议的解决方式；

（十一）特许人与被特许人约定的其他事项。

第十二条　特许人和被特许人应当在特许经营合同中约定，被特许人在特许经营合同订立后一定期限内，可以单方解除合同。

第十三条　特许经营合同约定的特许经营期限应当不少于 3 年。但是，被特许人同意的除外。

特许人和被特许人续签特许经营合同的，不适用前款规定。

第十四条　特许人应当向被特许人提供特许经营操作手册，并按照约定的内容和方式为被特许人持续提供经营指导、技术支持、业务培训等服务。

第十五条　特许经营的产品或者服务的质量、标准应当符合法律、行政法规和国家有关规定的要求。

第十六条　特许人要求被特许人在订立特许经营合同前支付费用的，应当以书面形式向被特许人说明该部分费用的用途以及退还的条件、方式。

第十七条 特许人向被特许人收取的推广、宣传费用，应当按照合同约定的用途使用。推广、宣传费用的使用情况应当及时向被特许人披露。

特许人在推广、宣传活动中，不得有欺骗、误导的行为，其发布的广告中不得含有宣传被特许人从事特许经营活动收益的内容。

第十八条 未经特许人同意，被特许人不得向他人转让特许经营权。

被特许人不得向他人泄露或者允许他人使用其所掌握的特许人的商业秘密。

第十九条 特许人应当在每年第一季度将其上一年度订立特许经营合同的情况向商务主管部门报告。

第三章 信息披露

第二十条 特许人应当依照国务院商务主管部门的规定，建立并实行完备的信息披露制度。

第二十一条 特许人应当在订立特许经营合同之日前至少 30 日，以书面形式向被特许人提供本条例第二十二条规定的信息，并提供特许经营合同文本。

第二十二条 特许人应当向被特许人提供以下信息：

（一）特许人的名称、住所、法定代表人、注册资本额、经营范围以及从事特许经营活动的基本情况；

（二）特许人的注册商标、企业标志、专利、专有技术和经营模式的基本情况；

（三）特许经营费用的种类、金额和支付方式（包括是否收取保证金以及保证金的返还条件和返还方式）；

（四）向被特许人提供产品、服务、设备的价格和条件；

（五）为被特许人持续提供经营指导、技术支持、业务培训等服务的具体内容、提供方式和实施计划；

（六）对被特许人的经营活动进行指导、监督的具体办法；

（七）特许经营网点投资预算；

（八）在中国境内现有的被特许人的数量、分布地域以及经营状况评估；

（九）最近 2 年的经会计师事务所审计的财务会计报告摘要和审计报告摘要；

（十）最近 5 年内与特许经营相关的诉讼和仲裁情况；

（十一）特许人及其法定代表人是否有重大违法经营记录；

（十二）国务院商务主管部门规定的其他信息。

第二十三条 特许人向被特许人提供的信息应当真实、准确、完整，不得隐瞒有关信息，或者提供虚假信息。

特许人向被特许人提供的信息发生重大变更的，应当及时通知被特许人。

特许人隐瞒有关信息或者提供虚假信息的，被特许人可以解除特许经营合同。

第四章 法律责任

第二十四条 特许人不具备本条例第七条第二款规定的条件，从事特许经营活动的，由商务主管部门责令改正，没收违法所得，处 10 万元以上 50 万元以下的罚款，并予以公告。

企业以外的其他单位和个人作为特许人从事特许经营活动的，由商务主管部门责令停止非法经营活动，没收违法所得，并处 10 万元以上 50 万元以下的罚款。

第二十五条 特许人未依照本条例第八条的规定向商务主管部门备案

的，由商务主管部门责令限期备案，处 1 万元以上 5 万元以下的罚款；逾期仍不备案的，处 5 万元以上 10 万元以下的罚款，并予以公告。

第二十六条 特许人违反本条例第十六条、第十九条规定的，由商务主管部门责令改正，可以处 1 万元以下的罚款；情节严重的，处 1 万元以上 5 万元以下的罚款，并予以公告。

第二十七条 特许人违反本条例第十七条第二款规定的，由工商行政管理部门责令改正，处 3 万元以上 10 万元以下的罚款；情节严重的，处 10 万元以上 30 万元以下的罚款，并予以公告；构成犯罪的，依法追究刑事责任。

特许人利用广告实施欺骗、误导行为的，依照广告法的有关规定予以处罚。

第二十八条 特许人违反本条例第二十一条、第二十三条规定，被特许人向商务主管部门举报并经查实的，由商务主管部门责令改正，处 1 万元以上 5 万元以下的罚款；情节严重的，处 5 万元以上 10 万元以下的罚款，并予以公告。

第二十九条 以特许经营名义骗取他人财物，构成犯罪的，依法追究刑事责任；尚不构成犯罪的，由公安机关依照《中华人民共和国治安管理处罚法》的规定予以处罚。

以特许经营名义从事传销行为的，依照《禁止传销条例》的有关规定予以处罚。

第三十条 商务主管部门的工作人员滥用职权、玩忽职守、徇私舞弊，构成犯罪的，依法追究刑事责任；尚不构成犯罪的，依法给予处分。

第五章　附　　则

第三十一条 特许经营活动中涉及商标许可、专利许可的，依照有关商标、专利的法律、行政法规的规定办理。

第三十二条 有关协会组织在国务院商务主管部门指导下，依照本条例的规定制定特许经营活动规范，加强行业自律，为特许经营活动当事人提供相关服务。

第三十三条 本条例施行前已经从事特许经营活动的特许人，应当自本条例施行之日起 1 年内，依照本条例的规定向商务主管部门备案；逾期不备案的，依照本条例第二十五条的规定处罚。

前款规定的特许人，不适用本条例第七条第二款的规定。

第三十四条 本条例自 2007 年 5 月 1 日起施行。

附录 2：

商业特许经营备案管理办法

（2011 年 12 月 12 日商务部令 2011 年第 5 号公布　自 2012 年 2 月 1 日起施行）

第一条　为加强对商业特许经营活动的管理，规范特许经营市场秩序，根据《商业特许经营管理条例》（以下简称《条例》）的有关规定，制定本办法。

第二条　在中华人民共和国境内（以下简称中国境内）从事商业特许经营活动，适用本办法。

第三条　商务部及省、自治区、直辖市人民政府商务主管部门是商业特许经营的备案机关。在省、自治区、直辖市范围内从事商业特许经营活动的，向特许人所在地省、自治区、直辖市人民政府商务主管部门备案；跨省、自治区、直辖市范围从事特许经营活动的，向商务部备案。

商业特许经营实行全国联网备案。符合《条例》规定的特许人，依据本办法规定通过商务部设立的商业特许经营信息管理系统进行备案。

第四条　商务部可以根据有关规定，将跨省、自治区、直辖市范围从事商业特许经营的备案工作委托有关省、自治区、直辖市人民政府商务主管部门完成。受委托的省、自治区、直辖市人民政府商务主管部门应当自行完成备案工作，不得再委托其他任何组织和个人备案。

受委托的省、自治区、直辖市人民政府商务主管部门未依法行使备案职责的，商务部可以直接受理特许人的备案申请。

第五条 任何单位或者个人对违反本办法规定的行为，有权向商务主管部门举报，商务主管部门应当依法处理。

第六条 申请备案的特许人应当向备案机关提交以下材料：

（一）商业特许经营基本情况。

（二）中国境内全部被特许人的店铺分布情况。

（三）特许人的市场计划书。

（四）企业法人营业执照或其他主体资格证明。

（五）与特许经营活动相关的商标权、专利权及其他经营资源的注册证书。

（六）符合《条例》第七条第二款规定的证明文件。

在 2007 年 5 月 1 日前已经从事特许经营活动的特许人在提交申请商业特许经营备案材料时不适用于上款的规定。

（七）与中国境内的被特许人订立的第一份特许经营合同。

（八）特许经营合同样本。

（九）特许经营操作手册的目录（须注明每一章节的页数和手册的总页数，对于在特许系统内部网络上提供此类手册的，须提供估计的打印页数）。

（十）国家法律法规规定经批准方可开展特许经营的产品和服务，须提交相关主管部门的批准文件。

外商投资企业应当提交《外商投资企业批准证书》，《外商投资企业批准证书》经营范围中应当包括“以特许经营方式从事商业活动”项目。

（十一）经法定代表人签字盖章的特许人承诺。

（十二）备案机关认为应当提交的其他资料。

以上文件在中华人民共和国境外形成的，需经所在国公证机关公证（附中文译本），并经中华人民共和国驻所在国使领馆认证，或者履行中华人民共和国与所在国订立的有关条约中规定的证明手续。在香港、澳门、台湾地区形成的，应当履行相关的证明手续。

第七条 特许人应当在与中国境内的被特许人首次订立特许经营合同之日起 15 日内向备案机关申请备案。

第八条 特许人的以下备案信息有变化的，应当自变化之日起 30 日内向备案机关申请变更：

（一）特许人的工商登记信息。

（二）经营资源信息。

（三）中国境内全部被特许人的店铺分布情况。

第九条 特许人应当在每年 3 月 31 日前将其上一年度订立、撤销、终止、续签的特许经营合同情况向备案机关报告。

第十条 特许人应认真填写所有备案事项的信息，并确保所填写内容真实、准确和完整。

第十一条 备案机关应当自收到特许人提交的符合本办法第六条规定的文件、资料之日起 10 日内予以备案，并在商业特许经营信息管理系统予以公告。

特许人提交的文件、资料不完备的，备案机关可以要求其在 7 日内补充提交文件、资料。备案机关在特许人材料补充齐全之日起 10 日内予以备案。

第十二条 已完成备案的特许人有下列行为之一的，备案机关可以撤销备案，并在商业特许经营信息管理系统予以公告：

（一）特许人注销工商登记，或因特许人违法经营，被主管登记机关吊销营业执照的。

（二）备案机关收到司法机关因为特许人违法经营而作出的关于撤销备案的司法建议书。

（三）特许人隐瞒有关信息或者提供虚假信息，造成重大影响的。

（四）特许人申请撤销备案并经备案机关同意的。

（五）其他需要撤销备案的情形。

第十三条 各省、自治区、直辖市人民政府商务主管部门应当将备案及撤销备案的情况在10日内反馈商务部。

第十四条 备案机关应当完整准确地记录和保存特许人的备案信息材料，依法为特许人保守商业秘密。

特许人所在地的（省、自治区、直辖市或设区的市级）人民政府商务主管部门可以向通过备案的特许人出具备案证明。

第十五条 公众可通过商业特许经营信息管理系统查询以下信息：

（一）特许人的企业名称及特许经营业务使用的注册商标、企业标志、专利、专有技术等经营资源。

（二）特许人的备案时间。

（三）特许人的法定经营场所地址与联系方式、法定代表人姓名。

（四）中国境内全部被特许人的店铺分布情况。

第十六条 特许人未按照《条例》和本办法的规定办理备案的，由设区的市级以上商务主管部门责令限期备案，并处1万元以上5万元以下罚款；逾期仍不备案的，处5万元以上10万元以下罚款，并予以公告。

第十七条 特许人违反本办法第九条规定的，由设区的市级以上商务主管部门责令改正，可以处1万元以下的罚款；情节严重的，处1万元以上5万元以下的罚款，并予以公告。

第十八条 国外特许人在中国境内从事特许经营活动，按照本办法执行。香港、澳门特别行政区及台湾地区特许人参照本办法执行。

第十九条 相关协会组织应当依照本办法规定，加强行业自律，指导特许人依法备案。

第二十条 本办法由商务部负责解释。

第二十一条 本办法自2012年2月1日起施行。2007年5月1日施行的《商业特许经营备案管理办法》（商务部2007年第15号令）同时废止。

附录 3：

商业特许经营信息披露管理办法

（2012 年 2 月 23 日商务部令 2012 年第 2 号公布　自 2012 年 4 月 1 日起施行）

第一条　为维护特许人与被特许人双方的合法权益，根据《商业特许经营管理条例》（以下简称《条例》），制定本办法。

第二条　在中华人民共和国境内开展商业特许经营活动适用本办法。

第三条　本办法所称关联方，是指特许人的母公司或其自然人股东、特许人直接或间接拥有全部或多数股权的子公司、与特许人直接或间接地由同一所有人拥有全部或多数股权的公司。

第四条　特许人应当按照《条例》的规定，在订立商业特许经营合同之日前至少 30 日，以书面形式向被特许人披露本办法第五条规定的信息，但特许人与被特许人以原特许合同相同条件续约的情形除外。

第五条　特许人进行信息披露应当包括以下内容：

（一）特许人及特许经营活动的基本情况。

1. 特许人名称、通讯地址、联系方式、法定代表人、总经理、注册资本额、经营范围以及现有直营店的数量、地址和联系电话。

2. 特许人从事商业特许经营活动的概况。

3. 特许人备案的基本情况。

4. 由特许人的关联方向被特许人提供产品和服务的，应当披露该关联方的基本情况。

5. 特许人或其关联方过去 2 年内破产或申请破产的情况。

（二）特许人拥有经营资源的基本情况。

1. 注册商标、企业标志、专利、专有技术、经营模式及其他经营资源的文字说明。

2. 经营资源的所有者是特许人关联方的，应当披露该关联方的基本信息、授权内容，同时应当说明在与该关联方的授权合同中止或提前终止的情况下，如何处理该特许体系。

3. 特许人（或其关联方）的注册商标、企业标志、专利、专有技术等与特许经营相关的经营资源涉及诉讼或仲裁的情况。

（三）特许经营费用的基本情况。

1. 特许人及代第三方收取费用的种类、金额、标准和支付方式，不能披露的，应当说明原因，收费标准不统一的，应当披露最高和最低标准，并说明原因。

2. 保证金的收取、返还条件、返还时间和返还方式。

3. 要求被特许人在订立特许经营合同前支付费用的，该部分费用的用途以及退还的条件、方式。

（四）向被特许人提供产品、服务、设备的价格、条件等情况。

1. 被特许人是否必须从特许人（或其关联方）处购买产品、服务或设备及相关的价格、条件等。

2. 被特许人是否必须从特许人指定（或批准）的供货商处购买产品、服务或设备。

3. 被特许人是否可以选择其他供货商以及供货商应具备的条件。

（五）为被特许人持续提供服务的情况。

1. 业务培训的具体内容、提供方式和实施计划，包括培训地点、方式和期限等。

2. 技术支持的具体内容、提供方式和实施计划，包括经营资源的名称、类别及产品、设施设备的种类等。

（六）对被特许人的经营活动进行指导、监督的方式和内容。

1. 经营指导的具体内容、提供方式和实施计划，包括选址、装修装潢、店面管理、广告促销、产品配置等。

2. 监督的方式和内容，被特许人应履行的义务和不履行义务的责任。

3. 特许人和被特许人对消费者投诉和赔偿的责任划分。

（七）特许经营网点投资预算情况。

1. 投资预算可以包括下列费用：加盟费；培训费；房地产和装修费用；设备、办公用品、家具等购置费；初始库存；水、电、气费；为取得执照和其他政府批准所需的费用；启动周转资金。

2. 上述费用的资料来源和估算依据。

（八）中国境内被特许人的有关情况。

1. 现有和预计被特许人的数量、分布地域、授权范围、有无独家授权区域（如有，应说明预计的具体范围）的情况。

2. 现有被特许人的经营状况，包括被特许人实际的投资额、平均销售量、成本、毛利、纯利等信息，同时应当说明上述信息的来源。

（九）最近 2 年的经会计师事务所或审计事务所审计的特许人财务会计报告摘要和审计报告摘要。

（十）特许人最近 5 年内与特许经营相关的诉讼和仲裁情况，包括案由、诉讼（仲裁）请求、管辖及结果。

（十一）特许人及其法定代表人重大违法经营记录情况。

1. 被有关行政执法部门处以 30 万元以上罚款的。

2. 被追究刑事责任的。

（十二）特许经营合同文本。

1. 特许经营合同样本。

2. 如果特许人要求被特许人与特许人（或其关联方）签订其他有关特许经营的合同，应当同时提供此类合同样本。

第六条 特许人在推广、宣传活动中，不得有欺骗、误导的行为，发布的广告中不得含有宣传单个被特许人从事商业特许经营活动收益的内容。

第七条 特许人向被特许人披露信息前，有权要求被特许人签署保密协议。

被特许人在订立合同过程中知悉的商业秘密，无论特许经营合同是否成立，不得泄露或者不正当使用。

特许经营合同终止后，被特许人因合同关系知悉特许人商业秘密的，即使未订立合同终止后的保密协议，也应当承担保密义务。

被特许人违反本条前两款规定，泄露或者不正当使用商业秘密给特许人或者其他人造成损失的，应当承担相应的损害赔偿责任。

第八条 特许人在向被特许人进行信息披露后，被特许人应当就所获悉的信息内容向特许人出具回执说明（一式两份），由被特许人签字，一份由被特许人留存，另一份由特许人留存。

第九条 特许人隐瞒影响特许经营合同履行致使不能实现合同目的的信息或者披露虚假信息的，被特许人可以解除特许经营合同。

第十条 特许人违反本办法有关规定的，被特许人有权向商务主管部门举报，经查实的，分别依据《条例》第二十六条、第二十七条、第二十八条予以处罚。

第十一条 本办法由中华人民共和国商务部负责解释。

第十二条 本办法自 2012 年 4 月 1 日起施行。原《商业特许经营信息披露管理办法》（商务部令 2007 年第 16 号）同时废止。

附录4：

北京市高院关于审理商业特许经营合同纠纷案件适用法律若干问题的指导意见

（2011年2月24日　京高法发［2011］49号）

《北京市高级人民法院关于审理商业特许经营合同纠纷案件适用法律若干问题的指导意见》已经市高级人民法院审判委员会第1次（总第270次）会议于2011年2月14日讨论通过，现予印发，请认真贯彻执行。执行中有何问题，请及时报告我院民三庭。本指导意见中所涉及意见如与法律法规、司法解释不一致的，以法律法规、司法解释为准。

为妥善处理商业特许经营合同（简称特许经营合同）纠纷，统一审判标准和裁判尺度，根据《中华人民共和国民法通则》、《中华人民共和国合同法》及《商业特许经营管理条例》等法律、行政法规的相关规定，结合审判实践，特制订本意见。

第一条　商业特许经营（简称特许经营）是指拥有注册商标、企业标志、专利等经营资源的企业（以下称特许人），以合同形式将其拥有的经营资源许可其他经营者（以下称被特许人）使用，被特许人按照合同约定在统一的经营模式下开展经营，并向特许人支付特许经营费用的经营活动。

特许经营的基本特征在于：（一）特许人拥有注册商标、企业标志、专利等经营资源；（二）被特许人根据特许人的授权在特定经营模式下使用特许人的经营资源；（三）被特许人按照约定向特许人支付特许经营费用。

第二条　经营资源既包括注册商标、企业标志、专利，也包括字号、商业秘密、具有独特风格的整体营业形象，以及在先使用并具有一定影响的未注册商标等能够形成某种市场竞争优势的经营资源。

特许人原始取得或经受让取得经营资源，或者取得包括再许可权在内的经营资源独占使用权的，可以视为拥有经营资源。

第三条 特许经营合同性质的认定应当以双方当事人约定的合同内容为主要依据，合同名称及合同中有关“本合同不属于特许经营合同”等类似约定一般不影响对特许经营合同性质的认定。

合同的实际履行与合同中相应约定不一致的，该实际履行可以视为对合同相应约定的变更，并可与合同约定的其他内容一起作为认定特许经营合同性质的依据。

第四条 合同中约定一方以另一方的分支机构或者关联公司等名义进行注册并经营，当事人据此主张该合同不属于特许经营合同的，应结合合同约定及实际履行情况等因素综合认定该合同是否属于特许经营合同。

第五条 当事人可以在特许经营合同中直接约定特许经营费用，也可以通过货款返点、盈利提成、培训费等形式约定特许经营费用。

特许经营合同既约定被特许人向特许人一次性交付经营资源特许使用费，又约定被特许人按照其经营收入的一定比例等方式向特许人定期交付经营资源特许使用费的，从其约定。

第六条 从事特许经营活动，特许人和被特许人应当订立书面特许经营合同。

特许人许可被特许人从事特许经营业务，但未采用书面形式的，一般不影响特许经营合同的效力。

第七条 特许人应当自首次订立特许经营合同之日起15日内依法向商务主管部门备案。

特许人未及时向商务主管部门备案的，一般不影响特许经营合同的效力。

第八条 特许人从事特许经营活动应当拥有至少两个直营店，并且经营时间均超过 1 年。特许经营合同不因特许人不具备前述条件而无效。

特许人拥有的直营店是指特许人利用其经营资源直接从事特许经营业务的直营机构。

第九条 企业以外的其他单位和个人不得作为特许人从事特许经营活动，其签订的特许经营合同无效。

第十条 法律、行政法规明确规定特许经营的产品或者服务应当经批准方可经营，或者从事特许经营的业务需要具备其他特定条件的，特许人或被特许人为规避上述规定签订 的特许经营合同无效，但特许人或被特许人在特许经营纠纷发生前已具备相关特定条件的，可以不认定为无效合同。

第十一条 经营资源具有不可续展的法定期限，或者虽具有可续展的法定期限但未依法续展，当事人约定的特许经营合同期限超过该法定期限的，超过部分的约定无效。

第十二条 经营资源被依法撤销或者宣告无效的，特许人或被特许人可以依法解除该特许经营合同。

特许经营合同实际履行完毕后，当事人以相关经营资源已被依法撤销或者宣告无效为由请求解除该合同的，不予支持，但因特许人恶意造成被特许人损失的，应当承担损害赔偿等法律责任。

第十三条 特许经营合同的一方当事人未按约定履行合同致使合同根本目的难以实现的，对方当事人可以根据《中华人民共和国合同法》第九十四条、九十六条等规定解除合同。

特许经营合同的根本目的是指被特许人在特许人指导下使用特许人的相关经营资源，在特定经营模式下开展特许业务。

除当事人另有约定外，被特许人是否盈利不属于特许经营合同的根本目的。

第十四条 特许人在推广宣传特许经营业务过程中使用的广告或者宣传

手册等资料通常应视为要约邀请，但特许人就特许经营所作的说明和承诺对特许经营合同的订立有重大影响的，亦可视为合同内容，当事人违反该说明和承诺的，应当承担违约责任。

第十五条 对特许人欺诈的认定应综合考虑特许人隐瞒的信息、提供的虚假信息或夸大的经营资源与合同目的的关联性、与真实信息的背离程度及其对特许经营合同订立和履行的影响程度等因素。

特许人在订立合同过程中隐瞒、提供或者夸大直接关系到特许经营实质内容的相关信息或经营资源，足以导致被特许人签订特许经营合同的，被特许人可以请求撤销或者依法解除该特许经营合同。

第十六条 特许人在签订特许经营合同后隐瞒重大变更信息或者提供虚假信息、夸大经营资源，给被特许人从事特许经营业务造成实质影响的，被特许人可以请求撤销或者依法解除该特许经营合同。

与特许人有关的诉讼、仲裁或行政处罚可能直接影响到被特许人是否签订特许经营合同，或者可能对被特许人实现特许经营合同目的产生重大影响，但特许人隐瞒该诉讼、仲裁或行政处罚情况，或者提供虚假诉讼、仲裁或行政处罚信息的，被特许人可以依法解除该特许经营合同。

第十七条 在特许经营合同的约定期限内，一方当事人被吊销营业执照，致使其无法按照合同约定履行相应义务的，当事人可以解除该特许经营合同。

特许经营合同的当事人被吊销营业执照致使其无法按照合同约定履行相应义务，该当事人隐瞒该信息给对方当事人造成损失的，应承担损害赔偿等法律责任。

第十八条 特许人和被特许人在特许经营合同中约定或者通过其他形式约定被特许人在特许经营合同订立后一定期限内可以单方解除合同的，从其约定。

特许人和被特许人未约定被特许人在特许经营合同订立后一定期限内可

以单方解除合同的，被特许人在特许经营合同订立后的合理期限内仍可以单方解除合同，但被特许人已经实际利用经营资源的除外。

第十九条 特许经营合同因特许人的原因未成立、未生效、无效、解除或撤销，或者因被特许人的原因终止履行，被特许人请求返还已经支付的特许经营费用的，应当综合考虑合同的订立和履行情况、实际经营期限、双方当事人的过错程度等因素合理确定返还的数额、比例或方式。

第二十条 特许经营合同已经履行完毕，或者虽未履行完毕但合同约定的返还条件成就的，特许人应当及时向被特许人返还押金、保证金，但该押金、保证金已经充抵特许经营费用或被特许人其他债务的除外。

因特许人的原因致使合同未成立或无效、撤销或者解除的，或者被特许人对特许经营合同未成立、无效、撤销或者解除无过错的，特许人应当向被特许人返还押金、保证金。

特许人和被特许人明确约定押金、保证金系定金的，可以适用《中华人民共和国合同法》等相关法律、行政法规的规定。

第二十一条 特许经营合同未成立、未生效、无效、解除或撤销的，除当事人另有约定外，被特许人应停止使用特许人许可其使用的相关经营资源，特许人亦可请求被特许人返还或销毁与经营资源有关的授权书、特许使用证明、特许商业标志、技术资料、牌匾等文件或材料。

被特许人不能返还上述文件或材料的，应当赔偿特许人因此受到的损失，但属于被特许人从事特许经营业务过程中的正常消耗的材料的，可不予返还且不承担损害赔偿责任。

第二十二条 特许经营合同未成立、未生效、无效、解除或撤销的，除属于从事特许经营业务过程中的正常消耗外，特许人向被特许人提供的产品或者设备应当返还或折价返还。

第二十三条 特许经营合同未成立、未生效、无效、撤销或解除的，无过错的一方当事人可以请求过错方当事人赔偿其因订立及履行合同而产生的实际损失，对于无过错方遭受的丧失缔约机会或其他可得利益的损失，亦可酌情确定过错方予以赔偿。

第二十四条 特许经营合同未成立、无效、被撤销以及因解除等事由而终止，或者被认定为不属于特许经营合同的，当事人应按照合同约定履行相应的保密、保管等注意义务，任何一方违反该义务造成对方当事人损失的，应当承担损害赔偿等法律责任。

第二十五条 一方当事人主张特许经营合同未成立、未生效、无效或应被解除或撤销而对方当事人主张继续履行合同的，在认定该特许经营合同属于未成立、未生效、无效、应予 解除或撤销的情形时，应告知当事人可就特许经营费用、产品设备、经营资源的处置等事由请求一并处理，但当事人坚持另行处理的除外。

附录 5：

上海市高级人民法院关于审理特许经营合同纠纷案件若干问题的解答

一、特许经营的法律特征是什么？如何认定特许经营合同？

答：特许经营的法律特征如下：一是特许人拥有注册商标、企业标志、专利、专有技术，以及在先使用并具有一定影响的未注册商标、商业秘密、字号商号等具有知识产权属性的经营资源；二是被特许人在特许人授权的特定经营模式下使用特许人的经营资源；三是被特许人应向特许人支付特许经营费。在审判实务中，存在着特许经营合同性质难以把握等问题，如有的特许经营合同名称为加盟合同、连锁经营合同、品牌专营合同；有的名称为项目合作协议、专柜经营协议、特约经销协议等等。我们认为对特许经营合同性质的把握应采取实质性认定原则，即应当根据合同是否具备了特许经营的法律特征予以认定，而不能仅以当事人所签合同的名称来认定。

二、什么是经营模式，经营模式有哪些表现形式和特点？

答：经营模式是指由特许人提供的，可以被被特许人复制的管理、经营方式、形象标志以及产品或者服务渠道的总和。经营模式可以体现在特许人的企业文化、经营理念、管理标准、促销策略、质量控制措施及店铺装修设计等多个方面。经营模式一般具有统一化、规范化、标准化、可复制化等特点。

三、特许人不具备“两店一年”，或者没有向商务主管部门申请备案的，其所签订的特许经营合同效力如何认定？

答：《商业特许经营管理条例》（以下简称条例）第七条第二款“特许

人从事特许经营活动应当拥有至少 2 个直营店，并且经营时间超过 1 年”；第八条“特许人应当自首次订立特许经营合同之日起 15 日内，依照本条例的规定向商务主管部门备案”的规定，均属于管理性的强制性法律规范。特许人不具备“两店一年”及备案条件的不必然导致合同无效。

四、企业以外的其他单位和个人作为特许人从事特许经营活动，其所签订的特许经营合同效力如何认定？

答：《条例》第三条第二款“企业以外的其他单位和个人不得作为特许人从事特许经营活动”的规定，可以认定为行政法规的效力性强制性规定。因此企业以外的其他单位和个人作为特许人与他人签订特许经营合同，可以认定为无效。

五、对于法律、行政法规规定需要经批准方可经营的产品或服务，特许人或者被特许人未被批准的，其所签订的特许经营合同效力如何认定？

答：对于有些产品或者服务，法律、行政法规规定需要经行政批准方可经营的，应当取得有关批准文件。特许人或者被特许人未被批准许可的，其所签订的特许经营合同，可以认定为无效。

六、对于特许人提供的经营资源存在瑕疵，或者被依法撤销、宣告无效的，其所签订的特许经营合同效力如何认定？

答：特许人的经营资源存在瑕疵，主要表现为特许人许可被特许人使用的经营资源不具有处分权或权属不清，以及商标、专利等经营资源未被核准、授权等情况。我们认为在合同签订时，因特许人隐瞒其对经营资源无处分权或权属不清的事实，其行为构成欺诈的，被特许人可以请求撤销合同。对于特许人的经营资源在合同履行期间，因被依法撤销或者宣告无效的，被特许人可以请求解除合同。

关于未注册商标的许可问题，《条例》第三条所规定的经营资源虽然未包括未注册商标，但我国商标法并未禁止未注册商标的许可使用。因此，在先使用并具有一定影响的未注册商标亦可以成为特许人的经营资源。在特许经营合同纠纷中，不能仅以商标未经注册为由，认定合同无效，而应查明所签合同是否存在欺诈、重大误解等法律事由，以及商标未注册是否会导致合同目的不能实现等因素，综合认定合同效力。

七、如何理解条例》第三章规定的信息披露制度？

答：《条例》规定的信息披露制度，其目的在于保护被特许人，使其在决定是否投资特许经营项目之前能够获得特许人的必要信息，以预测投资风险，防止商业欺诈。对特许人未履行披露义务的法律后果，应结合《合同法》的有关规定，综合考虑特许人隐瞒、夸大以及提供的虚假信息对合同目的的实现及对合同履行的影响。

八、如何理解《条例》第十二条规定的“一定期限”及“单方解除合同”的含义？

答：《条例》第十二条“特许人和被特许人应当在特许经营合同中约定，被特许人在特许经营合同订立后一定期限内，可以单方解除合同”的规定，其实质是“冷静期”的规定，目的是为了保护被特许人，以缓冲被特许人的投资冲动，赋予被特许人可以反悔的权利，因此在合同签订的合理期限内即使双方当事人未约定此条款，被特许人仍可以单方解除合同，期限有约定的从其约定，没有约定的，应结合行业特点、商业惯例等确定，但合理期限的时间一般不宜过长，通常应掌握在特许人的经营资源尚未被被特许人实际利用之前为宜。

九、特许经营合同因无效、被撤销及解除等原因终止后，特许经营费应如何处理？

答：特许经营费用是指在特许经营合同中约定的被特许人应向特许人交纳的费用。特许经营费一般在合同中被表述为加盟费、特许使用费、品牌使用费、保证金、培训费及广告宣传费等。特许经营合同无效、被撤销或解除后，特许经营费的返还，应当根据特许人与被特许人的过错程度，违约责任以及合同的实际履行情况等因素综合确定返还的金额。如被特许人无过错的，特许人应全额返还特许经营费；如特许人无过错的，特许经营费可不予返还；如双方均存在过错的，按各自过错责任分担特许经营费的金额。

十、在特许经营合同因无效、被撤销及解除等原因终止后，涉及到包括商业秘密在内的具有知识产权性质的经营资源，应如何处理？

答：被特许人对其在合同订立、履行过程中获悉的特许人的商业秘密，在特许经营合同无效、被撤销或解除后，仍负有不得泄露相关信息，保守商业秘密的后合同义务。涉及到商业秘密的文件、资料应当返还给特许人。特许经营合同被无效、被撤销或解除后，被特许人应停止使用特许人的知识产权，返还具有知识产权属性的物品。但属于被特许人从事特许经营业务过程中的正常消耗的材料，可不予以返还并不承担赔偿责任。

十一、《条例》的起草有哪些立法背景和价值取向。

答：条例起草的主要目的是为了加强行政管理、使特许经营活动能够有序规范健康发展，同时也为了充分保护被特许人作为较为弱势的合同一方当事人的合法权益。如条例“两店一年”的规定是为了防止一些企业利用特许经营人进行欺诈活动。“两店一年”设定的初衷是为了提供一个衡量特许经营人的经营资源、经营模式是否成熟的量化指标。而备案制度其目的主要是为便于商务主管部门进行监督管理。条例第 12 条赋予被特许人的单方解除权，则是对被特许人的保护性条款，系借鉴国外“冷静期”的立法经验，以缓冲被特许人的投资冲动等。信息披露制度是为了促进公平交易，保护被特许人能够获得必要的经营信息，以判断经营风险和预期收益。

二〇一二年九月十九日

参考文献

李维华：《特许经营学》，中国发展出版社 2009 年 6 月第 1 版。

林晓：《特许经营商务法律解决方案》，法律出版社 2007 年 10 月第 1 版。

孙连会：《特许经营法律实务》，中国人民大学出版社 2013 年版。

涂志：《商业特许经营法律适用》，九州出版社 2010 年 1 月第 1 版。

张国元：《特许经营法律与实务问题研究》，法律出版社 2009 年 2 月第 1 版。

欧阳光 吴静 王龙刚：《公司特许经营法律实务》，法律出版社 2007 年 7 月第 1 版。

中华人民共和国商务部：《商业特许经营案例评析》，中国商务出版社 2012 年 8 月第 1 版。

王晓民 罗天宇：《特许经营网点投资》，中国人民大学出版社 2012 年 7 月第 1 版。

朱明侠：《特许经营体系手册编写指南》，对外经济贸易出版社 2006 年 1 月第 1 版。

吴江水：《完美的合同》，北京大学出版社 2010 年 1 月第 1 版。

张耕等：《商业标志法》，厦门大学出版社 2006 年版。

中华全国律师协会知识产权专业委员会：《商标业务指南》，中国法制出版社 2007 年版。

卫永鹏：《商业特许经营法律实务》，法律出版社 2014 年 5 月第 1 版。

图书在版编目（CIP）数据

商业特许经营全程法律风险防范/崔师振编著．—北京：中国法制出版社，2016.1
ISBN 978-7-5093-7198-5

Ⅰ．①商…　Ⅱ．①崔…　Ⅲ．①特许经营-风险管理-法律-研究-中国　Ⅳ．①D922.294.4

中国版本图书馆CIP数据核字（2016）第008813号

策划编辑：陈兴（cx_legal@163．com）　　封面设计：周黎明

商业特许经营全程法律风险防范

SHANGYE TEXU JINGYING QUANCHENG FALÜ FENGXIAN FANGFAN

编著/崔师振
经销/新华书店
印刷/三河市紫恒印装有限公司
开本/710毫米×1000毫米　16　　印张/25　字数/264千
版次/2016年3月第1版　　2016年3月第1次印刷

中国法制出版社出版
书号ISBN 978-7-5093-7198-5　　定价：76.00元

北京西单横二条2号　　值班电话：66026508
邮政编码100031　　传真：66031119
网址：http：//www.zgfzs.com　　**编辑部电话：66010405**
市场营销部电话：66033393　　**邮购部电话：66033288**

（如有印装质量问题，请与本社编务印务管理部联系调换。电话：010-66032926）